云南省哲学社会科学学术著作出版资助专项经费资助出版

中国民族自治地方立法自治研究

Research on Legislative Autonomy about China's Ethnic Autonomous Regions

付明喜 著

社会科学文献出版社
SOCIAL SCIENCES ACADEMIC PRESS (CHINA)

摘　要

在现有的民族区域自治制度话语体系里，丰富精深的研究成果纷呈。但对于民族自治地方立法自治的研究，似乎还是一个空白。之所以说"似乎"，是因为已经有不少学者对"自治立法""立法自治权"著书立说，之所以说"还是一个空白"，是因为至今仍然没有任何有关民族自治地方"立法自治"的著述。也许是因为我国缺乏自治的传统，人们无意间地避讳以"立法自治"这样的视角研究自治立法或自治立法权。

然而，考察某个领域是否存在自治属性，从理论上说，主要是要考察这一领域所指向的主体意志是否自主、行动是否自由。在民族自治地方的立法中，一般性地方立法不具有政治学意义上的自治属性，然而，对自治立法而言，其政治学意义上的自治属性是明显的，民族自治地方的自治立法蕴含有政治学意义上的"自治"属性，在民族自治地方可以讲立法自治。而且，民族自治地方立法自治的存在不但有深厚的法理基础，而且还有重大的客观现实根据。

不过，在中国自治语境下，立法自治具有特殊的内涵。它是在单一制国家结构中、在国家统一政治体系之下、在民族区域自治的制度框架下，民族自治地方的自治机关在落实宪法和民族区域自治法所规定的立法自治权的过程中，通过一定的自主立法行为,创制一定的自治性法规,为民族自治地方的行政管理自治提供具体的法律性规范性文件的一个过程。立法自治的目的并不是要破坏国家立法的统一性,更不是为了运用立法权从事国家分裂活动,搞民族自决或民族的完全自治,而是为了与民族自治地方的行政自治相结合,更好地贯彻落实中国的民族区域自治制度。

在这一过程中,最核心的要素是立法自治权,立法自治权对立法自治的自治程度具有内在的规定性,从根本上决定了立法自治程度的高低。无论是民族自治地方本身的立法,还是对其他立法主体已经颁布的法律、行政法规的变通或者补充的立法,民族自治地方的立法自治权都是由中央立法机关授予的,是一种派生性的立法权力。从立法自治权主体、立法自治权内容、立法自治权实现形式来看,民族自治地方的立法自治权都是法定的,十分有限,不能随意扩大。而且,自治立法都需要报上级国家机关批准,国家的法律并没有将自治立法权完整地授予民族自治地方自治机关,与一般地方的地方性法规制定权相比,无论是从立法主体还是立法程序上看,民族自治地方自治立法的自主性并不是很大。况且,从法的位阶上看,宪法、法律、行政法规是上位法,民族自治地方法规是它们的下位法,在整个中国的法律体系中,民族自治地方的自治性法规一直处于相对次要的地位。所以,从作为立法自治核心要素的立法自治权对立法自治的自治程度的内在规定性来看,民族自治地方的立法自治的自治程度是十分有限的。

即使我们从作为立法自治外化实现形式的自治立法的生产、适用及监督机制来看,民族自治地方的立法自治的自治程度也是十分有限的。从自治立法的具体制定程序来看,因为没有程序方面的制式规定,在立法自治的实践中,大量存在限制民族自治机关立法行动自由的非法定程序,再加上自治立法的批准和备案制度，事实上在程序上严格限定了民族自治机关的立法行动的自由，严重影响了自治立法的产出数量和质量。从自治立法的具体适用来看，由于自治立法的立法质量不高，可操作性差，再加上行政机关依法行政的水平不高，公民法律意识淡薄，政治体制的影响，司法机关的不独立，自治立法实施监督机制的缺失等方面的原因，自治立法真正得以实施的程度是十分有限的。从自治立法的具体监督机制来看，我国目前关于自治立法设置的批准、备案、审查、撤销等监督方式存在很多不合理或不完善的地方，监督过严的问题明显大于监督不力的问题，这也影响了民族自治地方进行自治立法的积极性，使立法自治的自治程度难以得到实质性的提高。

因此，总的来看，虽然宪法、民族区域自治法、立法法赋予了民族自治地方的立法自治权，设定了民族自治地方的立法自治制度，但是，无论是从民族自治机关的立法意思表示的真实程度，还是从民族自治机关立法行动的自由程度来看，宪法、民族区域自治法、立法法又采用有形或无形的方式严格限定了民族自治机关的立法行动自由，而且从自治立法的产出数量和质量上看，产出数量少，立法质量低，这也从实践上印证了民族自治地方自治机关立法意思的不自主和行动上的不自由。因此，无论是从立法自治的制度设计，还是从立法自治的具体实践来看，民族自治机关的立法自治程度都不是很高的。

在当代中国"多元一体"族际关系格局下，"多元"之间的界限不可能在短时间内消失，在全球民族分裂主义复兴和民族分裂活动高涨的现今世界，我们必须高度重视民族问题，坚持和完善中国民族区域自治制度。民族区域自治制度的核心是自治权，立法自治又是自治机关行使自治权的根本体现和基本保障，说到底，自治权能否得以实现，民族区域自治制度实践价值能否得以践行，关键还要看立法能否自治。因此，我们不用避讳"立法自治"的字眼，而应该在准确界定"立法自治"的法定"自治限度"前提下，寻找制约立法自治实践的重大因素，通过正确的立法自治观念、法治化的中央和地方关系、合理配置的立法自治权、完善的立法自治机制来促进立法自治水平的提升，以真正贯彻和落实民族区域自治制度，推动各民族的共同繁荣与发展。

当然，在现代民主制度下，一切形式的自治都要以共治为基础，没有共治，就没有自治，共治是自治的保障。自治是相对的，自治的过程必然伴随共治和他治的过程。完全的或绝对的自治都是不可能存在的，也是不可能实现的。与西方的"每个民族都有建立自己民族国家的权利"意义上的"民族自决权"不同，中国民族区域自治中的"民族自治"是以"民族共治"为基础的。民族共治是现代多民族政治生活的纲领性命题。多民族国家可以"文化多元"，但必须保证"政治一体"。国家的统一是实行民族区域自治的前提。作为民族区域自治范畴之一的立法自治，也不能以牺牲国家法制的统一为代价，更不能从立法自治滑向民族自决的迷途。因此，在中国"多元一体"族际关系格局下，我们也不能不顾"多元一体"族际关系格局下"一体"已经存在及其发展的意义，片面地强调"多元"及其界限，在立法自治上走得太远。

关键词： 民族区域自治　立法自治　立法自治权　自治立法

Abstract

Many research results have been produced in existing discourse about China Regional Ethnic Autonomy System, But It seems that a blank is existing in research about legislative autonomy for the Ethnic Autonomous Regions. On the one hand, many scholars have wrote books about self-government legislation and the power of legislative autonomy, On the other hand, there is still no one book about Legislative autonomy for the Ethnic Autonomous Regions. Perhaps it is because that China lacks a tradition of autonomy, people inadvertently to regard the practice of study autonomous legislation or power of legislative autonomy by the perspective of Legislative autonomy as a taboo behavior.

However, there are two standard which are the subject will autonomy and freedom of action to investigate whether a field have autonomous property. In the legislation of the national autonomous areas, for self-government legislation, the political science sense of the autonomy attribute is obvious. Moreover, the existence of legislative autonomy of the ethnic autonomous areas is not only have a strong legal basis, but also have a major objective based on reality.

In China, the legislative autonomy has a special connotation. It is a process of the autonomous organs in national autonomous areas to implement the autonomy power of the legislative which are provided by the constitution and the law on regional ethnic autonomy in the context of unitary state structure, national unity, political system, and the institutional framework of regional ethnic autonomy. in this process, in order to provide specific legal nature of the normative documents for the administrative autonomy of the ethnic autonomous areas, the autonomous organs try to create a certain degree of autonomy regulations by a certain degree of independent legislative act. The purpose of the legislative autonomy is not to undermine the unity of the national legislation, engage in the separatist activities by the use of legislative power, engage in the full autonomy of national self-determination or national, but rather to a combination of administrative autonomy of the ethnic autonomous areas, better implement China regional ethnic autonomy system.

In this process, the core element is the power of legislative autonomy. The power of legislative autonomy not only inherently provided the degree of autonomy of the legislative autonomy, but also fundamentally determines the high and low degree of legislative autonomy. the power of Legislative autonomy is a derivative power of the national autonomous areas, it is very limited and can not be expanded. Moreover, the power of legislative autonomy is not very large, this can be certified by the view of whether the legislative bodies or the legislative process. Therefore, the degree of autonomy of the legislative autonomy of the national autonomous areas is very limited.

Even if we look at the mechanism of the production, application and supervision of self-government legislation, the degree of autonomy of the legislative autonomy of the national autonomous areas is also very limited. the specific procedures for self-government legislation has strictly limited the freedom of autonomy in the areas of the legislature for legislative action. And autonomy legislation can not really be implemented. Moreover, a strict monitoring mechanism also impact of the national autonomous areas autonomy legislation.

To uphold and improve the system of regional ethnic autonomy, we do not care about the wording of the legislative autonomy, on the other hand, in order to promote the common prosperity of all ethnic groups, we should accurately find the major factors which defined the Legislative autonomy level, and enhance the Legislative autonomy level by some true rules to actually carry out and implement the system of regional ethnic autonomy. Of course, as one area of the ethnic regional autonomy, legislative autonomy can not be used to sacrifice the unity of the country's legal system or slid from the legislative autonomy to national self-determination.

Keywords: China Regional Ethnic Autonomy System; Legislative Autonomy; Power of Legislative Autonomy; Self-government Legislation

目录
CONTENTS

导　论 …………………………………………………… 001

第一章　民族自治地方立法自治的内涵与根据 …………… 021
　第一节　民族自治地方立法自治的基本内涵 …………… 021
　第二节　民族自治地方立法自治的法理基础 …………… 048
　第三节　民族自治地方立法自治的现实根据 …………… 057

第二章　民族自治地方立法自治的政治价值 ……………… 067
　第一节　立法自治是民族自治地方多重自治的基础 …… 068
　第二节　立法自治与中国族际政治的整合 ……………… 072
　第三节　立法自治与中国民族关系的调整 ……………… 078
　第四节　立法自治与民族自治地方治理水平的提升 …… 084

第三章　民族自治地方立法自治的核心要素：
　　　　　立法自治权 …………………………………… 095
　第一节　民族自治地方立法自治权的本质 ……………… 095
　第二节　民族自治地方立法自治权的获得 ……………… 119

第三节　民族自治地方立法自治权的结构……………… 127
　　第四节　民族自治地方立法自治权的限度……………… 143

第四章　民族自治地方立法自治的实现形式：自治立法 …… 162
　　第一节　民族自治地方自治立法的产出………………… 163
　　第二节　民族自治地方自治立法的适用………………… 236
　　第三节　民族自治地方自治立法的监督………………… 251

第五章　民族自治地方立法自治实践：现状与问题………… 271
　　第一节　民族自治地方立法自治实践的基本成效……… 271
　　第二节　民族自治地方在立法自治中存在的问题……… 281
　　第三节　民族自治地方立法自治实践的限制因素……… 286

第六章　民族自治地方立法自治水平的提升………………… 296
　　第一节　树立正确立法自治观念………………………… 296
　　第二节　改善立法自治制度环境………………………… 302
　　第三节　合理配置立法自治权…………………………… 307
　　第四节　完善自治立法机制……………………………… 324

结　语………………………………………………………… 346

参考文献……………………………………………………… 348

后　记………………………………………………………… 358

导　论

一　选题及意义

民族区域自治制度是我国处理民族问题的基本政治制度。2001年,第九届全国人大常委会对《中华人民共和国民族区域自治法》(以下简称《民族区域自治法》)做出重大修改,将民族区域自治制度由国家的一项"重要政治制度"提升为国家的一项"基本政治制度"。作为国家的一项基本政治制度,民族区域自治制度的意义是深远而重大的:它促成了少数民族传统政治体系与新型国家政治体系的对接,为多民族国家的政治整合提供了有效的制度框架,为国内民族关系的调整提供了政治条件,促进了民族自治地方经济社会的发展。①

在国家强调建设和谐社会、民主政治和法治国家以及人权保障、以人为本的现实背景下,宪政所蕴含的和谐、宽容和平等的人文精神以及为保障人权而运用的民主和法治机制,是重构民族政治关系的价值归宿和必须依靠的基本手段。宪政,即依靠法律手段来解决民族问题是人类的最佳选择。在全球民族分裂主义复兴和民族分裂

---

① 周平、方盛举、夏维勇:《中国民族自治地方政府》,人民出版社,2007,第14～17页。

活动高涨的现今世界,我们必须高度重视民族问题,坚持和完善作为中国宪政有机组成部分的民族区域自治制度。[①]

自治权是民族区域自治制度的核心,也是实行民族区域自治的目的所在,是衡量达到真正民族区域自治的唯一标志。[②]"从民族政治学的角度来看,任何的民族自治,都是民族共同体获得一定程度的自治权和自治权的行使。没有民族的自治权,就无所谓民族自治,也没有民族区域自治或民族地方。"[③]然而,《民族区域自治法》只能就一般的、共同的内容进行规范,而各民族自治地方又各有其特点,要完整地实施民族区域自治,还必须通过民族自治地方制定适合本地区的自治立法,才能有针对性地实现自治的目的。[④]自治立法是自治机关行使自治权的根本体现,只有通过自治立法把《民族区域自治法》的原则性内容进行细化后,各种自治权才能真正得以实施。因此,"自治立法是民族区域自治的输入输出机制的开端,充分行使立法自治权,是评价自治权行使效果和民族区域自治制度运行实效的首要标准"[⑤]。立法自治权是民族自治地方首要的自治权。

可见,坚持和完善民族区域自治制度,必须充分行使好立法自治权,抓紧制定配套性的自治立法,然而,自《民族区域自治法》实施28年以来,民族自治地方所制定的自治性法规数量有限,质量不高。到目前为止,全国155个民族自治地方共制定自治条例137件,单行条例489件,变通或补充规定

[①] 戴小明:《中国民族区域自治的宪政分析》,北京大学出版社,2008,第2~8页。
[②] 金炳镐:《自治机关建设与自治权的行使》,载王铁志、沙伯力:《国际视野中的民族区域自治》,民族出版社,2002,第77页。
[③] 周平:《民族政治学》(第二版),高等教育出版社,2007,第111页。
[④] 宋才发等:《民族区域自治制度的发展与完善:自治区自治条例研究》,人民出版社,2008,第75页。
[⑤] 杨道波:《自治条例立法研究》,人民出版社,2008,第46页。

75件。① 总共制定了701件自治法规，平摊到每个自治地方，相当于每个自治地方需要6年多的时间才制定出一件自治法规，其

---

① 有关民族自治地方自治立法的数量，目前已公布的文件、报刊和相关的法律法规汇编中，尚无完整、确切与权威的统计数字。可能由于统计指标取舍不同，也可能存在着对自治立法认识的差异，即便同一时期公布的数字也不尽相同，甚至出现了2006年全国人大常委会执法检查组公布的数字反比2008年、2009年的一些统计数还多的情形。有关报刊文件及法律法规汇编关于自治立法的统计情况大致有以下几种数据：马启智：《新中国60年民族法制建设》（《求是》2009年第20期），该文的统计是"截至2008年年底，民族自治地方制定了137个自治条例，510个单行条例，75个变通和补充规定（自治条例、单行条例及变通补充规定总数为722）"；杨晶、杨传堂：《光辉的实践，正确的道路——新中国民族工作60年的成就和经验》（《求是》2009年第19期），该文的统计是"民族自治地方已先后制定了637个自治条例、单行条例以及对有关法律的变通和补充规定（自治条例、单行条例及变通补充规定总数为637）"；王兆国：《健全地方政权体制，完善人大制度》（《人民日报》2009年12月22日），该文的统计是"截至2008年年底，全国各地现行有效的地方性法规、自治条例和单行条例8649件，其中……自治条例138件，单行条例560件（自治条例、单行条例总数为698）"；国务院新闻办公室：《中国的民族政策与各民族共同繁荣发展》（2009年9月的《白皮书》），该文的统计是"截至2008年年底，民族自治地方共制定了637件自治条例、单行条例及对有关法律的变通或补充规定（自治条例、单行条例及变通补充规定总数为637）"；全国人大民族委员会主编：《中华人民共和国民族法律法规全书》（中国民主法制出版社，2008），该书为4册，收录的自治条例136件、单行条例474件、变通补充规定70件，总计680件；毛公宁：《细数三十年民族法制建设大发展》，（《法制日报》2008年12月14日），该文的统计是"目前全国155个民族自治地方出台自治条例134个，单行条例418个，对相关法律的变通和补充规定74件（自治条例、单行条例及变通补充规定总数为626）"；全国人大常委会执法检查组：《关于检查〈中华人民共和国民族区域自治法〉实施情况的报告》（2006年12月27日的《全国人民代表大会常务委员会公报》），该报告的统计是"到2006年12月，已出台颁布规章3件，自治条例135个，单行条例447个，变通或补充规定75件（自治条例、单行条例及变通补充规定总数为657）"。本文的数据主要根据全国人民代表大会民族委员会编，由中国民主法制出版社，2008年出版的《中华人民共和国民族法律法规全书》所列汇编法律法规（收录法律法规截止日期是2007年12月），以及2008年1月至2009年12月先后又颁布的1件自治条例、14件自治州单行条例和1件自治县单行条例、5件变通或补充规定统计得出。

立法效率是很低的，尤其是5个自治区至今仍然没有出台过1件自治条例或单行条例。而且就自治立法的质量看，自治法规，无论是自治条例或单行条例，抑或是变通或补充规定，其规范的内容都存在不少的缺陷，立法普遍存在此法抄它法、新法抄旧法，机械照搬、脱离地方实际，针对性不强、没有鲜明的地方特色等情况。这足以证明，民族自治地方自治立法的行使水平不高。

问题出在哪里？《民族区域自治法》不是已经明确规定了民族自治地方的立法自治权吗？难道民族自治地方自治立法机关真的没有时间和精力？不是！原因还得透过民族自治地方的立法行为才能找寻。实际上，有自治立法权也未必就意味着有立法自治，自治立法能否自治，立法自治权能否真正被行使，关键还要看是否有立法自治。只有立法真正自治，自治立法主体才可能在立法规划及立法具体内容等方面得以自主，行动得以自由，立法自治权才能得以有效行使。没有立法自治，就难以有立法自治权的真正行使。而对于自治机关是否具有立法的自治属性，却不能通过直观可以感受得到，而要透过立法自治权行使的具体过程进行抽象的分析与归纳。

虽然民族区域自治制度是许多政治学家、宪法学家共同关注的话题，而且近几年来，学界已有部分有关民族区域自治权的研究成果，但仅就其中立法自治权的相关研究成果来看，主要集中在"立法自治权""自治立法"的研究上，到目前为止，除了周平教授从民族政治学的视角提到过民族自治地方的"立法自治"外[①]，几乎没有学者提到民族自治地方的"立法自治"，更没有单独以"立

---

① 周平教授认为，民族自治地方自治机关的自治权涉及政治、经济、财政、语言、文化等许多具体的方面，因此，少数民族的自治也就具体地表现为立法自治、行政自治、经济自治、财政自治、文化自治等许多方面。但概括起来，有两个基本方面，即立法自治和行政自治。参见周平：《民族政治学》（第二版），高等教育出版社，2007，第113页。

法自治"为研究主题的研究成果。民族自治地方能否讲立法自治,我们是否可以运用政治学的理论来分析"法自治"的问题?答案当然是肯定的,民族区域自治制度既是一项法律制度,也是一项政治制度。所以,既可以运用法学的分析工具来剖析民族区域自治制度,也可以运用政治学的理论范式来对民族区域自治制度进行解析,更可以综合运用两个学科的研究范式来对这一制度中所蕴含的政治与法律问题进行深入的挖掘。而从现有的研究成果来看,单独从政治学的视角,或是从法学的视角,都难以解释民族区域自治的制式规定与民族区域自治实际运行状况之间的巨大反差。综合运用多学科工具来分析民族区域自治制度已经是使民族区域自治制度的研究能够有所突破的必要前提了。

正是在这样的背景下,通过导师的指点,我把原先的选题"民族自治地方自治立法研究"改为现在的"民族自治地方立法自治研究"。选择这样一个题目进行系统研究,不仅具有重大的理论意义,而且具有较强的现实意义。具体来看,有以下两点。

1. 理论意义

本文的写作,既是想从法学的视角来分析民族区域自治的"地方自治",也是想从政治学的眼光来分析"法自治"问题。预期的理论意义如下。

(1) 可以填补民族立法理论的不足,完善我国民族法律制度,进一步丰富和拓展我国社会主义民主政治理论。中国是一个统一的多民族国家,我国境内55个少数民族约占全国总人口的8.41%,其居住面积占到我国国土总面积的60%。[1] 在中国,少数民族权利是中国人权的重要组成部分,少数民族权利的维护是

---

[1] 中华人民共和国国务院新闻办公室:《中国的民族区域自治》(白皮书),2005年2月。

我国社会主义法制建设的重要内容之一。但从我国中央和地方立法对比上来看,我国民族立法在整个国家法律体系中一直处于弱势地位;从我国整个民族法制建设的结构上来看,地方民族立法在我国民族立法中一直比较薄弱;从地方民族法制建设的质量上看,地方民族立法质量一直比较粗劣。在三级民族自治地方立法中,自治区的民族立法最为薄弱,至今尚无一部自治条例和单行条例。这种状况固然有体制的根源,但民族自治地方立法的理论研究滞后却是其中的最重要原因。"我国法学理论研究总的情况是,法学理论研究落后;在法学理论研究中,立法理论研究更落后;在立法理论研究中,地方立法理论研究更落后;在地方立法理论研究中,民族自治地方立法理论研究更落后。"[1] "民族立法理论研究滞后,使得民族立法实践缺乏民族立法理论的指导,带有一定的盲目性和随意性。"[2] 因此,以民族政治学为基础,探索民族自治地方立法自治的本选题可以填补我国民族立法理论的不足,在推动我国民族自治地方立法的基础上,完善我国的民族法律制度体系,进而在民族法学体系完善的基础上,充实民族法学理论,为民族法学的发展奠定基础,从而也进一步在微观上拓展和丰富我国的社会主义民主政治理论。

(2) 可以充实民族政治学的理论体系。根据周平教授的观点,民族政治学的研究目前主要在4个不同的层面展开,即民族政治学理论研究,中国的少数民族政治问题研究,国外其他民族的政治生活研究和民族政策的国际比较研究。[3] 当前,加强对民

---

[1] 吴宗金:《中国民族立法理论与实践》,中国民主法制出版社,1998,第413页。
[2] 陈洪波、王光萍:《当前我国民族立法工作中存在的主要问题、成因及对策》,《民族研究》2001年第2期。
[3] 周平:《民族政治学》(第二版),高等教育出版社,2007,第13页。

族政治学核心范畴的研究,从体系的多样性和严密性等方面进一步发展民族政治学的理论体系,民族政治学研究方法的创新仍然是民族政治学研究的重要主题。从民族法学的视角来分析民族区域自治的"地方自治",可以为"民族的非国家政治体系"的存在和运行提供一种法学解析的视角,对我国族群关系的政治制度性安排有一种更为深入的理解,可以扩展民族自治及其法律制度的相关范畴,从而对民族政治学的理论体系有所发展。

2. 现实意义

该选题的研究可以为提升我国民族自治地方立法自治水平提供理论支撑,加速我国自治立法的进程,以便更好地落实我国民族区域自治权,促进民族自治地方经济社会发展和各民族的共同繁荣,从而推进我国国家法制的建设和社会的和谐。

(1) 有利于加速我国自治立法的进程。中华人民共和国成立已64周年,《民族区域自治法》通过也有30年,但我国5个自治区至今没有出台一部自治条例;自治州和自治县的自治条例本身都存在较多问题,譬如简单转抄、繁杂臃肿、缺乏可操作性等;变通规定和补充规定难以落实。这些问题产生的重要原因之一就是立法理念偏差和立法技术的低劣。所以,要想完善民族自治地方的自治立法,加速自治地方的法制化进程,对自治立法的立法理念和立法技术进行深入研究势在必要,而从立法自治的视角对自治立法进行研究,可以促进自治立法理念和立法技术的发展。

(2) 有利于落实民族区域自治权。从中央和地方立法的关系上来看,地方立法对于中央立法具有细化实施作用、沟通弥合作用、修补充实作用、生成创新作用以及特殊的调节作用。[①] 在

---

① 汤维、毕可志:《地方立法的民主化与科学化构想》,北京大学出版社,2002,第21~22页。

我国，民族自治法制建设的重要任务有两项：一是加大民族法制建设的力度，提升民族法制的地位；二是强化地方民族立法权建设，落实国家民族立法。自治立法，担负着上述双重任务，特别是第二重任务。立法自治是我国民族区域自治法律制度地方化和具体化的重要途径和形式。因而，加强立法自治研究，是我国民族自治区域自治权在民族自治地方落实和民族自治地方法治现代化的重大问题。

（3）有利于推进民族自治地方经济社会发展以及推动少数民族参与可持续发展。法律制度是民族经济社会发展的推进器。民族自治地方立法，是国家民族制度和民族法律的具体化，是根据民族自治地方民族特点和地方特点制定的，所以与国家民族立法相比，它对民族地方经济社会发展的促进作用更加明显。少数民族分布在全国地域辽阔、资源丰富的广大地区，对全国的可持续发展有重大影响。面对少数民族自治地方贫困的加剧、资源和环境的不断破坏，《中国21世纪议程》指出：制定切实的方案，促进少数民族和民族自治地方参与国家和地方范围的可持续发展。自治立法正是民族自治地方参与可持续发展的关键方案和行动计划，而立法自治研究可以为提高自治立法效益提供理论指导。

二 研究现状

论文的贡献在于理论的点滴积累，它要求我们将所研究的问题建立在此前已有的学术成果与学术脉络上，通过概念或范式的演进逐步形成学术研究的传统。所以，扎实的学术上的增进必须积累于既有学术成果之上，而对学术脉络的梳理是不可逾越的第一步。

从笔者所能搜集到的材料看，国外还没有专门研究民族立法自治的文献。对于立法自治的研究主要散见于其他相关的研究论文和书籍之中。在国内，目前也没有任何学者单独就民族自治地方立法自治问题进行研究。但是，在我国，随着我国学界对民族区域自治法律制度研究的不断深入，自治立法权、自治立法问题已受到了一些学者的关注。总体来说，立法自治的内容零星蕴含于立法自治权、自治立法的研究中，从已有的论文和著作来看，主要对以下几个问题进行了一定的研究。

(一) 自治立法基础、法律地位和自治立法权

1. 关于自治立法基础

有学者认为，民族权利是自治立法的基础，因为在法律性质和特点上，自治立法是维护民族权利的立法，是实施民族区域自治制度的配套立法，是规定当地自治权的具体立法。考察了自治立法存在的问题，提出必须在内容和技术两个方面贯彻和体现它的法律性质和特点，完善我国现有的自治立法。[1] 也有一些学者对自治地方立法自治权的理论基础作了一定探讨，提出地方自治理论和民族理论在构建民族自治地方立法权中的基础地位。[2]

2. 关于自治立法的法律性质和地位

一是认为在我国的法制体系中，"地方性法规"同"自治条例"是两个不同的概念。必须报经全国人大常委会批准后才能生效的自治区的自治条例，在我国法制体系中的地位，属于必须由全国人大常委会审议通过的法律范畴。自治区的自治条例，同国务院提请全国人大常委会审议通过的法律，在我国法制体系中居于同等地位。[3] 二是认为自治条例是法规性和法律性的有机统

---

[1] 曾宪义：《论自治条例的立法基础》，《中南民族大学学报》(人文社会科学版) 2004 年第 4 期。
[2] 王允武、田钒平：《中国少数民族自治地方立法研究》，四川人民出版社，2005。
[3] 史筠：《关于制定自治条例的几个问题》，《民族研究》1993 年第 6 期。

一。法规性表明：自治条例既属于广义的地方性法规，又是一种有别于一般性地方法规的自治性法规；自治条例的法律性是由其效力等级和制定的权限范围决定的。不同级别的自治机关享有平等的自治权；自治条例只能在本自治地方适用；不能规范和约束上级国家机关。① 三是主张民族自治地方制定的自治法规，其效力等级相当于法律，但其适用范围只能是本民族自治地方，只能在本民族自治地方内适用，不能约束其上级国家机关；民族自治地方享有的是完整的制定权，而非拟订权；地方立法机关不能正确处理这个约束力问题正是自治区自治条例至今尚无一出台的重要原因之一。②

3. 关于自治立法权

有学者认为，民族自治地方制定自治条例和单行条例的权力，是一种"半立法权"和"草案起草权"，在一定程度上影响了这种立法的质量和积极性。③ 也有学者对民族自治地方立法权是我国立法体制中的一个重要组成部分，阐述了民族自治地方立法权的主要内容，分析了民族自治地方立法权在我国立法体制中的地位，并提出了相应的完善意见。④

（二）自治立法价值与功能

关于自治立法价值，主要有如下几种认识。一是从民族关系法律调整的必然性、民族法律体系完善的必要性角度对它进行了

---

① 李丕祺：《论自治条例的性质》，《西北第二民族学院学报》2004年第3期。
② 王培英：《论自治条例和单行条例的法律地位问题》，《民族研究》2000年第6期；韩大元：《论自治条例的若干问题》，《中央民族大学学报》（哲学社会科学版）1996年第6期。
③ 中国法律年鉴社：《中国法律年鉴》，中国法律出版社，1993，第895页。
④ 康耀坤：《民族自治地方立法权问题研究》，《民族研究》2005年第2期；尚晓玲：《当前我国民族自治地方立法权限问题探析》，《行政与法》2004年第6期。

论证。① 二是提出了自治条例的三种精神：一般精神、特有精神和时代精神，并论述了这三种精神在自治条例中体现、不足和改进。②

（三）自治立法程序与技术

在这方面主要存在如下成果：一是分析了当前我国民族立法工作中存在有待研究解决的5个方面的问题，即民族立法工作不平衡且严重滞后；民族法律体系不配套，法与法之间衔接难；变通权行使远未到位；自治法规地方特色和民族特色不明显，针对性和操作性不强；立法技术、法律规范和立法程序不完备，缺乏法的科学性、权威性和强制性；从思想认识、自治法规的立法体制、权限范围、批准程序和效力等级、民族立法理论研究和立法队伍建设等方面探究了造成上述问题的原因；从理顺立法权限和立法体制，科学编制立法纲要、规划和计划，加强制度建设，建立健全民族立法民主化和科学化机制，加强民族立法理论研究和立法队伍建设等方面，提出了解决上述问题的具体措施；强调了搞好民族立法工作必须正确处理的几个关系。③ 二是认为自治条例和单行条例制定应当实行"统一审议"，并论证了其构成要件。④ 三是主张将自治条例的立法主体变为民族自治地方人大常委会。⑤

（四）自治立法监督

关于自治立法监督的争论，主要是集中在其模式是否应当予

---

① 张文山：《论中国民族法律体系的构架》，《民族研究》1998年第3期。
② 周贤伍：《论自治条例的精神》，《中南民族大学学报》（人文社会科学版）2005年第3期。
③ 陈洪波、王光萍：《当前我国民族立法工作中存在的主要问题、成因及对策研究》，《民族研究》2001年第2期。
④ 孙晓咏：《关于自治条例和单行条例制定中"统一审议"问题的思考》，《中南民族学院学报》（人文社会科学版）2002年第1期。
⑤ 陈绍凡：《我国民族自治地方立法若干问题新探》，《民族研究》2005年第1期。

以改变上。对此主要存在如下观点：一是主张将自治条例的"报批"程序改革为"报备案并予宣告施行"程序。① 二是主张将自治区自治条例立法监督由批准改为备案②，或者在赋予民族自治地方人大常委会以自治法规的制定权的基础上，应将自治法规的报批制改为备案制。③ 三是认为民族自治地方对全国人大的法律可以变通执行，但这种变通是附有限制条件的，这种限制条件就是必须接受上一级权力机关的监督和审查。其目的就是维护社会主义法制的统一和尊严。同理，自治州、自治县的自治条例和单行条例要经省、自治区、直辖市的人大常委会批准后方能生效，报全国人大常委会和国务院备案。④

（五）自治立法问题及其解决措施

针对自治立法的现状，学界对其存在的问题及其解决方法从不同的角度作了探讨。一是认为民族自治地方立法的本质是对法律、法规的变通规定。困扰民族自治地方立法的因素主要是由于不明确自治法规的本质而在认识上和立法上混淆自治法规与地方性法规，中央立法未就民族自治地方立法如何变通法律、法规作出规定，使民族地方在立法时难于把握变通界限，并主张中央应以单行法规明确自治法规变通法律、法规的原则、程度和范围，把自治法规定的各项自治权利具体化；民族自治地方应根据是否需要变通分别制定自治法规或地方性法

---

① 韦以明：《对自治区自治条例出台艰难的立法思考——兼谈我国中央和地方立法思维中的非逻辑因素》，《广西社会科学》1999 年第 5 期。
② 王允武、田钒平：《关于完善我国民族区域自治地方立法体制的思考》，《中南民族大学学报》（人文社会科学版）2004 年第 5 期。
③ 陈绍凡：《我国民族自治地方立法若干问题新探》，《民族研究》2005 年第 1 期。
④ 曹育明：《对〈民族区域自治法〉一些基本原则的再认识》，《中央民族大学学报》（哲学社会科学版）2001 年第 1 期。

规，根据不同的自治立法权限分别制定自治条例、单行条例或变通、补充规定。① 二是认为自治区自治条例立法难的主要原因是其立法中的"非理性思维",主张借鉴中央对特别行政区立法的监督模式,将"报批"程序改革为"报备案并予宣告施行"程序,以实现科学地维护法制统一,恰如其分地去有效监督,与世界各国和国内最为普遍的违宪审查方式相协调一致。② 三是认为自治区自治立法难存在自治权和经济权益的问题,这两个问题,在不同地区有不同的表现形式,但其实质是一样的,前者涉及中央有关部门和自治地方的权力划分,后者涉及民族自治地方与中央有关部门的利益关系,因此协调起来很困难。③

总之,上述研究均已取得了一定的成果,并为后人的进一步研究打下了良好的基础,为后来的研究提供了思路。然而,就笔者所能搜集到的资料来看,目前还没有任何学者单独就"立法自治问题"撰写过著作或论文。而且,笔者认为,上述研究从总体上看,在理论性、创新性、建设性等方面还存在一定的局限性。从方法视角上看,是对个别条文采用注释法学和概念法学的方法进行解读,较多运用了注释法学的研究方法,还没有从宪法与行政法学、立法学以及法理学、民族学、民族政治学等学科理论视角深入研究我国自治地方立法的基本理论、程序规则和技术方法。以至于我国地方民族立法"存在着理论研究不够、理论

---

① 何立荣:《民族自治地方立法的困境与出路探析》,《广西民族学院学报》(哲学社会科学版) 1999 年第 4 期。
② 韦以明:《对自治区自治条例出台艰难的立法思考——兼谈我国中央和地方立法思维中的非逻辑因素》,《广西社会科学》1999 年第 5 期。
③ 毛公宁:《关于制定自治区自治条例的难点及对策》,《民族团结》1994 年第 9 期。

准备不足的基础弱性的问题，而且还面临着学界理论研究与立法界的立法实践沟通不畅的难题"①。从研究方向上看，上述研究也存在对历史和现实中"可利用资源"的挖掘和吸纳不足、研究的重心和方向不明晰等弊病。从研究深度上看，无论是对立法的基础理论、程序规则，还是对立法的技术方法研究的深度都还有待进一步深入。

三 研究方法

科学研究方法，是人们认识客观世界的有效工具。科学研究方法对于理论研究的成功与否起着至关重要的作用。从严格意义上的方法论出发，研究方法可以分为三个层次，即哲学意义上的方法论、研究方式和技术性的具体方法。②从哲学意义上的方法论层面来看，本项研究以辩证唯物主义和历史唯物主义为指导原则；从研究方式的层面来看，本项研究主要采用规范研究方式，由于涉及民族自治地方已经制定的几百个自治性法规的分析，也大量结合经验研究方式来进行研究；从技术性的具体方法层面来看，本文主要采用如下研究方法。

（一）法社会学方法

法社会学方法是"在社会中研究法律，通过法律来研究社会"，它是在法学领域中导入社会学的实证调查研究方法的结果，其实质上在于"法学研究中的社会学方法"。这一方法要求法律研究者对现实生活中大量存在的各种社会事实进行实际调查、经验积累和数据统计，并以对这些事实材料的综合分析、论

---

① 牛文军：《有关民族立法理论研究的几点思考》，《广播电视大学学报》（哲学社会科学版）2003年第3期。
② 风笑天：《社会学研究方法》，中国人民大学出版社，2001，第6页。

证为基础，进行相应的法律制度设计和法律制度实践效果的研究。本文立足于这一方法，通过图书资料、网络资源、人际关系资源，对民族自治地方立法自治理论、立法自治实践的历史和现实做大量的资料搜集，并以此为基础展开研究。从而使本文的研究成果具有浓厚的现实基础，增强其实践性和可操作性。

（二）比较的方法

法律研究中的比较方法就是从各种法制中寻求共同基础、近似点和差别，以便研究法律制度的多元性和差异性。本文以法律多元的基本理论为逻辑起点，将立法自治研究放在我国法治和社会大背景下展开，强调立法自治在我国社会主义法律体系和民族法律体系中的地位，突出其在我国立法体系中的纵向和横向分析。而且，本文还会把自治区、自治州、自治县的立法自治中的相关内容进行纵向的比较，寻求不同层级自治地方立法自治的本质差异。此外，本文还将通过比较自治条例立法与单行条例立法、变通补充规定之间的区别与联系，论证自治条例、单行条例、变通补充规定的立法自治程度。

（三）文献分析法

文献分析的具体展开，一般是根据一定的研究目的或课题，通过调查文献来获得资料，从而全面地、正确地了解和掌握所要研究的问题。为了更加充分而具体地说明问题，也为了使对策建议有更强的可行性，本项研究拟通过对各类期刊、著作、学位论文以及专题报告等文献资料中相关研究成果的归纳分析，分析当代中国民族自治地方立法自治的实践，困境及其原因，提出进一步完善民族自治地方立法自治水平的现实途径。

（四）综合分析的方法

科学的、综合的科学研究方法的运用，不仅能够相互吸取学科间的知识素养，而且兼收并蓄各自学术研究方法的特长，从而有利于扩展学术视野，改善研究立场和方法。所以，通过综合运用民族政治学、宪法学、民族法学、民族学、立法学、法理学等学科领域的最新研究成果，同时采取定性与定量相结合的方法对民族自治地方立法自治展开多向度的分析，无疑有助于科学探索立法自治的很多本质问题。

四 创新与不足

理论研究，是人们认识世界的基本方式和途径。任何理论研究，具有鲜明特色或创新之处，是其屹立于学林并保持旺盛生命力的关键所在。没有特色、创新的理论，便没有存在的价值。本文是以"立法自治"的视角研究自治立法及自治立法权的一个尝试，试图借助自治的基础理论，从政治学的视角尝试分析民族自治地方的"法自治"现象，力图回答自治立法的自治属性何以成立；主张立法自治应该合理存在有何法理基础和现实根据；其存在的政治价值是什么；作为立法自治，其核心内容是什么；立法自治实现形式又是什么；立法自治实践现状如何；制约立法自治实践的关键因素是什么；如何提升立法自治水平等问题。

1. 本书的创新或价值

（1）选题及其研究视角的独特性。通过学术回顾我们发现，目前学界虽然已有部分有关民族区域自治权的研究成果，但仅就其中立法自治权的相关研究成果来看，主要集中在"立法自治权""自治立法"的研究上，到目前为止，除了周平教授从民族政治学的视角提到过民族自治地方的"立法自治"外，几乎没有学者提民族自治地方的"立法自治"，更没有单独以"立法自治"为研究主题的研究成果。现实证明，就已有的研究成果来看，不论是单独从政治学的视角，还是从法学的视角，都难以解释民族区域自治的制式规定与民族区域自治实际运行状况之间的巨大反差。本文探讨的观点和结论也许可以商榷，但选题及其研究视角具有创新性。

（2）打破学科屏障，拓展民族政治学、宪法学的研究领域和现实内涵，推进跨学科的法律政治学的建立。民族自治地方立法自治研究是一个多学科交叉的边缘性课题，它所涉及的领域除政治学、民族政治学、宪法学外，还包括立法学、法理学、民族学、民族法学等。这一交叉学科的研究，要求将法学研究从规则提升到制度，将政治学的研究从理念落实到具体的制度安排，从社会主义民主政治的层面把握自治立法的意义，从自治的层面解读民族自治地方自治立法的生产或实施机制，将自治的精神推进到立法领域，为推动自治立法的制定与实施，找寻具有可操作性的制度化机制和理论依据。因此，这一基础性的跨学科研究，可以为认识和思考民族自治地方自治立法制度提供独特的理论视角，并将有助于深化民族自治地方自治制度的理论研究，拓展民族政治学、宪法学的研究领域和现实内涵。

（3）立足于中国国情，着眼于具体的制度建设，把民族自治地方的立法自治推进到具体制度的层面。立法自治权是保障各项自治权得以实施的重要权力，本书的研究，最终目标是打破立法自治权研究长期徘徊于定性的宏观描述的状况，探寻立法自治权实施的可操作性的理论框架，为建设民族自治地方的民主和法治，实现民族和谐，构建社会主义和谐民族关系寻找理论依据。总之，本文的研究将具体制度建设和抽象的理论探讨贯通一气，尽可能地使研究兼具学理和实际运用两方面的价值。

2. 研究的局限性及不足

尽管作者对本书的撰写已经做了最大的努力，但由于作者知识储备、认知能力、资料搜集等原因，本书的写作仍然存在一定的不足。

（1）有些相关的内容在书中难以涉及。立法自治包括自治区、自治州、自治县三级的立法自治，而立法自治的实现形式又包括自治条例、单行条例、变通或补充规定，既要兼顾纵向的三级自治立法因素，又要兼顾每一级的不同的自治立法形式，在体例安排上很难做到周全，所以自治立法的很多具体内容可能会难以展开。

（2）书中虽然提出了一些新的观点或得出一些新的结论，但由于理论研究可能的局限性，这些观点和结论有待于理论界来批评和指导，有待于我国立法自治实践来检验。

（3）本书力图分析各级自治机关立法自治的自治程度，虽然从总体上进行了分析，得出各级自治机关立法自治的自治程度都不高的结论，但由于各级自治机关也有很多差异，虽然力图顾及，但总难免有以点带面的现象。

（4）受外语水平所限，对国外资料的搜集会相对不够。本书的研究，虽然涉及一些外文资料，但主要以国内现有的资料为参考，这就不可避免地影响到研究的视野。

五 研究内容

除导言外，本书主干部分的论述共六章，分别从四个层次论述立法自治的内涵及其政治价值、立法自治的核心要素、立法自治的实现形式及其实践、立法自治水平提升。

导言部分讨论了选题背景、研究意义、研究概况、研究方法、创新与不足。

第一层次，试图探讨民族自治地方立法自治的特定内涵以及民族自治地方立法自治存在的合理性。第一章的第一节力图界定立法自治的特定内涵，首先以自治理论的自治内涵来探讨民族自治地方自治立法是否具有自治属性；在得出民族自治地方自治立法具有自治属性的结论后,运用概念归纳法对民族自治地方的立法自治进行了界定;分析了中国自治语境下民族自治地方立法自治概念的特定性,并运用抽象分析方法将其与相关概念进行了比较。第二、第三节则分别探讨了立法自治存在的法理基础与现实根据。第二章共4节,从四个向度分别探讨了立法自治的政治价值。

第二层次,集中探讨立法自治的核心要素——立法自治权。第三章第一节把立法自治权放在整个中国立法体制的场域中提炼立法自治权的本质,为分析自治立法是否具有自治性成分提供了一种质的标准。为全方位洞悉自治立法权,第二、三、四节分别对这种权力的获得、结构、限度进行了深入的考察。作为立法自治的核心要素,立法自治权的本质、获得、结构、限度也已经对民族自治地方的立法自治的自治程度有了内在的、不言自明的规定性。

第三层次,集中探讨立法自治权外化的实现形式。作为一种自治领域,立法是否真的自治,关键就要看立法主体是否产生了真正意义上的足够而良好的自治立法。第四章第一节认真考察立法自治机关的自治立法生产流程,并通过对其实际产出产品的质和量进行分析,用以确认其是否具备立法自治的行为能力。如果其生产出来的自治立法产品无人问津,这种自治存在的必要性就值得怀疑,因此第二节转向顾客一方,着力调查各类"顾客"对自治立法这种产品的需求和适用情况。第三节分析了对自治立法进行监督的制度,用以考察自治机关生产自治立法产品的环境宽松度。通过这几个方面的外化的考察,基本可以确认自治机关立法自治的实际自治程度了。因此,第五章相当于对第四章的所有调查活动做出的一个调查报告,第五章第一节肯定了立法自治实践所取得的一定成效,第二节则客观地指出了立法自治实践存在的不足，并在第三节对影响自治立法实践的因素表明了诊断结论。

第四层次，试图探讨提升立法自治水平的途径。如果没有真正树立一种民族自治地方立法自治的观念，立法自治就不可能在民族自治地方扎根，而无论立法自治多么重要，因此第六章第一节指出要树立正确的立法自治观念。自治的历史证明，有民主方可有自治，因此第二节提出了改善自治环境的期望。第三节之所以提出要对立法自治的核心要素重新配置，是因为在第三章的分析过程中发现立法自治权已经无形中设定了立法自治的可能的自治程度。第四节则围绕自治立法的产出机制、质量保障机制、实施机制提出了一些力所能及的建议。

当然，我们在全书最后也用了一个简短的结语，总结了本书所揭示的主要结论。在主张要促进立法自治水平提升的同时，也警示了过分倚重立法自治可能带来的风险。

第一章 民族自治地方立法自治的内涵与根据

民族区域自治制度是许多政治学家、宪法学家共同关注的话题。自治权是民族区域自治制度的核心。近几年来，学界已有部分有关民族区域自治权的研究成果，但是仅就其中立法自治权的相关研究成果来看，主要集中在"立法自治权""自治立法"的研究上，到目前为止，除了周平教授从民族政治学的视角提到过民族自治地方的"立法自治"外[1]，几乎没有学者提民族自治地方的"立法自治"，更没有单独以"立法自治"为研究主题的研究成果。因此，民族自治地方能否讲"立法自治"？如何科学界定"立法自治"的内涵？民族自治地方"立法自治"的存在有何根据？这是本研究的一个前提性问题。

第一节 民族自治地方立法自治的基本内涵

民族自治地方具有立法自治权，这一点无论是从《中华人

---

[1] 周平教授认为，民族自治地方自治机关的自治权涉及政治、经济、财政、语言、文化等许多具体的方面，因此，少数民族的自治也就具体地表现为立法自治、行政自治、经济自治、财政自治、文化自治等许多方面。但概括起来，有两个基本方面，即立法自治和行政自治。参见周平《民族政治学》（第二版），高等教育出版社，2007，第113页。

民共和国宪法》(以下简称《宪法》)《民族区域自治法》的规定来看,还是从学界的研究来看,都是确定无疑的。单从字面来看,立法自治权本身就有"自治"的属性,但是,为什么到目前为止,还是没有任何人单独就"立法自治"展开论述?难道在民族自治地方不能讲立法自治吗?抑或是民族自治地方的立法自治权本身就没有"自治"的属性?

一 民族自治地方立法的自治属性探讨

(一) 政治学意义上"自治"语义的双重性

在词法上,自治可以分解为"自"和"治"两部分。根据现代汉语的通常用法,人们常常将"自治"中的"自"解释为"自己"或"自我",[①] 而"治"则为"治理",[②] 因此,所谓"自治",其字面意思可以是"自我治理""自己治理自己"或"自己的事务自己决定",这种解释可以得到绝大多数汉语词典的支持。除汉语以外,其他语系一般都存在类似于上述含义的自治词汇,如英文的"self-government""self-rule"或"autonomy",法文的"autonomie"或"s'administrer"和德文的"selbständigkeit"或"unabhängigkeit"都与中文的"自我治理"具有基本相同的含义,尤其是法语中的"s'administrer",由于使用反身代词"se",更是清楚地表达了将"自我"同时作为治理主体兼客体的含义。在此意义上,自治作为"自己对自己的治理",是对立于"他治"的概念。

然而,笔者注意到,除了自我治理的含义以外,自治尚有其

---

① 中国社会科学院研究所词典编辑室:《现代汉语词典》,商务印书馆,1983,第1534页。
② 中国社会科学院研究所词典编辑室:《现代汉语词典》,商务印书馆,1983,第1489页。

他容易被人们忽视的内涵。在法国宪法中，经常指代"自治"的词汇不是"autonomie"，而是名词性短语"libre-administration"，其中"libre"是指"自由的"，而"administration"则为"治理"或"管理"。考察其出处，"libre-administration"一词直接来源于现行《法兰西第五共和国宪法》第72条的规定，该条的相关内容是："地方公共团体由民选议会自由的自我治理（s'dministrent librement）……"① 在这里，自治既使用了反身代词"se"，以表示自治的主体是自己或自身，还使用了副词"librement"以表示"自由的"之含义。在将上述条文翻译成汉语的过程中，译者们往往将上述两个含义简单地译为"自治"，而使受众们将两种不同的含义混淆在一起。

语言学家们常常从词形、句法、语序等各方面出发，认定法语具有高度的严谨性，甚至是"世界上最准确的语言"之一，这一点在"自治"的语词表达上得到了印证。事实上，不仅法语所表达的自治同时包含两种含义，汉语中"自治"的"自"，除了一般被解释为"自己"或"自身"以外，还可以同时解释为"自由的"，这不应当被忽视。在第二个意义上，自治作为"自由的治理"，对立于专制的或蛮横的治理。

在某种意义上，语义溯源所揭示出来的是对自治的两种完全不同的理解。"自己"或"自身"限定了自治的主体，表达的是人以自我为中心的状态，而"自由的"则限定了自治的形式，杜绝了外来干预的可能性。当然，这两个方面的含义并不是完全割裂的，而是自治的两个不同的面相。据此，在完整的意义上表

---

① 该条原文是："Dans les conditions prévues par la loi, ces collectivités s'administrent librement par des conseils élus et disposent d'un pouvoir réglementaire pour l'exercice de leurs compétences." *CF. Loi constitutionnelle* n° 2003 - 276 du 28 mars 2003, article 5。

达自治的概念、应该是：自己治理自己，并且自由地免于外来干涉。

基于上文揭示出来的自治的两种含义，自治这一范畴内在的蕴含着两个具体的要求："自己治理自己"和"自治行为免于不当的外来干涉"。在将自治理解为自我治理的语义下，自治首先涉及的问题是，谁是自治中的自我，也即自治主体的自在性，它意味着自治主体能够表达其个人意愿和追求其利益，自主并负责的从事某种行为，自己治理自己。自治除了要求自己治理自己外，它还意味着自治主体的自治行为免受外来的不当干预，从这个意义上说，自治具有防御性的内核，它将外来的不当干预视为一种异化物加以防御和抵制。

因此，考察社会生活中某一领域是否存在自治属性，核心的指标也就是这样两条，一是看这一领域所指向的"主体的自我性"，二是看这一领域所指向的主体的"行为的自主性"。如果某一个社会领域中治理的主体是自我的，治理的行为也是自主的，那么这一领域就存在自治的属性，反之这一领域就很难说存在自治属性，或者说不存在真正的自治属性。所以，考察某个领域是否存在自治属性，从理论上说，就是要考察这一领域所指向的主体意志是否自主，行动是否自由。民族自治地方是否存在"立法自治"也要沿此逻辑展开分析。

（二）民族自治地方的"立法"与"自治立法"

从中国的立法体制上看，民族自治地方立法权具有双重性质：自治区的一般地方立法权和自治区、自治州、自治县的自治立法权。与之相一致，民族自治地方的立法与民族自治地方的自治立法是不完全相同的两个范畴。探讨民族自治地方的立法抑或民族自治地方自治立法是否具有自治属性，必须明确民族自治地方的立法与民族自治地方的自治立法的异同。民族自治地方的立法，它既包括了自治区的一般地方立法，也包括自治区、自治州、自治县的自治立法。而民族自治地方的自治立法则特指的是自治区、自治州、自治县制定自治条例、单行条例，以及制定针对有关法律或行政法规的"变通规定""补充规定"的立法。

根据《中华人民共和国宪法》《中华人民共和国立法法》（以下简称《立法法》）、《民族区域自治法》等法律的规定，针对自治区而言，自治区的自治机关，既享有制定地方性法规、地方政府规章的一般地方立法权，又享有制定自治条例、单行条例，以及制定针对有关法律或行政法规的"变通规定""补充规定"的自治立法权。针对自治州、自治县而言，自治州、自治县的自治机关仅仅享有制定自治条例、单行条例，以及制定针对有关法律或行政法规的"变通规定""补充规定"的自治立法权。自治区、自治州和自治县三者相同之处是均享有自治条例、单行条例的制定权，以及制定针对有关法律的"变通规定""补充规定"的自治立法权。自治区和自治州、自治县不同之处在于，自治区除了自治立法权外还享有一般的地方立法权，这种一般的地方立法权包括地方性法规的制定权和地方政府规章的制定权。

（三）民族自治地方自治立法的自治属性

1. 民族自治地方一般地方立法的自治属性探讨

一般地方立法权是否具有自治的属性，在国外也是一个争议颇大的问题。通常来说，在国外，考察地方立法是否具有自治性的标准主要是看地方立法与中央立法的效力位阶，如果地方立法的效力明显低于中央立法，则地方立法的自治性就低，反之自治性就高。传统上，地方立法权往往是由国家议会以法律的形式授予，地方立法的效力明显低于国家法律。而随着地方自治的深化，很多国家地方立法权则往往直接来自宪法的授权，地方立法权来源上的变化，意味着地方立法权与宪法规范的距离更近一层，其效力位阶也就提高，地方立法的自治性也就增强。在地方立法实践中，西班牙、意大利和葡萄牙均出现了地方立法与国家议会的法律不相上下的情形，也就是说，国家议会的法律并不必然具有高于大区立法的效力，两者处于同等效力位阶，出现争议由宪法法院裁判。[①] 这种形式的地方立法毫无疑问具有自治的属性。

在国内，学界几乎从未论及普通地方单位及其国家机关的立法是否具有自治属性，相应的，立法领域的"自治"成为一个在特殊情况下才使用的概念，仅在探讨民族自治地方的立法自治权时使用。前文分析了民族自治地方一般意义上的地方立法权，那这种一般立法权是否具有自治的属性？最近，王建学博士认为，地方立法可以分为自治立法权与委任立法权。《宪法》第100条对于地方性法规制定权的属性语焉不详，但结合《宪法》第99条，地方各级人大的权限集中于"地方的经济建设、文化建设和公共事业建设"等地方事务的处理，可以认为，制定地方性法规是省级人大管理省级地方事务的措施和手段，因此，地方性法规制定权应具有自治属性。《立法法》第64条确认了两种制定地方性法规的情形："为执行法律、行政法规的规定，需要根据本行政区域的实际情况作具体规定的事项"和"属于地方性事务需要制定地方性法规的事项"。前一方面主要为执行国家法律、法规，因此具有执行国家行政的性质；后一方面则意味着地方性法规可以针对地方性事务而自主制定，因此能够毫无疑问地构成地方自治立法权。[②] 以此观之，民族自治地方的一般立

[①] 参见葡萄牙《宪法》第280条、西班牙《宪法》第160条、第161条的规定。

[②] 王建学：《作为基本权利的地方自治》，厦门大学出版社，2010，第89页。

法权也就具有自治的属性。

但是，笔者并不赞同王建学博士的观点。中国目前实行的是"中央统一领导和一定程度分权的，多级并存、多类结合的立法体制"①，立宪权和立法律权属于中央，行政法规和地方性法规都不得与宪法、法律相抵触。根据前文的分析判断，在某一领域是否存在自治属性的两个标准，一般地方立法权即使满足了立法"主体的自我性"，也很难满足立法"行为的自主性"，因此可以肯定地说，我国的一般地方立法权并不必然具有自治的属性，当然，香港和澳门特别行政区的地方立法要属例外。对民族自治地方的一般立法权而言，不但难以满足立法行为的自主性，而且其地方性法规更多的是为了完成国家委任的事务，而地方事务的处理更多的恰恰是通过自治条例、单行条例、变通或补充规定等自治立法来进行规范。因此，即使是从地方立法可以分为自治立法权与委任立法权的角度，也很难得出民族自治地方的一般地方立法具有自治的属性。

2. 民族自治地方自治立法的自治属性分析

民族自治地方自治立法包括制定自治条例、单行条例和对国家法律或行政法规的变通或者补充规定。民族自治地方这种自治立法与中央立法、一般地方立法、经济特区立法以及特别行政区立法相比，除了具有主体的特定性、内容的变通性、效力的优先适用性外，根据前文的分析判断在某一领域是否存在自治属性的两个标准，我们来探讨一下其是否具有自治的属性。

（1）从自治立法主体的"自我性"来看。民族自治地方自治立法包括制定自治条例、单行条例和对国家法律法规的变通或者补充规定。在制定主体上，对于自治条例及单行条例的制

---

① 周旺生：《立法学》（第二版），法律出版社，2009，第151页。

定来说，只有民族自治地方的人民代表大会享有制定自治条例和单行条例的权力，而作为人民代表大会的日常办事机构——常委会没有这种权力，其作为自治机关之一的政府更是不能行使这一权力，由此自治条例和单行条例的制定主体是十分确定的，即民族自治地方的人民代表大会。但是，对于对国家法律法规的变通或者补充规定的权力行使主体则并不一致，虽然《宪法》第151条规定："自治区、自治州、自治县的自治机关行使宪法第三章第五节规定的地方国家机关的职权，同时依照宪法、民族区域自治法和其他法律规定的权限行使自治权，根据本地方实际情况贯彻执行国家的法律、政策。"《民族区域自治法》第20条规定："上级国家机关的决议、决定、命令，如有不适合民族自治地方实际情况的，自治机关可以报经该上级国家机关批准，变通执行或者停止执行。"根据以上规定，对国家法律法规的变通或者补充规定的权力行使主体是民族自治地方的自治机关，即民族自治地方的人民代表大会（不包括其常委会）以及政府。但是，就我国多部法律的具体授权情况来看，各部门法所授予的享有变通规定或补充规定的立法权的主体并不一致。有的是授予民族自治地方的人民代表大会，如《中华人民共和国继承法》《中华人民共和国民法通则》《中华人民共和国老年人权益保障法》《中华人民共和国妇女权益保障法》和《立法法》①；有的是授权民族自治地方的人民代表大会及其常务委员会，如《中华人民共和国收养法》；而有的是授权民族自治地方的自治机关（人民代表大会和人民政府），如

---

① 根据《立法法》第66条的规定，在自治条例或单行条例中就可以进行变通或补充规定，由于自治条例和单行条例只能由民族自治地方的人民代表大会制定，因此可以推知《立法法》也属于授权民族自治地方人民代表大会的情形。

《中华人民共和国森林法》。

因此,要考察自治立法主体是否具有"自我性",意味着要分析民族自治地方的人民代表大会、人民代表大会的常务委员会、人民政府三个主体的"自我性"。

就民族自治地方的人民代表大会来说,根据《民族区域自治法》第16条的规定,该自治机关的组成是由民族自治地方的选民直接或者间接选举产生,而非上级国家机关或者中央任命产生,而且,其行使权力的价值追求也是实现自治民族的自治及其与其他民族的共同利益,这意味着自治主体能够表达自治民族及其他民族的意愿和追求其利益,自主并负责地从事自治立法行为,其自治立法行为的"自我性"可以成立。

就民族自治地方的人大常委会来说,作为民族自治地方人民代表大会的常设机关,也非上级国家机关或者中央任命产生,而是由其人民代表大会选举产生,而且根据《民族区域自治法》的规定,民族自治地方人大常委会中应当有实行区域自治的民族的公民担任主任或副主任,因此人大常委会当然也能够表达自治民族及其他民族的意愿和追求其利益,自主并负责地从事对国家法律法规的变通或者补充规定的行为,其自治立法行为的"自我性"也可以成立。

就民族自治地方的人民政府来说,随着当代行政立法的发展,很多国家都肯定了政府的行政立法权,在有些国家,行政立法甚至比议会立法还占优势。在法国,不但行政立法与议会立法有平分秋色之嫌,而且行政立法大有压倒议会立法的气势(这不仅表现在数量上),① 即使在我国,地方政府制定的政府规章也很多,因此从理论上说,政府在立法行为中"自我性"是可

---

① 刘莘:《行政立法研究》,法律出版社,2003,第59页。

以成立的。但是，就我国的立法体制来看，省级以下的政府机关，除了《立法法》所规定的"较大的市"以外，是没有立法权的，因此，我国有些单行法律笼统授权"民族自治地方的自治机关"进行变通或补充立法，意味着非"较大的市"的自治州、自治县的政府也有立法权，这与《宪法》《立法法》的规定不符，是违宪的，通过违宪授权得来的立法权是不成立的，"自我性"意味着必须有独立的主体资格，原本就无立法权，哪来的"自我性"？因此，笔者认为承认自治区政府自治立法的"自我性"是可以成立的，但不宜肯定自治州、自治县的政府在自治立法方面的"自我性"。

（2）从自治立法主体立法行为的"自主性"来看。立法行为的"自主性"意味着自治立法行为不受外来的不当干预，笔者认为，民族自治地方自治立法行为的自主性主要体现在以下两个方面。

第一，自治立法内容的自主性。民族区域自治制度作为解决我国民族问题的基本政治制度，是在少数民族聚居区实行的民族与区域相结合的自治，因此体现民族自治性是自治立法的核心价值，自治立法的核心内容就是要体现其民族性。立法自治权的目的在于以立法的形式保护民族自治地方自治民族的特殊权利，这也是其必须体现民族自治性的必然要求所在。立法自治权与其他立法权相比，最大的特点就在于其民族自治性。如果自治立法不能体现自治民族的特点，则无法得到当地自治民族的认可。正如美国著名法学家伯尔曼所指出："除非人们觉得，那是他们的法律，否则，他们就不会尊重法律。"[①] 因此，自治立法在立法内

[①] 〔美〕伯尔曼：《法律与宗教》，梁治平译，生活·读书·新知三联出版社，1991年，第60页。

容上应该较其他一般地方立法具有更大的自主性，应该更能够体现其民族性。在民族自治地方，除了法律、行政法规的授权立法，还享有直接依据《宪法》授权而获得的很大的创制性立法。民族自治地方在对民族自治地方的社会关系进行规范时，为确保本地方实行自治的民族和其他民族各项权益的实现，民族关系的和谐稳定，多元民族传统文化的保持和发扬，具有民族特点的经济、文化和社会事业的充分发展和进步，根据《宪法》《民族区域自治法》对自治机关自治权的原则规定，可以结合本民族本地方的实际情况和特点，对自治机关各项自治权的充分行使做出具体规定；可以结合实行自治的民族和其他少数民族的传统文化、语言文字、风俗习惯、宗教信仰，以及特定的民族关系、民族特点设定相应的权利义务和法律责任；《立法法》第 66 条已明确规定了民族自治地方享有立法变通权，即使没有单行法律的授权，民族自治地方也可以依照当地民族的特点行使立法变通权[1]。

第二，自治立法程序的自主性。立法程序是有权的国家机关，在制定、认可、修改、补充和废止法的活动中，所需要遵循的法定步骤和方法。立法程序具有严肃性，它是法定的、必须遵守的。[2] 因此，我们讲自治立法程序的自主性，并不是说，自治立法的立法主体可以随意而为，不遵守立法所需要遵循的法定步骤和方法，而是说，在自治立法的起草、调研、审议、表决等立法程序中，要有保障少数民族公民参与尤其是保障实行自治的民族公民参与的具体程序，以确保少数民族体现其民族性的利益诉求在自治立法程序中得到体现和响应。即便是汉族在

---

[1] 吉雅：《民族区域自治地方自治立法研究》，法律出版社，2010，第 5 页。
[2] 周旺生：《立法学》（第二版），法律出版社，2009，第 220 页。

该民族自治地方占人口的多数，亦应如此。如《延边朝鲜族自治州自治条例》规定，自治州人民代表大会常务委员会组成人员中，朝鲜族成员可以超过半数，其他民族也应有适当名额；自治州人民代表大会常务委员会主任由朝鲜族公民担任，自治州州长由朝鲜族公民担任；在副州长、秘书长、局长、委员会主任等政府组成人员中，朝鲜族成员可以超过半数；自治州人民代表大会的朝鲜族和其他少数民族的代表名额和比例根据法律规定的原则，按吉林省人民代表大会常务委员会的有关规定确定；自治州人民代表大会制定自治州的自治条例和单行条例，自治条例须由自治州人民代表大会以全体代表的三分之二以上的多数通过；自治条例的修改由自治州人民代表大会常务委员会或者五分之二以上的州人民代表大会代表提议，并由自治州人民代表大会以全体代表的三分之二以上的多数通过；单行条例的制定与修改由自治州人民代表大会以全体代表的过半数通过。这些规定体现了对自治立法民族性的程序保障，是自治立法程序自主性的直接体现。

通过以上的分析，我们可以得出初步的结论，根据自治的双重内涵，借助考察某一领域是否存在自治属性的两个具体标准，对民族自治地方一般性地方立法和自治立法进行考量后，我们发现，在民族自治地方的立法中，一般性地方立法不具有政治学意义上的自治属性，然而对自治立法而言，其政治学意义上的自治属性是明显的，因此民族自治地方的自治立法蕴含有政治学意义上的"自治"的属性，在民族自治地方可以讲立法自治。

二 语义学上立法自治的基本含义分析

单从字面上看，民族自治地方立法自治是由"民族自治地方""立法""自治"三个基本词汇构成,因此,对民族自治地方立法自治界定的科学与否,取决于对"民族自治地方""立法""自治"三个基本概念的理解。

民族自治地方既是一个地理概念,又是一个政治概念。从地理概念的角度来说,它指的是实现民族区域自治的一个地域范围,从政治概念的角度来说,它指的是统一于国家政治体系之下的一个民族的次级政治体系。民族区域自治制度是解决中国民族问题的重大政治制度,这种民族区域自治,既不是单纯的民族自治,也不是单纯的区域自治,而是民族自治与区域自治的结合。实行民族区域自治的基本要求,便是建立民族自治地方,因此中国的民族自治地方是制度构建的产物,是依据《宪法》和《民族区域自治法》建立的。既然是建构的,民族自治地方就是国家意志的一种体现,要受到国家基本法安排的制约,而非自治民族或自治地方自主权的一种自由展开。民族自治地方自治机关的建立、性质和自治权都是中央确定的。在中国的单一制国家结构形式下,中国的民族自治地方处于中央的统一领导之下,是国家不可分离的部分,它事实上"只不过是拥有某些特定权限(自治权)的行政区域"[1],只不过是地方的一种特殊类型。民族自治地方的自治机关行使自治权实际上是附加于一般国家机关职权上的特殊的自主权,它所能够实际行使的自治权的大小最终取决于中央的集权与放权。因此,"中国的民族自治地方是享有中央政府给予的更多自主权的行政区域,具有明显的单一制地方中代理型地方的特点"[2]。

---

[1] 周平:《民族政治学》(第二版),高等教育出版社,2007,第111页。
[2] 周平、方盛举、夏维勇:《中国民族自治地方政府》,人民出版社,2007,第24页。

对"立法"一词,学界使用虽多,但定义却少。在不同的社会形态、不同的国家、不同的历史阶段,立法的含义和内容不尽相同。总体来看,立法是指"由特定主体,依据一定的职权和程序,运用一定的技术,制定、认可和变动法这种特定的社会规范的活动"①。在现代,立法不仅包括立法机关的立法,还包括行政机关的行政立法,在判例法国家,甚至还包括司法机关具有法的创制性的司法判例;立法不仅包括中央的立法,还包括地方的立法;立法既是一种过程,也是一种结果;立法不仅是对权利资源、权力资源以及其他有关社会利益,进行法定制度性配置和调控的专门活动,也是对个人和组织在国家生活和社会生活中的义务或责任的法定制度性确定,还是对所有社会主体的社会行为和社会自由的范围所做的法定制度性界定。法主要反映的是经济上、政治上占据主导地位的社会主体的意志,"法的内容虽然十分广泛,而且形式多样,但集中到最根本的一点上,即法以掌握政权的阶级的政治为内容,体现并实现其政治要求"②,因此立法的实质是将在国家生活和社会生活中占据主导地位的社会主体的意志,上升为国家意志。

"自治"一词在辞源意义上所涵盖的范围很广,但仅从字面上理解,自治的核心内涵就是自己的事情自己决定。通过前文的分析,笔者得出的基本看法是,"自己的事情自己决定"内在的包含了"主体的自我性"(意志自主)和"行为的自主性"(行动自由)双重的含义。随着现代民主政治制度的不断发展,"自治"是现代民主政治的重要词汇,然而,"自治"在不同的语境下有着丰富的内涵,从不同的研究视角出发,得出的有关自治的

---

① 周旺生:《立法学》(第二版),法律出版社,2009,第55页。
② 曹海晶:《中外立法制度比较》,商务印书馆,2004,第17页。

相关范畴的结论往往大相径庭。伦理学、哲学、法学、社会学都用自己的理论体系来分析自治的价值和行为特征。政治学对自治理论的探讨,既要以哲学、伦理学、社会学、法学的价值评判为基础,又不应该拘泥于其中。

在政治学意义上,从理念的层面看,自治理念与自由、民主以及法治的核心内容有着紧密的联系。自由主义总体上对国家采取了一种警惕的态度,这种态度导致了自由主义两个重要的观点:一个是有限政府,一个是分权原则。政府产生于被统治者的同意,政府的目的是服务于被统治者,为被统治者服务不仅要求政府积极作为,而且还要求政府消极的不作为,公众的事务大部分可以通过人民的自治、个人的自由来完成,所以政府内部的权力分立理论与对政府权力进行社会制约的思想,实质上是以人民自治和保障人民自治为基础的。在自由主义者眼里,他们并不反对民主,他们认为民主是为个人的自治提供合法程序的保障,但是民主只不过是从属于自由的价值或者实现自由的手段罢了。[1] 在自由主义者看来,自治应当是一种固有权利,而不是授予的权力,但是自治权利却应该受到必要的社会条件的限制,法治实际上就是从主体性之外授予了行为的一种合法性或正当性,法治是在主体自治能力不足的情形下作为主体性的补充而存在的。[2] 因此,从制度的层面看,自治通常是用自决、自我统治、自主、自我决定等来解释的,是一种与国家统治相对立的概念,自治是抵制国家专制的一种形式。

自治作为现代民主政治的重要价值已经从社会层面深入到个

---

[1] 李强:《论两种类型的民主》,载《直接民主与间接民主》("公共论丛"第五辑),生活·读书·新知三联书店,1997,第18页。
[2] 田芳:《地方自治法律制度研究》,法律出版社,2008,第16页。

人生活领域,以自由主义为源头的自治思想已经广泛渗透到国家、社会和个人的三个领域。国家领域的自治意味着在"民族自决权"理念指导下的民族国家的不断建立;在社会领域,自由主义的国家理论强调国家的统治以人民的同意为基础,国家的统治以人民的自治为界限,表现在国家的结构体制中则是地方自治,无论是在卢梭人民主权学说下的分权制衡理论,还是托克维尔对美国式分权民主的剖析,抑或是联邦党人创立的西方民主理论,都是在表达着一个共同的主题:反对中央政府的过度集权,因此自治在社会领域的突出表现就是地方自治;自治思想在个人领域表现为法律赋予公民自由与权利,个人领域内自治的基础是"自己决定权",自己决定权就是"与他人无关的事情自己有决定权,仅仅对自己有害的行为,由自己承担责任,或者是就一定个人的事情,公权力不得干涉而由自己决定"的权利[1],也就是说,自己的私事有自己自由决定的权利。应当说,自己决定权作为个人自治的基础,一般是作为基本人权来看待的,与国家领域内的民族自决、社会领域的地方自治相比,自己决定权通常不直接涉及国家的基本政治制度,但是,从自己决定权的功能、价值追求来看,它可以促使国家政治制度的不断完善,民主政治体制必须承认个人在政治参与以外的个人生活空间,承认个人追求的目标,以避免生活的完全政治化,这也是从另一个侧面彰显自治思想深入个人领域的意义,因此,自己决定权概念的产生丰富了现代自治的思想,并与民族自决理论、地方自治理论等共同构成了现代自治理论。国家、社会、个人三个层面的自治思想和制度相互联系、相互影响,共同构成了现代

---

[1] 莫纪宏:《现代宪法的逻辑基础》,法律出版社,2001,第487页。

自治理论的基本内容。①

通过上文对"民族自治地方""立法"以及政治学意义上的"自治"三个基本概念的理解，笔者尝试对"民族自治地方立法自治"做出如下的界定。民族自治地方立法自治是指：在单一制的国家结构形式中，在统一的国家政治体系之下，在实行民族区域自治的这种次级政治体系中，具有自治立法权的主体，在依据一定的职权和程序，运用一定的技术，制定、认可和变动法这种特定的社会规范的活动过程中，为避免中央的立法专制，体现自治立法的民族性，所体现出来的意志自主和行动自由。

三 中国自治语境下立法自治的实质内涵

上文只是从语义学的角度对民族自治地方立法自治的概念进行初步的界定，要准确把握民族自治地方立法自治的真正内涵，我们还需要把立法自治放在中国特定的自治语境下进行考察。笔者拟沿着自治的一般定义→政治学意义上的自治→中国语境下的自治→中国语境下的民族区域自治→民族区域自治语境下的立法自治这样的逻辑对此问题进行简要的分析。

如前所述，"自治"在不同的语境下有着丰富的内涵，从不同的研究视角出发，得出的有关自治的相关范畴的结论往往大相径庭。伦理学、哲学、法学、社会学都用自己的理论体系来分析自治的价值和行为特征。虽然自治思想在不同的领域有不同的内涵，但却具有某些共同的特征，譬如都非常重视自治状态下人的意志自主和行动自由。考察某个领域是否存在自治属性，从理论上说，也就是要考察这一领域所指向的主体是否意志自主，是否行动自由。

---

① 莫纪宏：《现代宪法的逻辑基础》，法律出版社，2001，第479页。

在政治学意义上，从理念的层面看，自治理念与自由、民主以及法治的核心内容有着紧密的联系。自治作为现代民主政治的重要价值已经从社会层面深入到个人生活领域，以自由主义为源头的自治思想已经广泛渗透到国家、社会和个人的三个领域。国家领域的自治意味着在"民族自决权"理念指导下的民族国家的不断建立，自治思想在个人领域表现为法律赋予公民自由与权利，自治在社会领域的突出表现就是地方自治。在三个领域的自治中，社会领域中的地方自治一直是整个自治思想的核心，集中地体现在民主政治框架下的人民主权理念和自由意志原则。

但对于什么是地方自治，在不同的国家、不同的政治结构、不同的社会文化以及不同的时代背景下，有着不同的认识。在西方，地方自治主要分为英美法系的地方自治以及大陆法系的地方自治两种类型。英美法系的地方自治认为凡是国家不宜直接插手的事物，均应该由居民自己来管理，这种自治含义广泛，是一种以居民为重心的广义的地方自治。大陆法系的地方自治认为，一国范围之内的地域团体，应该具有在一定范围内处理地方性事务的权力。这种自治以团体为重心，主要强调地方行政事务的自治。[1] 然而，上述两种地方自治理论在当今已经呈现出相互融合的趋势。"居民自治以团体自治为前提，必先有独立于国家的地域团体的存在，其可以自行处理地方事务，然后居民自治才可能实现。反之，如果仅有团体自治而无居民自治，居民对地域团体的形成未能充分参与，则地方的政治与行政皆脱离居民的意志，地方自治也就无实现之可能。"[2] 因此，

---

[1] 陈绍方：《地方自治的概念、流派与体系》，《求索》2005年第7期。
[2] 许志雄、许宗力：《地方自治之研究》，台北业强出版社，1992，第5页。

居民自治与团体自治互相依存，缺一不可，两者共同组成完整的地方自治。

在中国的自治语境中，自中华人民共和国成立以来，无论是社会层面的地方自治，还是个人层面的自治，都不是自治主体通过自身斗争取得的，不是自治体由小到大、自下而上发展而来的，目前中国的自治制度都是国家机关通过宪法和法律自上而下强行推行的，其自治权利和自治义务不是固有权，而是由法律规定的。无论是民族区域自治制度、特别行政区自治制度、基层民主自治制度，还是行业自治制度、社团自治制度，自治主体的自治权限划分、自治权的行使程序、自治权与国家权力的关系、甚至包括自治体内部的自治关系也要由国家法律规定。因此，自治的法定性是中国自治的最显著特点。① 法定性也就意味着自治主体的自治权限不是固有的，更不可能是无限的，而是有限的。

民族区域自治制度是中国运用自治理论解决中国民族问题的一种独特实践，是根据中国宪法的规定而设置的一项重要政治制度。民族区域自治制度既是具有中国特色社会主义的重要政治制度，也是中国解决国内民族问题的基本政策。所谓民族区域自治制度，就是在国家统一领导下，在各少数民族聚居的地方实行区域自治，设立自治机关，行使自治权的制度。民族区域自治的本质，是一个涉及国家政权结构形式的问题。中国共产党在领导革命和建设的过程中，建立起单一制民主共和国的国家结构形式，实行民族区域自治制度的正确主张。中国的民族区域自治，是将民族要素与区域要素有机结合起来的一种自治制度，它既不同于那种以"属人主义为原则"指导下的"某一个民族以某种形式

---

① 王圣诵：《中国自治法研究》，中国法制出版社，2003，第30页。

把自己组织起来,建立专门的自治机关,以管理自己民族的一切事务"的民族自治,也不同于那种以"属地主义为原则"指导下的"一国范围之内的地域团体,在一定地域范围内自主处理地方性事务"的区域自治。民族区域自治制度的本质是"一种单一制集权国家结构形式下的有限的分权制"[①],是在中国的政治体制框架下为体现人民主权理念、保障民族权利而设置的一种国家政治结构体制。"民族自治地方或民族自治共同体,事实上只不过是拥有某些特定权限(即自治权)的行政区域。"[②]

作为一种政治体系的民族区域自治或地方自治的运行过程,也就是自治展开的过程。从实质上看,这一过程也就是自治权的运用和实现的过程。[③] 根据宪法和民族区域自治法的规定,民族自治地方的自治机关享有政治、经济、财政、语言、文化等许多具体的自治权,但这些自治权归纳起来就是两大方面:一方面是民族自治地方人大及其常务委员会的立法自治权;另一方面是民族自治地方政府行使的行政管理自治权。因此,反过来看,民族自治地方自治权的运用和实现的过程,也就是民族自治地方立法自治和行政自治展开的过程。

可见,民族自治地方的立法自治,是在民族区域自治框架下的立法自治,只是整个民族区域自治制度安排中的内容之一,它与民族自治地方的经济、财政、语言、文化等方面的行政管理自治相互联系在一起,在一定程度上只是在为民族自治地方的行政管理自治提供自治性法律规范的一个过程,它与行政管理自治相互结合,两者共同推进中国民族区域自治的发展。

[①] 张文山:《突破传统思维的瓶颈:民族区域自治法配套立法问题研究》,法律出版社,2007,第121页。
[②] 周平:《民族政治学》(第二版),高等教育出版社,2007,第111页。
[③] 周平:《民族政治学》(第二版),高等教育出版社,2007,第113页。

因此，民族自治地方的立法自治在本质上也就是民族自治地方立法自治权的运用和实现的过程。它是在民族区域自治的制度框架下，民族自治地方的自治机关在落实宪法和民族区域自治法所规定的立法自治权的过程中，通过一定的自主立法行为，创制一定的自治性法规，为民族自治地方的行政管理自治提供具体的法律性规范性文件的一个过程。

四 立法自治的基本特征

（一）立法自治目的的特定性

与民族自治或民族自决不同，中国民族自治地方立法自治是在中国的民族区域自治制度框架下，民族自治地方的自治机关落实宪法和民族区域自治法所规定的立法自治权的一个过程，它的最终目的并不是要通过立法的自决，从而达到各少数民族的自决或各少数民族的完全自治，其最终的目的在于，民族自治地方的自治机关在落实宪法和民族区域自治法所规定的立法自治权的过程中，通过一定的自主立法行为，创制一定的自治性法规，为民族自治地方的行政管理自治提供具体的法律性规范性文件，从而与民族自治地方行政自治相结合，共同促进中国民族区域自治制度的发展。因此，立法自治的目的具有特定性，立法自治的目的并不是要破坏国家立法的统一性，更不是为了运用立法权从事国家分裂活动，搞民族自决或民族的完全自治，而是为了与民族自治地方的行政自治相结合，更好地贯彻落实中国的民族区域自治制度。

（二）立法自治的派生性

对于民族自治地方立法自治来说，中国是单一制的国家，采取了中央集权的权力配置方式，没有地方自治的传统，国家权力集中于中央。任何地方，不论如何特殊，不论享有什么样的特殊权力,其权力都不是自有的,更不能独立于中央。[1] 在这样的基本政治格局中,地方并没有任何固有的权力或保留的权力,地方的权力都来自于中央的授予。"在中央集权制的国家,地方政府的权力是由中央政府让予的,所以不管怎么样,中央政府都有最终决定权。"[2] 民族自治地方的立法自治权力,是由中央立法机关授予的,从这个意义上说,它是一种派生性的权力。因此,立法自治是民族区域自治的制度安排内容之一,其依附于民族区域自治制度,没有民族区域自治,也就没有民族自治地方立法自治。作为一种非固有性的立法自治,立法自治具有相应的派生性。民族自治地方立法自治并不是一种民族自治地方固有的自治行为,而是民族区域自治制度的派生产物。

(三)立法自治的有限性

民族自治地方自治机关自治立法涉及的范围很广,涉及政治、经济、文化、社会的方方面面,不但可以制定自治条例、单行条例,还可以进行变通或补充规定,与别的一般地方的立法行为相比,其自治立法行为具有很强的意志自主性和行动自由性。但是,正如我们剖析民族自治地方立法自治内涵时所指出的那样,这种立法自治的前提是在单一制国家结构中、在国家统一政治体系之下的一种自治,因此立法自治具有有限性。这主要表现在以下几个方面:一是民族自治地方自治机关只能行使被授予的有限的立法自治权。从总体上看,民族自治地方立法自治权是明确规定了的,十分有限,不能随意扩大,不能逾越权利和权力应有的边界,民族自治地方立法自治机关创制自治性法规的自主权

---

[1] 周平、方盛举、夏维勇:《中国民族自治地方政府》,人民出版社,2007,第40页。
[2] 林尚立:《国内政府间关系》,浙江人民出版社,1998,第21页。

是十分有限的。二是自治立法的法律位阶较低。从法的位阶上看，法律、行政法规是上位法，民族自治地方法规是它们的下位法，处于相对次要的地位。三是民族自治地方自治立法权的不完整性。国家的法律并没有将自治立法权完全授予民族自治地方自治机关，无论自治区的自治立法还是自治州、自治县的自治立法都需要报上级国家机关批准，批准程序设立的目的并不在于提升所制定法规的位阶，而在于制定主体不拥有完整的立法权。①

五 立法自治与相关概念的界定

民族自治地方立法自治与地方自治、民族区域自治等概念的区别是很明显的，然而学界对民族自治地方立法自治与民族自治地方自治立法、法律自治、民族自治地方立法自治权的概念区分却很模糊，常常把立法自治研究等同于自治立法研究，或者是把立法自治权的研究等同于立法自治研究的全部内容，或者是把立法自治与法律自治混淆，因此，有必要对这几个概念进行准确的界定。

1. 立法自治与自治立法

对于什么是自治立法，学界的界定也不统一。有学者从过程与结果的角度界定自治立法，认为自治立法是指"民族自治地方的自治机关依照宪法和法律的规定，根据当地的民族特点制定在本地区适用的自治法规活动的总称，民族自治地方自治立法的表现形式包括自治条例、单行条例和对国家法律法规的变通或者补充规定"②。在这个意义上，自治立法既指自治机关制定、修改和废止法规的一个过程，也指自治机关在立法过程中产生的结

---

① 田芳：《地方自治法律制度研究》，法律出版社，2008，第379页。
② 吉雅：《民族区域自治地方自治立法研究》，法律出版社，2010，第1页。

果即所制定的法规本身。有学者则只从立法过程的角度界定自治立法,认为自治立法是指"民族自治地方的自治机关根据宪法和法律的规定,依照当地民族的政治、经济和文化特点,通过一定程序制定、修改、和废止自治条例、单行条例、变通规定和补充规定等自治法规的活动的总称"①,在这个意义上,自治立法则指向了制定、修改或废止法规的这个过程。当然,笔者认为,自治立法既应该包括立法活动本身,又应该包括立法活动产生的结果,也就是说,自治立法既包括了动态意义上的立法,也包括了作为立法活动结果这个静态意义上的立法。可见,立法自治与自治立法有区别也有联系。

(1) 从两者的区别来看:第一,关注的重点不同。就一般的意义上来看,立法自治主要探讨的是在立法这个领域是否存在自治的属性,也就是说,在立法这个领域,立法主体的意思表示是否自主,立法行为是否自由,就民族自治地方立法自治来说,是要探讨民族自治地方的自治机关在进行自治立法时,自治机关是否真正实现了立法的自主;自治立法则是关注自治机关在进行自治立法时的这个具体的过程和这一行为的产出,也就是说,关注的是自治机关谁有权进行自治立法、自治立法的具体程序和作为立法结果的自治立法的具体表现形式等内容。第二,外在表现的抽象程度不同。对自治立法所关注的过程和结果来说,这些过程和结果都是很具体、很直观的;但对于立法自治来说,进行立法的主体意思表达是否自主,立法行为是否自由,这不是通过肉眼就可以直观地感受得到,需要透过立法的具体过程进行抽象的分析与归纳,方可得出是否存在自治属性的结论。第三,展现的

---

① 康耀坤、马洪雨、梁亚民:《中国民族自治地方立法研究》,民族出版社,2007,第2页。

范畴不同。研究自治立法更多展现的是立法基本原理、立法制度、立法技术等法学的基本范畴；但研究立法自治展现的更多则是自治与他治、权力或权利的来源、分权与制约、自治主体、自治权内容、自治权的保障等政治学的范畴，前者更多地反映立法理论的基本范畴，后者更多地反映自治理论的基本范畴。

（2）从两者的联系来看，自治立法是立法自治的表现形式。要探讨民族自治地方的自治机关在进行自治立法时，自治机关是否真正地实现了立法的自主，需要透过立法的具体过程进行抽象的分析与归纳。也就是说，只有在对自治立法深入分析的基础上，方可得出是否存在立法自治的结论。因此，两者之间是一种形式与内容，现象与本质的关系。

2. 立法自治与法律自治

法律自治的概念是美国法学家伯尔曼在论述西方法律传统时提出的，伯尔曼所指的法律自治是指法律制度与其他类型制度之间较为鲜明的区分。伯尔曼认为："虽然法律受到宗教、政治、道德和习惯的强烈影响，但无论是立法过程、裁判过程抑或是由这些过程所产生的法律规则和概念，都与宗教制度、政治制度、道德习惯之间存在较为明显的区分。……政治和道德可能决定法律，但它们不像在其他某些文化中那样被认为本身就是法律。在西方，法律被认为具有它自己的特征，具有某种程度的相对自治。"[①] 法律自治，正如伯尔曼所说，是西方法律传统的一个重要组成部分，在较为一般的意义上，法律自治意指法律相对于其他社会控制机制的独立性，比如说不受宗教、道德、政治等因素的直接决定，它包括了法律规范的自治、法律职业的自治、法律机构的自治、法律方法的自治、法律教育的自治等方面的内容。

---

① 〔美〕伯尔曼：《法律与革命》，中国大百科出版社，1993，第9~10页。

可见，法律自治与立法自治是两个既有密切联系又有很大区别的范畴。

（1）从两者的区别来看，立法自治只是法律自治的一个重要方面。通常认为，法律自治主要包括五个方面的内容，即独立的法律规范体系、独立的法律机构、独特的法律思维方式、独立的法律职业和独立的法学与法学教育。[①] 而"独立的法律规范体系"至少包括两个方面的内涵：一是法律规范体系"产生"方面的独立性，法律规范的废、改、立不受宗教、道德、政治等因素的直接决定，要体现这些规范的制定主体的自治性，也就是立法自治；二是法律规范体系"存在"方面的自治性，即这些法律规范独立存在于社会生活中，与宗教规范、道德规范等其他规范存在较为明显的区分。因此，立法自治主要体现的是法律自治中的"独立的法律规范体系"这一方面的内容，而且，立法自治只是体现了法律规范体系"产生"方面的独立性这一方面的内容，还没有体现法律规范体系"存在"方面的独立性这一方面的内容。

（2）从两者的联系来看，立法自治与法律自治相辅相成。一方面立法自治是法律自治的重要内容，没有立法方面的自治，立法主体在进行立法时也就很难摆脱宗教、政治等因素的重大制约，也就意味着法律的规则体系难以体现法律本身应该具有的价值内涵，法律本身所应该具有的公平、正义等价值可能会由于宗教或政治的影响而荡然无存。当法律没有一套自己的价值体系的时候，法律自治显然也就成为空话。因此没有立法的自治，也就不可能有法律的自治。另一方面没有法律自治的大环境，立法自

[①] 黄文艺：《法律自治——法治的另一种思考》，载郑永流主编《法哲学与法社会学论丛》（3），中国政法大学出版社，2000，第242页。

治也很困难。法律自治使法律与政治、宗教等其他领域之间划分出一定的界限,通过法律自治机制,构成了法律权威最坚强有力的捍卫者,从而拓展了立法主体的自治空间,为立法的自治提供了可能。

3. 立法自治与立法自治权

立法自治权,是国家赋予民族自治地方自治机关的一种特定权利,是指"民族自治地方的自治机关依照宪法和法律的规定,按照社会主义的法制原则,根据本自治区域的实际情况,制定民族自治地方性法规的一种立法权力。[①] 立法自治权属于民族自治地方的自治权范畴,是民族自治地方自治机关的自治权之一,同时它又是其他自治权得以有效行使的非常重要的权力。按照法律的规定,民族自治地方自治机关立法自治权的内容主要包括:制定自治条例和单行条例的自治权,制定变通执行或者停止执行上级国家机关的不适合民族自治地方实际情况的决议、决定、命令和指示等自治权。而立法自治,如前所述,是指在单一制的国家结构形式中,在统一的国家政治体系之下,在实行民族区域自治这种次级政治体系中,具有自治立法权的主体,在依据一定的职权和程序,运用一定的技术,制定、认可和变动了法这种特定的社会规范的活动过程中,为避免中央的立法专制,体现自治立法的民族性,所体现出来的意志自主和行动自由。

可见,立法自治权与立法自治联系十分紧密,可以说,立法自治权是立法自治的核心要素。立法自治权对于立法自治是必不可少的,立法要想得以自治,首要的前提就是自治立法主体要享有相应的立法自治权。没有立法自治权,自治立法主体就很难在立法过程中达到意志自主和行动自由。因为,权力在一定程度上

[①] 宋才发:《民族区域自治法通论》,民族出版社,2003,第137页。

意味着权力主体的行动自由，自治立法主体只有依赖法定的立法自治权力资源，才可能促使中央政府在法律的约束下，不随意侵犯自治立法主体的权力边界，尊重自治立法主体的自主意志和行动自由。从而促使自治立法主体能够在宪法和法律许可的范围内，最大限度调动自己的积极性和能动性，结合本地方的实际情况，自主决定立法规划、立法内容。

当然，立法自治权与立法自治的区别也是十分明显的。立法自治权强调的是"权"，立法自治强调的是"自治"。作为一种法定权力，立法自治权有明确的法律规定，自治机关有哪些立法自治权力，宪法和民族区域自治法都有明确的规定，十分具体和直观，但对于自治机关是否具有立法的自治属性，是不能通过直观可以感受得到，而要透过立法自治权行使的具体过程进行抽象的分析与归纳，方可得出自治机关在立法领域是否存自治属性的结论。研究立法自治权，探讨更多的是立法自治权与其他一般地方立法权、特别行政区立法权等权力的区别，以及立法自治权的具体权限范围，但研究立法自治展现更多的则是自治与他治、权力或权利的来源、分权与制约、自治主体、自治权内容、自治权的保障等政治学的范畴，前者更多反映的是立法权理论的基本范畴，后者更多反映的是自治理论的基本范畴。

第二节　民族自治地方立法自治的法理基础

民族自治地方立法自治的存在需要有相应的法理作为基础，否则其合理性就值得怀疑，其合法性也就成了无源之水、无本之木。因此，有必要探究蕴含在立法自治这一独特现象之中的最一般的法理基础，以合理的解释民族自治地方的立法自治现象，科学的指导民族自治地方立法自治的实践。笔者认为，立法自治之所以有其存在的价值,主要原因有三个方面:一是立法自治是地方自治核心领域的核心;二是立法自治是法律规则僵硬性与民族自治地方特殊法治诉求的必然结果;三是立法自治是少数民族群体政治参与有效性不足的补充。

一 立法自治是地方自治核心领域的核心

(一) 民族区域自治权:民族区域自治制度的核心内容

1. 地方自治权是地方自治的核心内容

在地方自治制度当中,地方自治权是制度的核心问题。自治权,作为法律上的概念是指地方自治单位或团体在其区域内所拥有的支配权,是国家所赋予的部分统治权,只能在国家所赋予的权限内处理自己的事务,因此自治权实质上是国家基于法律赋予自治主体处理自己事务的权限。① 地方自治团体享用自治权是地方自治的前提和基础,没有自治权,地方自治就会流于空谈。"自治的核心是权利和权力。所谓自治实质上是自治主体对其权利或权力的自我支配、处理的自由,无论是社会自治、还是政权自治,或是个人自治;无论是法律上的自治,还是政治上的自治,其关涉的都是权利或权力问题。"② "一个地方政府应该自身具有每种所必需的权力,然后才能不受其他约束,克尽其所尽的责任。"③

2. 民族区域自治权是民族区域自治制度的核心问题

民族区域自治,是指"在国家统一领导下,各少数民族聚居的地方实行区域自治,设立自治机关,行使自治权"。这表明民族区域自治由民族、区域、自治机关和自治权四要素构成。其

---

① 谢瑞智:《宪法辞典》,台北文笙书局,1979,第109页。
② 王允武:《中国自治制度研究》,四川人民出版社,2006,第13页。
③ 〔美〕汉密尔顿、杰伊:《联邦党人文集》,程逢如、在汗、舒逊译,商务印书馆,1989,第31页。

中，自治权是民族区域自治的核心。在民族区域自治中，若离开自治权，则民族因素、区域因素和自治机关因素都将失去民族区域自治的意义。失去自治权，民族自治地方则等同于一般地方国家机关，也就无所谓民族区域自治了。实行民族区域自治制度的过程，实质上就是在一定限度内行使自治权的过程。由此可见，民族区域自治权是在民族区域自治中居于核心地位的。民族区域自治权是《民族区域自治法》的核心，是地方国家权力与民族权利的统一。[①] 民族区域自治制度是通过自治权的行使得以体现的，民族区域自治权是民族区域自治制度的核心，没有民族区域自治权，就不可能有真正的民族区域自治。民族区域自治权是衡量民族区域自治制度的标尺。

（二）立法自治权：民族区域自治权的核心

1. 地方自治立法权是地方自治权的核心

地方自治权"核心领域"的概念来自于德国。德国学者通常从《基本法》第 28 条有关乡镇自治的规定出发，认为，"地方自治团体必须享有最少限度之自我决定与自我形成之权限"，因此"推论出所拥有的权利或配备，德国学界称之为'地方自治团体之高权'（Hoheitsrechte；Hoheitsbefugnisse）"，此类高权对于地方自治之运作具有重要意义，它们构成了地方自治的"核心领域（kernbestand）"。[②] 可见，核心领域的概念是为了说明，地方公共团体为达到对地方自治事务的管理而在最低限度上所必须享有的权能，或者说，地方自治权至少应当包含哪些内容，缺少其中的任何一项，地方自治必不能成立。

[①] 邹敏：《论民族区域自治权的源与流》，中央民族大学出版社，2009，第 254 页。

[②] 林文清：《地方自治权与自治立法权》，台北扬智文化事业股份有限公司，2004，第 40 页。

核心领域的范围是一个高度复杂的理论与实践问题，因此，对于哪些权能构成地方自治权的核心领域，不同的学者给出的清单往往不同。但无论学者如何开清单，自治立法权对于地方自治都是必不可少的，按照林文清教授的说法，它甚至是"地方自治核心领域（地方自治权）的核心"[1]。因为，地方立法是地方公共团体借以表达其意志的唯一正式途径。相比之下，行政、财政、人事都不能担当起这一任务。因此，在几乎所有的地方自治体制中，各国地方公共团体都无一例外地享有自治立法权。

2. 立法自治权是民族区域自治权的核心

民族自治地方的立法自治权是特定的立法权，它属于民族自治地方的自治权范畴，同时它又是其他自治权得以有效行使的非常重要的权力。[2] 自治权十分广泛，要使这些广泛的自治权得以行使，离不开民族自治地方的自治立法，虽然《宪法》《民族区域自治法》赋予了民族自治地方各种重要的自治权力，但是，这些重要的权力都很原则、很笼统，只有通过法的形式进一步把其细化，才可能使这些权力的形式具有可操作性，从而才可能更好地使这些自治权力得以更好地实现。自治立法是自治机关行使自治权的根本体现，自治立法可以通过细化自治权来保障自治权的实施。"从某种意义上说，自治机关自治权的行使首先表现为自治立法活动。"[3] 因此，如前所述，自治权是民族区域自治制度的核心，而自治权这一核心的核心又是立法自治权。

---

[1] 林文清：《地方自治权与自治立法权》，台北扬智文化事业股份有限公司，2004，第46页。
[2] 周旺生：《立法学》（第二版），法律出版社，2009，第293页。
[3] 宋才发：《民族区域自治制度的发展与完善：自治区自治条例研究》，人民出版社，2008，第74页。

(三) 立法自治：民族区域自治得以有效展开的关键

自治权是民族区域自治制度的核心，立法自治权是民族区域自治权的核心，但是有立法自治权并不意味着自治权一定能够得以实现，相应的，有立法自治权也并不意味着民族区域自治制度实践价值一定得以践行。自治权能否得以实现，民族区域自治制度实践价值能否得以践行，关键还要看立法能否自治。只有立法得以自治，才意味着立法自治权能够得到有效的行使，立法自治权能够得到有效的行使，才意味着自治权能够得以实现，从而促进民族区域自治制度实践价值的真正践行。"作为一种政治体系的民族区域自治的运行过程，也就是自治展开的过程。它表现为少数民族自主管理本民族内部事务的一系列的自治活动。从实质上看，这一过程也就是自治权的运用和实现的过程。"[①] 也就是说，民族区域自治的运行过程，实际上就是通过一系列的自治活动，来运用和实现自治权的过程。而这一系列的自治活动中，立法自治又具有关键性的作用，唯有立法自治搞好了，各种自治权才有可能得以有效地运用和实现，才可能促进民族区域自治活动的层层展开，达到民族区域自治制度的制度设计目的。因此，没有立法自治，就没有科学的自治立法，没有科学的自治立法，就没有自治权的有效实现，没有自治权的有效实现，民族区域自治制度的实践价值就会大打折扣，正是在这个意义上，笔者认为，立法自治是民族区域自治得以有效展开的关键。

二 法律规则普遍性与特殊法治诉求之对接

（一）国家法律规则的僵硬性

"由于法律力图增进社会的秩序价值，因此就必定注重连续

[①] 周平：《民族政治学》（第二版），高等教育出版社，2007，第113页。

性和稳定性的观念。"① 作为国家的法律，其一般的动机和目的都是为了追求符合公平、正义的某种秩序。但是，国家的法律一方面由于要兼顾范围广泛的共同体成员的利益，从而有时不得不牺牲共同体少数成员的利益；另一方面由于要兼顾不同时空的客观条件，保持法律规范的稳定性，从而有时不得不放弃在部分时空条件下可能实现的公平正义。所以，国家法律常常刚性有余、弹性不足，在一定的时空条件下还会显现出很强的僵硬性。国家法律的刚性特征既是其优势，又是其劣势，优势在于其刚性特征有利于树立法律的权威，劣势在于其刚性特征也就意味着国家法律难免僵硬。然而，"在一个充满不确定性、多元利益关系冲突频繁、信息不完全的现代社会，仅仅依靠国家法律显然不足以满足人们对规则的依赖、对秩序的需求、对正义的渴望。"②

（二）民族自治地方法治诉求的特殊性

客观实际是立法的生命。法律并不是逻辑自足的孤立存在物，法律只是社会关系中的法律，离开了社会现实这一基础，法律便会成为空中楼阁。"法律应该和国家的自然状态有关，和寒、热、温的气候有关，和土地的质量、形态、面积有关，和农、猎、牧各种人民的生活方式有关，和政制所能容忍的自由程度有关，和居民的宗教、性癖、财富、人口、贸易、风俗、习惯相适应。"③ 法律不应是立法者为了某种需要而刻意编制的规则体系，它只能是对社会发展客观规律的反映，总是在具体的民族中产生和发展。民族自治地方少数民族在政治、经济、文化上都

---

① 〔美〕博登海默：《法理学：法律哲学与法律方法》，邓正来译，中国政法大学出版社，1998，第340页。
② 罗豪才：《软法与公共治理》，北京大学出版社，2006，第57页。
③ 〔法〕孟德斯鸠：《论法的精神》，彭盛译，当代世界出版社，2008，第6页。

有自己的特点。他们所处的地理位置、气候条件、经济文化类型及发展水平、文化特点、宗教与风俗习惯等生活现实都各具特色而很少相同。受现有立法技术的限制，各民族表现出的这种个性特征使得很难通过国家立法去包罗万象，只能由民族自治地方根据当地的特点制定自治法规做出明确、具体的规定。只有他们才知道自己需要什么样的法律，这是其他任何人包括上级国家机关在内都无法取代的。

（三）立法自治：法律规则僵硬性与特殊法治诉求之对接途径

国家法律规则的僵硬性与民族自治地方特殊法治诉求之间的冲突和不一致是不可避免的。在实践中，国家正式法律制度的供给与民族自治地方特殊法治诉求之间的冲突时常发生。在两者的较量中，不是国家制定法被规避，就是少数民族特殊法治诉求被侵吞，或者两者同时存在。这种局面，不是造成国家制定法权威的丧失，就是造成少数民族地区社会秩序的混乱和法律资源的浪费。这些都将不是法治社会的应然状态。因而，必须为民族自治地方特殊法治诉求和国家制定法预留必要的制度空间，以实现两者的对接。这个制度安排一方面必须能够维护国家法治的统一和权威；另一方面必须能够在某种程度上体现对民族自治地方特殊法治诉求的宽容和接纳。在中国法制史上，少数民族地区法制的一个很大的特点，就是依法实行少数民族地区"自治"。[1] 以史为鉴，立法自治是当代中国实现民族自治地方特殊法治诉求和国家制定法良性对接的最佳制度选择。在单一制的国家结构形式中，在统一的国家政治体系之下，赋予民族自治地方一定的立法自治权。这一制度安排，一方面承认了民族自治地方特殊法治诉

---

[1] 吴大华：《民族法律文化散论》，民族出版社，2004，第18页。

求的合理存在，另一方面也尊重了国家法制的统一性。只有这样，才能协调好国家法与民族自治地方特殊法治诉求之间的关系，既强调法律的统一性，又维护法律的多样性。

三 少数民族群体政治参与有效性不足的补充

公民参与是民主政治的核心问题之一，对于政治国家来讲，公民参与是实现善治的必要条件。其实，所有民主的价值和意义，只有通过公民参与才能真正实现。政治哲学的一般原理认为，国家存在的合法性基础在于社会大多数的同意和认可，政治权力来源于公民权利，并以促进和保障公民权利为限。政治权力只是一种工具性手段，公民权利才是一种目的性价值。在逻辑关系中，权利才是起点，政治权力只是中介。民族区域自治权是一种集体权利，它的权利基础是少数民族，民族区域自治权存在的目的正是为了保护少数民族群体参与管理好自己公共生活的基本权利。1992年联合国大会通过的《少数人权利宣言》第2条第3款规定："属于少数群体的人有权以与国家法律不相抵触的方式切实参加国家一级和适当区域一级关于其所属少数群体或其所居住区域的决定。"因此，确保少数民族公民有效的政治参与既是政治哲学的题中之意，也是国际法的一个基本要求。

然而，公民的参与状况与其所在国家或地区的政治环境直接相关，特别是国家的政治制度和政治当局的民主精神。公民参与必须有相应的政治制度作为保障和政治宽容精神，否则就难以有真正的公民参与。国家的政治制度为公民的参与提供合法的渠道、方式、场所，并且当公民的参与行为受到非法侵害时，保护公民的正当参与权。在中国，公民的政治参与面临着两方面的挑战，一方面既往单位体制下的公民参与以政府组织和动员的方式进行，实际上只是公民"出场"或者决策贯彻的过程，缺乏公民权利的体现；另一方面在社会变迁的过程里，人们有较多利益诉求，尚未形成合适的表达渠道，公民参与政治和社会生活的能力较低。① 可见，就目前而言，中国公民政治参与的有效性是不足的。在民族自治地方，由于经济发展水平的限制、鼓励公民参与的政治文化不足、公民受教育程度总体较低等方面因素的影响，在少数民族群体中公民政治参与的有效性就更不足了。

因此，要促进民族自治地方少数民族群体实现有序政治参与，增强政治参与的有效性，达到有效的治理，就需要加强少数民族群体中公民的参与能力，促进制度化参与机制的形成。联合国少数人问题工作组主席阿斯比约恩·艾德先生曾在 2000 年 5 月提交的工作报告中说："自治的实践会增加少数人对影响其自身和他们所生活的整个社会的事务的权力行使的参与机会。"② 可见，自治的实践是促进少数民族群体有效参与的一个重要手段。民族区域自治权存在的重要法理基础就在于，它既是公民个人自决权的一种延续，也是对少数民族群体在一国范围内政治参与有效性不足的一种补充，其旨在通过少数民族群体自我决定和管理本民族地方的事务，发挥自身的积极性和主动性，促进本地方的经济发展和社会进步，从而实现各民族平等。③ 设立民族区域自治权，建立民族区域自治制度，就是为了增强少数民族政治参与有效性的制度化参与机制的一种努力。

---

① 贾西津：《中国公民参与案例与模式》，社会科学文献出版社，2008，第 5 页。
② 周勇：《自治与少数民族权利保护的国际新观察》，《中国民族》2001 年第 4 期。
③ 戴小明：《中国民族区域自治的宪政分析》，北京大学出版社，2008，第 130 页；宋才发：《中国民族自治地方政府自治权研究》，人民出版社，2008，第 42 页；邹敏：《论民族区域自治权的源与流》，中央民族大学出版社，2009，第 252 页。

而如前文所述,立法自治权是民族区域自治权的核心,但是有立法自治权并不意味着自治权一定能够得以实现,相应的,有立法自治权也并不意味着民族区域自治制度实践价值一定得以践行。自治权能否得以实现,民族区域自治制度实践价值能否得以践行,关键还要看立法能否自治。只有立法得以自治,才意味着立法自治权能够得到有效的行使,立法自治权能够得到有效的行使,才意味着自治权能够得以实现,从而促进民族区域自治制度实践价值的真正践行。因此,在民族自治地方,自治的实践是促进少数民族群体有效参与的一个重要手段,自治的核心又是自治权,而要实现自治权的核心要求又是立法能够得以自治,所以在中国政治参与整体有效性都不足的现实下,要提高少数民族政治参与的有效性,立法自治刻不容缓。

第三节 民族自治地方立法自治的现实根据

立法自治之所以应该存在,除了有其存在的法理基础,还有其现实的根据。我国的国家结构、中国的民族问题、民族自治地方的政治经济发展水平、民族习惯法的客观存在等因素都是立法自治之所以应该存在的重大现实根据。

一 单一制的国家结构

所谓国家结构,简单地说,就是指国家的整体与部分、中央的政权机关与地方政权机关之间的组成关系。[①] 新中国确立的国家结构形式是在民主集中制基础上形成的单一制的国家结构形式。然而,中国是一个多民族的国家,如何解决好民族问题,是

[①] 林尚立:《国内政府间关系》,浙江人民出版社,1998,第3页。

实现国家统一，保障国家完整的关键。因此，中国共产党根据马克思主义民族理论，在少数民族地区实现民族区域自治制度，以解决国内的民族问题。民族自治地方的自治机关与中央国家机关的关系，原则上与非民族自治地方的国家机关与中央国家机关的关系不同，享有更大的自主权。但由于诸多因素的影响，很多时候，民族自治地方的自治机关与中央国家机关之间的关系，和非民族自治地方的国家机关与中央国家机关的关系没有太大的不同，民族自治地方实际自治权的大小最终还是取决于中央的集权与放权以及对地方行政建制的调整。

本来，国家设立民族区域自治权，实施民族区域自治制度，出发点是想在中央统一领导下，民族自治地方适当分权，从而既保证国家的统一性，又调动民族自治地方的积极性。但是，自治权却在实践中不仅没有得到加强和发展，反而却不断被分割，完整性不断遭到破坏，[1] 关键就在于中央与地方事权划分缺乏法律保障。中央与民族自治地方权力大小以及利益分配，通常是中央与地方领导人之间讨价还价谈判的结果，缺乏合法的依据以及权力限制的法律规定，中央向地方放权缺乏法律依据，中央向地方收权仍然缺乏法律依据，放权或收权只是凭借中央下发的一纸文件而已。[2] 这种非制度化的安排使人们的预期不确定，地方的积极性有时很难充分发挥，地方领导人的创新精神更可能受到压制。[3] 因此中

---

[1] 张文山教授认为，在实施民族区域自治法的过程中，分割自治权、破坏其完整性主要反映在两个方面：一是自治权在实施过程中被分割，缺乏有效的保障机制；二是自治权设置的不完整性。张文山：《突破传统思维的瓶颈：民族区域自治法配套立法问题研究》，法律出版社，2007，第23~29页。

[2] 董辅礽等：《集权与分权——中央与地方关系的构建》，经济科学出版社，1996，第33~34页。

[3] 苏力：《当代中国的中央与地方分权——重读毛泽东〈论十大关系〉第五节》，《中国社会科学》2004年第2期。

央和地方分权必须法律化、制度化，保证中央与地方分权上的法律供给。

要保证中央与民族自治地方分权上的法律供给，重要的一点就是民族自治地方的立法能够得以自治。"由于立法权在国家权力体系中居于重要地位，实现中央和地方分权的国家，首先便是实现立法上的分权，中央和地方在立法上不存在分权，也就不存在真正的中央和地方的分权。"① 立法分权意味着在分权的范围内，民族自治地方在立法上应该意志自主、行动自由，中央立法机关不得随意干涉，在分权范围内中央不能随意采取专断的措施限制民族自治地方的立法自治。因此，在中央统一领导下，在民族自治地方进行适当分权的当代中国国家结构形式下，想要充分调动民族自治地方的积极性，发挥民族自治地方的主体性作用，民族自治地方就应该在宪法和民族区域自治法等法律规定的范围内实行立法自治，这不仅是法理的要求，也是现实的呼唤。

二 复杂的中国民族问题

民族差别和文化差异是人类社会的普遍现象。只要民族存在，就会有族际社会，就会有民族关系和民族问题。民族特点在使人们区分为不同民族群体的同时，其本身就包含着形成民族问题的内部机制。民族特点导致民族差异，民族差异导致一定的民族问题。② 纵观人类社会历史演进的历程，不同时代、不同地区、不同性质的国家和政府各有其处理民族问题的政策和方式，人类社会处理和解决民族问题的不同政策、手段、方法及途径，

---

① 周旺生：《立法学》（第二版），法律出版社，2009，第212页。
② 陈国裕：《正确认识和处理当代中国的民族问题》，《学习时报》2006年7月4日。

实际上反映了不同历史时期特定文化背景下的特定政府对民族问题的认知模式。人类政治文明发展的实践表明：法治，即依靠法律手段来解决民族问题是人类的最佳选择。[①] 恃强凌弱、暴力征服、专制统治与现代法治精神背道而驰，并为现代法治社会所不容。

在中国，依靠法律手段来解决民族问题的最重要表现就是民族区域自治法的制定与执行。国家以宪法及宪法性法律的方式，在宪法和民族区域自治法中明确规定了民族区域自治制度，设立民族自治地方自治机关，依法行使民族区域自治权，以期通过此制度安排，消除民族压迫和民族歧视，实现民族平等，确保民族团结、社会和谐和国家统一。在全球性民族分离主义复兴、民族分裂活动高涨的现实背景下，探讨完善解决民族问题的法治手段，无疑是十分紧迫的。

可以说，民族区域自治制度所蕴含的原则、理念及其所规定的各种具体法律制度，是统一的多民族中国有史以来最好的、也是最完整的解决民族问题的法律方式，但在实践的运行中远远没有达到此制度设计的解决民族问题的基本目的。原因当然是多样的，而民族自治地方有立法权却没有应有的立法自治，毋庸置疑，这是一个重大的原因。

制定和执行民族区域自治法的出发点就是想运用法治手段来解决中国的民族问题，法治的字面含义就是法律的规制、法律的统治，最早的含义就是指对良好的法律的普遍服从。良法是法治的前提，正如亚里士多德所言："法治应该包含两重含义：即已经成立的法律获得普遍的服从，而大家所服从的法律又应该本身

[①] 戴小明：《中国民族区域自治的宪政分析》，北京大学出版社，2008，第2页。

是制定得良好的法律。"① 民族自治地方本来有权在宪法和民族区域自治法规定的范围内自主管理本区域内的事务,行使相关的自治权,这些自治权很多都依赖自治立法加以细化方可具有针对性和可操作性。有学者通过对《民族区域自治法》法律文本的分析后得出结论:《民族区域自治法》颁布至今,最大的困惑就是操作性问题,民族区域自治法更像一部政府的政策性宣示文件,而不像国家法律文本,它使用的是政治化的语言而不是法律术语,使许多条文缺乏规范性,规定弹性大,留下不少漏洞,给具体操作带来极大的困难。②

可见,加快自治立法的进程,供给足够而良好的自治立法,使民族区域自治法的各种原则性规定变得具有可操作性,并使这些自治立法得到有效的实施,这是完善解决民族问题的法治手段的必然要求。然而,一方面由于民族自治地方立法难以真正自治,目前自治立法的供给是不够有效的,到目前为止,五大自治区都还未有一部自治区自治条例出台就是例证。另一方面由于民族自治地方立法难以真正自治,目前,即使有一些自治立法,也难以说这些自治立法都是良好的法律,从民族自治地方已有的一些自治立法来看,立法质量并不高,很多自治立法,尤其是很多自治条例,都是模仿民族区域自治法的结构和语言,并不明白自治立法到底要规范什么内容。

所以,要真正使用法治手段解决中国的民族问题,就不能不进一步探索和健全民族区域自治制度的具体实现形式,使民族区域自治法得以有效施行,而这一切离不开民族自治地方的立法自

---

① 亚里士多德:《政治学》,吴寿彭译,商务印书馆,1983,第199页。
② 张文山:《突破传统思维的瓶颈:民族区域自治法配套立法问题研究》,法律出版社,2007,第67页。

治,唯有立法自治才能使民族自治地方供给足够而良好的自治立法;唯有民族自治地方供给足够而良好的自治立法,才能使民族区域自治法的各种原则性规定变得具有可操作性;唯有民族区域自治法的各种原则性规定变得具有可操作性,才能使民族自治地方自治机关真正有效行使好各种自治权;唯有民族自治地方自治机关真正有效行使好各种自治权,民族区域自治制度才能得到有效的践行;唯有民族区域自治制度得到有效的践行,中国的民族问题才能得到更有效的解决。因此,说到底,立法自治是解决中国民族问题的现实需要。

三 相对滞后的经济社会发展水平

自治权的实现,除了政治上的保障外,更重要的还必须有坚实的经济社会发展基础。只有经济发展了,少数民族公民的各项权利才能从规范状态转化为一种实然状态,各民族之间的利益纠纷才能得以缓解,民族地区和边疆地区才能有安定的政治环境和经济发展环境,才能从根本上遏制民族分裂势力,从而真正实现各民族的平等、团结、互助和共同繁荣。为此,邓小平同志曾经说:"实行民族区域自治,不把经济搞好,那个自治是空的。少数民族是想在区域自治里面得到好处,一系列的经济问题不解决,就会出乱子。"[1] "少数民族和民族地区迫切要求加快发展与自身发展能力不足的矛盾,是当代中国,乃至整个社会主义初级阶段中国民族问题的主要矛盾。"[2] 因此,发展经济,是少数民族公民权利的基础,是解决民族问题和民族矛盾的关键。

然而,少数民族和民族地区经济发展滞后,仍然是改革开放

---

[1] 《邓小平文选》(第1卷),人民出版社,1993,第167页。
[2] 王希恩:《当代中国民族问题解析》,民族出版社,2002,第10页。

至今中国经济建设面临的一个重大难题。自新中国成立以来,少数民族干部群众对自己民族和地区的发展尽了极大的努力,党和国家以及汉族地区的干部群众对少数民族和民族地区的政策照顾和各方面的支持是持续的、长期的,但由于少数民族地区的一些客观因素,如自然环境恶劣、经济基础薄弱和原有社会发展水平严重低下等,在经过几十年的发展后,仍然与东部地区有着相当大的差距,少数民族地区的整体经济社会发展状况仍然是落后于汉族地区,这已经成为中国当前在少数民族和民族地区的主要矛盾。因此,正如江泽民同志所说:"在新的历史时期,搞好民族工作,增强民族团结的核心问题,就是要积极创造条件,加快发展少数民族和民族地区的经济文化等各项事业,促进各民族的共同繁荣。这既是少数民族和民族地区人民群众的迫切要求,也是我们社会主义民族政策的根本原则。"[1] "加快少数民族地区经济社会发展,是现阶段解决民族问题的根本途径,必须摆到更加突出的战略位置。"[2]

按照宪法和民族区域自治法的规定,民族自治地方拥有经济发展的自主权。自治机关可享有自主制定本地方经济建设方针、政策和规划,合理调整生产关系、改革经济管理体制,管理、保护和优先开发本地自然资源,自主安排地方基本建设项目,管理隶属于本地方的企业和事业等方面的经济管理自治权。[3] 然而,民族自治地方经济社会发展极不平衡,即使是同一民族自治地方内不同地区与不同民族或同一民族内部其发展状态也是不平衡的,

---

[1] 江泽民:《加强各民族大团结,为建设有中国特色的社会主义携手前进》,载《十三大以来重要文献选编》(下),人民出版社,1993,第1839页。
[2] 2005年5月27日,胡锦涛在中央民族工作会议上的讲话。
[3] 宋才发:《中国民族自治地方政府自治权研究》,人民出版社,2008,第69~74页。

这就决定了宪法和民族区域自治法规定的经济管理自治权不可能适应所有民族地区。这样，就必须借助民族自治地方的自治立法这一"桥梁"，使宪法和民族区域自治法规定的经济管理自治权与民族自治地方的实际情况相连接，唯有如此，经济管理自治权才能真正实施，才能真正促进民族自治地方经济社会的发展。

在市场经济条件下，法治对经济的发展至关重要。"没有合适的法律和制度，市场就不会产生任何体现价值最大化意义上的效率。"① 因此，充分利用民族自治地方经济管理自治权的优势，搞好自治立法，制定出适合少数民族自治地方经济社会发展的自治法规，对民族自治地方经济社会发展十分重要。然而，由于立法自治程度不高，民族自治地方的自治立法普遍表现出政策化倾向严重，自治立法规范的弹性过大、权威性降低，自治立法往往需要依靠政策才能够被理解和适用等现象。市场经济就是法治经济，在发展市场经济、加快民族自治地方经济建设的进程中，提供足够而有效的经济发展方面的自治立法，是保障经济管理自治权得以有效行使，经济社会得以有效发展的必然要求，而要想提供足够而有效的经济发展方面的自治立法，离不开民族自治地方立法的自治。

四 国家法与民族习惯法之张力

法律在某种意义上是文化的产物，是文化演进的必然结果，甚至可以说，法律本身就是一种文化。② 任何一个民族的法律文化总是在独特的文化土壤中产生并成长起来的，不同民族的自然地理以及社会条件造就了不同的法律文化。由 56 个民族共同创

---

① 〔美〕布坎南：《自由、市场和国家》，平乔新、莫扶民译，北京经济学院出版社，1988，第 79 页。
② 〔美〕E. A. 霍贝尔：《初民的法律》，周勇译，中国社会科学出版社，1993，第 362 页。

造的中华法律文化具有一体性，但是中华法律文化的一体性并没有抹杀各民族特别是少数民族法律文化的独特存在。在少数民族法文化中，少数民族习惯法文化则是其必不可少的重要组成部分。少数民族习惯法文化是一种独特的法文化体系，它是民族法文化与习惯法文化的有机结合。少数民族习惯法文化的存在，有其内在的价值。"少数民族习惯法文化作为一种历史文化现象，作为一种传统，在民族地区源远流长，影响深厚，它使各民族代与代之间、一个历史阶段与另外一个历史阶段之间保持了某种连续性和同一性，构成了一个社会创造与再创造的密码，并且给人类生存带来了秩序和意义。"①

在推进中国法治建设的过程中，如何正确处理好国家制定法与少数民族习惯法的关系，这是一个复杂的理论问题，更是一个敏感的现实问题。我们应该从有利于国家法制统一，有利于少数民族地区社会和经济的发展，有利于维护民族团结，有利于少数民族地区精神文明建设出发，认真、慎重地对待和处理国家制定法和少数民族习惯法的关系。② 一方面我们要保证国家制定法在民族自治地方的统一实施，以维护国家法制的统一；另一方面又要尊重少数民族习惯法。由于诸多因素的影响，我们无法说国家制定法总是合理的，况且少数民族习惯法也难免有不合理的问题存在。尽管有这样的两难，我们却可以追求一种更好的混合型的法律制度，达到国家法与少数民族习惯法之间的沟通、理解、妥协与合作。但是，"在中国法学教育和法律实践基本是以国家制定法为中心的现状下，强调理解民间法、强调国家制定法对民间

---

① 〔美〕E. 希尔斯：《论传统》，傅铿、吕乐译，上海人民出版社，1991，第3页。
② 高其才：《中国少数民族习惯法研究》，清华大学出版社，2003，第295页。

法的适当妥协、寻求民间法的合作也许尤为重要"①。

强调国家制定法对民间法的适当妥协,最关键的就是不能只是靠国家强制力把国家制定法在民族自治地方强制推行,而是要把国家法转化为与民族习惯法相一致的地方法规加以贯彻。"法是习惯的再制度化。"② 许多法律往往只是对社会生活中通行的习惯和惯例的确认、总结、概括或提升。真正能够得到有效贯彻执行的法律,恰恰是那些与通行的习惯和惯例相一致或近似的规定。而国家制定法在立法时往往是借鉴所谓的现代外国法律多于本土的习惯、惯例。这样的法律制定颁布后,由于与少数民族习惯背离较大或没有系统的少数民族习惯和惯例的辅助,不易甚至根本不为少数民族族员所接受,不能成为他们的行为规范。③ 这样的法律往往,至少在实施的初期,并不能便利人们的行为,相反可能会使少数民族族员感到是在添麻烦。"由于人们为了追求交易费用的减少,往往会规避法律,而借助于一些习惯的纠纷解决方式,结果是国家制定法的普遍无效和无力。"④ 因此,要想使国家法在民族自治地方得到有效施行,就应该让民族自治地方自治机关立法在一定程度上能够自治,赋予他们将国家制定法变通为与少数民族习惯法相一致的地方法规的自主权。只有这样,才能协调好国家法与民族习惯法之间的张力,从而达到既强调法律的统一性,又维护法律多样性的目的。

---

① 苏力:《法治及其本土资源》,中国政法大学出版社,1996,第69页。
② 张冠梓:《论法的成长——来自中国南方山地法律民族志的诠释》,社会科学文献出版社,2000,第370页。
③ 费孝通在1936年调查时发现,尽管1929年宣告生效的民法以保障男女平等为由改变了中国社会中传统的继承制,然而在7年之后,就费孝通先生所调查的那个村子而言,"没有任何实际变化的迹象"。费孝通:《江村经济》,江苏人民出版社,1986,第56~57页。
④ 苏力:《法律多元与法律规避》,《中外法学》1993年第6期。

第二章　民族自治地方立法自治的政治价值

民族区域自治制度既是一项法律制度，也是一项政治制度。作为一项法律制度，其立法自治的存在有其法理基础。作为一项政治制度，其立法自治的存在必然也有其特定的政治价值。中国的民族区域自治制度，建立之初就是为处理我国民族问题而设立的一项基本政治制度。随着情势的变迁，这一制度所蕴含的政治价值在制度初衷的基础上越来越具有了新的内涵。[①] 作为民族区域自治有效展开的关键，民族自治地方立法自治的政治价值也越来越凸显：立法自治是自治权行使的关键，在多重自治中，立法自治是最基础的；解决民族自治地方公共治理建设滞后的矛盾，离不开立法自治；立法自治是推进民族自治地方族际政治整合模式转型的重要保障；立法自治为调整民族关系提供了重要的法制条件。

[①] 周平教授认为，作为国家一项基本的政治制度，民族区域自治制度的意义是深远的和重大的：它促成了少数民族传统政治体系与新型国家政治体系的对接；为多民族国家的政治整合提供了有效的制度框架；为国内民族关系的调整提供了政治条件；促进了民族自治地方经济社会的发展。周平、方盛举、夏维勇：《中国民族自治地方政府》，人民出版社，2007，第14~17页。

第一节　立法自治是民族自治地方
多重自治的基础

民族自治地方自治机关的自治权涉及政治、经济、财政、语言、文化等许多具体的方面，因此，少数民族的自治也就具体地表现为立法自治、行政自治、经济自治、财政自治、文化自治等许多方面。但概括起来，有两个基本方面，即立法自治和行政自治。[①] 立法自治主要体现为通过一定的立法程序将少数民族的意志加以概括，并转化为自治条例和单行条例，以及对国家法律和行政法规做出变通和补充的规定。行政自治则主要表现为自治机关在行政过程中自主开展的人事管理、经济管理、财政税收管理、资源开发利用和环境保护、文化体育活动等一系列自治活动。在民族自治地方的多重自治中，立法自治是最基础的。

一　自治权的充分行使是实行民族区域自治的核心

中国的民族区域自治有两个基本问题，一是自治机关的设立和建设，包括自治机关的民族化、民主化的完善问题；二是自治机关的自治权的行使问题。前者是实行民族区域自治的关键，为自治机关充分行使自治权提供前提条件；后者是实行民族区域自治的核心，也是实行民族区域自治的目的所在，是衡量达到真正的民族区域自治的唯一标志。[②] 为什么说自治机关自治权的行使是实行民族区域自治的核心？

---

① 周平：《民族政治学》（第二版），高等教育出版社，2007，第113页。
② 金炳镐：《自治机关建设与自治权的行使》，载王铁志、沙伯力主编《国际视野中的民族区域自治》，民族出版社，2002，第77页。

1. 民族区域自治制度主要通过自治权的充分行使来实现

民族区域自治制度具有政治功能、经济功能、文化功能、社会功能等多重功能。①自治机关的自治权是一项内容广泛的权利，涉及政治、经济、文化、社会生活的各个方面，也就是说民族区域自治制度在很大程度上是通过自治权的行使来实现的，没有充分的自治权，民族区域自治就会徒有虚名。"从民族政治学的角度来看，任何的民族自治，都是民族共同体获得一定程度的自治权和自治权的行使。没有民族的自治权，就无所谓民族自治，也没有民族区域自治或民族地方。"②

2. 完善自治权是进一步坚持和完善民族区域自治制度的主要内容

在我国的民族区域自治法中，明确规定了自治权的内容和范围。以往在落实这些自治权的实践中，取得了明显的成效。但是，由于民族区域自治法产生于计划经济体制时期，明确规定一些自治权要在"国家计划指导下"行使，或者"依照国家规定"行使。虽然2001年第九届全国人大第二十次会议通过了自治法修正案，赋予自治法一系列新的内容，但是，这些内容的配套政策、法规还不可能在短期内制定出来，因而自治权的行使必然会遇到障碍。因此，在转轨时期，只有完善自治权才能确保民族自治地方真正拥有发展的自主权，从而坚持和完善民族区域自治制度。

3. 自治权是民族区域自治的主要标志

自治权是少数民族管理本民族内部事务的主要体现，是自治

---

① 吴仕民：《论中国民族区域自治制度的功能》，载王铁志、沙伯力主编《国际视野中的民族区域自治》，民族出版社，2002，第32页。
② 周平：《民族政治学》（第二版），高等教育出版社，2007，第111页。

机关自主管理本地方内部事务的主要标志，是国家改变民族地方落后面貌、促进各民族共同繁荣的重要手段。因此，自治权的行使是衡量民族区域自治实现的主要标志。由此可见，民族自治权在我国的民族区域自治制度中处于核心地位，并体现于民族区域自治法的大量条文之中。譬如，《民族区域自治法》共有74条，其中，第三章"自治机关的自治权"就有27条之多。

二 立法自治权是民族自治地方首要的自治权

自治机关的自治权主要体现在如下几个方面：自治机关的立法自治权、使用民族语言文字的自治权、人事管理自治权、经济贸易管理自治权、财政税收管理自治权、资源开发利用和环境保护管理自治权、社会事业自治权等。其中，立法自治权是自治机关的首要自治权，具有极为重要的地位。

（一）立法自治权是自治权结构的基础

从权力运行顺序看，自治机关的政治、经济、文化、社会等方面的权力都应当依据宪法、法律及自治地方的法规进行，立法自治权必然成为自治机关权力联动性的第一环节，为其他自治权提供必要的法律依据和可靠的制度环境。如国家赋予民族自治地方享有草原森林所有自治权，但民族自治地方如何来行使这一权力，就必须以单行条例的方式加以明确，如《延边朝鲜族自治州乡村林业条例》《甘南藏族自治州草原管理办法》等就是对这一自治权的法律保障和落实。有了民族自治地方的立法保护，民族自治地方的行政机关就可以有法可依，也就可以以自治法规的形式保障自己依法行政，不受其他组织和上级国家机关的非法干涉。

（二）立法自治权的权限

立法自治权的权限主要内容包括制定自治条例和单行条例的

自治权，制定对国家法律法规授权的变通或者补充规定的自治权，制定变通执行或者停止执行上级国家机关的不适合民族自治地方实际情况的决议、决定、命令和指示等的自治权，这些权力有利于民族自治地方因地制宜地贯彻执行国家的法律和政策。譬如，少数民族地区的财产继承，既有本民族的传统习惯问题，也有旧社会遗留下来的许多男女不平等问题。《阿坝藏族羌族自治州施行〈中华人民共和国继承法〉的变通规定》中规定：继承开始后，没有遗嘱、遗赠和抚养协议的，经继承人协商同意，也可以按照少数民族习惯继承。通过这样的变通规定，既维护了国家法律的原则统一，又考虑到了少数民族的传统习惯。

（三）立法自治权是市场经济发展的需要

民族自治地方当务之急是适应市场经济体制的要求，改变少数民族和民族自治地方的落后面貌，这就要求把立法自治权放在各项自治权的首位，从而充分行使各项自治权，加强地方法规建设，促进民族自治地方的经济发展。民族自治地方要以立法的方式为加快民族自治地方的经济社会发展保驾护航。在不违反宪法和法律的原则下，可以通过自治立法采取特殊政策和灵活的措施发展生产，自主安排使用依照国家财政体制属于民族自治地方的财政收入，将国家给予的各种优惠政策和措施以自治立法的形式加以固定，以自治立法的方式对民族自治地方的自然资源优先合理开发利用。

三 立法自治是立法自治权得以有效行使的关键

民族区域自治的运行过程，实际上就是通过一系列的自治活动，来运用和实现自治权的过程。自治权的充分行使是实行民族区域自治的核心，立法自治权是民族自治地方首要的自治权。然而，作为一种法定权力，立法自治权虽有明确的法律规定，自治机关有哪些立法自治权力，宪法和民族区域自治法都有明确的规定，十分具体和直观，但对于自治机关是否具有立法的自治属性，却是不能通过直观可以感受得到，而要透过立法自治权行使的具体过程进行抽象的分析与归纳。可见，有自治立法权也未必就意味着有立法自治，自治立法能否自治，立法自治权能否真正被行使，关键还要看是否有立法自治。只有立法真正实现自治，自治立法主体才可能在立法规划及立法具体内容等方面的意志得以自主，行动得以自由，立法自治权才真正得以被使用，立法自治权才能得以有效行使。没有立法自治，就难以有立法自治权的真正行使。没有立法自治权的真正行使，其他自治权的行使也就会很困难。没有自治权的有效实现，民族区域自治制度的实践价值就会大打折扣。正是在这个意义上，笔者认为，立法自治不但是民族区域自治得以有效展开的关键，而且是民族自治地方多重自治的基础。

第二节 立法自治与中国族际政治的整合

在一个统一的多民族国家，协调各个民族的利益关系，将多个民族整合于现行的国家政治共同体当中，即巩固多民族国家政治共同体，是族际政治整合的根本内容。要想对族际政治进行正确的引导，把族际政治引向有利于和谐族际关系的构建、有利于族际政治整合和有利于中华民族建设的方向，尽快实现政策整合模式向法律整合模式的转变尤为必要。而民族自治地方的立法自治是推动政策整合模式向法律整合模式转变的必要条件。

一 多民族中国的族际政治整合

所谓族际政治，实际上就是族际基于民族利益并诉诸政治权力的族际互动。族际政治与民族的利益直接相关，因此，族际政治也是民族共同体在族际关系中运用政治手段争取、实现和维护民族利益的过程。①族际政治整合是多民族国家运用国家权力，将国内各民族结合成一个统一的政治共同体，以及维护这个共同体的政治过程。②在一个统一的多民族国家，协调各个民族的利益关系，将多个民族整合于现行的国家政治共同体当中，即巩固多民族国家政治共同体，是族际政治整合的根本内容。在我国，基于民族多样性的现实，由于"保持和运营自己的政治体系，是民族共同体的一种内在冲动"③，因此一个统一的政治共同体不会自然生成。从我国的政治现实来看，受历史、地缘状况、经济社会发展水平、民族构成、宗教文化、国内政治格局与国际政治等因素的影响，国内政治分化、政治割裂甚至政治分裂，不时干扰着我国正常的政治生活和经济社会发展进程，威胁着国家统一、领土完整和主权独立。因此，在现代化进程中，我们必须不断获取、增加与调配政治资源，推进族际政治整合，实现和巩固国家政治一体化。

二 政策整合向法律整合转变是族际政治整合的需要

多民族国家的族际政治整合是一个涉及多个方面的系统工程，其中采用什么样的整合机制进行整合是一个尤为重大的问题。族际政治整合的机制会因各个国家的情况不同和历史时代不同而有所不同，概括起来，族际政治整合的机制主要是以下几个方面：制度机制、政策机制、政党机制、意识形态机制、民族工

---

① 周平：《论族际政治及族际政治研究》，《民族研究》2010年第2期。
② 周平：《中国族际政治整合模式研究》，《政治学研究》2005年第2期。
③ 周平、方盛举、夏维勇：《中国民族自治地方政府》，人民出版社，2007。

作机制、国民教育机制。① 但总的看来,目前"当代中国的族际政治整合,从根本上说,就是党推动和实施的,即党的族际政治整合"②。在中国的族际政治整合实践中,从整合的主体来看,国家政权机关、社会组织和族员,其族际政治整合能力都远不如执政党的整合能力强大,从整合的具体机制来看,制度机制、政策机制、意识形态机制、民族工作机制、国民教育机制等的整合功能都与党的整合机制息息相关。因此,当代中国的族际政治整合中,政党机制尤为重要。

党的族际政治整合,主要是通过以下一些基本方式进行的:一是通过设立民族区域自治制度进行制度整合。力图使国家的统一性政治体系与民族自治地方的差异性政治体系达到统一。二是面对族际关系时诉诸意识形态的力量,进行意识形态整合。通过宣传和教育,用党的意识形态和民族理论去影响国家的意识形态和社会意识形态,推动族际政治整合的实现,达到族际政治整合的目的。三是将党的民族政策转变为国家的民族政策,进行政策整合。通过团结、平等、互助、共富等一系列民族政策,增强凝聚力,推动国家建设,进行族际政治整合。四是设立专门处理民族事务的机构,通过民族工作进行族际政治整合。五是在"党管干部"的原则下,进行党的组织整合。从组织上沟通党、国家与少数民族之间的联系,将分散或分化的民族成员通过党的组织纳入政治共同体中,以及通过少数民族党员干部进而对民族社会成员进行有效动员。六是设立差异化公民权,通过对少数民族的优惠政策实行族际政治整合。七是在万不得已的情况下,通过

---

① 周平、贺琳凯:《论多民族国家的族际政治整合》,《思想战线》2010 年第 4 期。
② 周平:《多民族国家的政党与族际政治整合》,《西南民族大学学报》(人文社会科学版)2011 年第 5 期。

国家的强制力量对扰乱和谐族际关系的行为进行制裁，达到维护族际政治稳定的目的。

虽然党的族际政治整合效果明显，但也潜藏危机。党主要是通过掌控对国家财力、物力、人力等社会资源方面的权威性分配的权力，借助执掌国家政权的优势，维持党的强大的社会动员能力，依赖政策对族际政治进行整合。客观地说，党的族际政治整合已经摆脱了传统上的恃强凌弱、暴力征服、专制统治的不良整合模式，但是党的族际政治整合的各种机制仍然具有很多不确定性，制度化机制还是很不完善的。虽然，中国共产党是中国的执政党，但一个国家的族际政治整合毕竟不应该完全等同于执政党的族际政治整合。因此，我们必须把党的族际政治整合向国家的族际政治整合不断转型。

国家的族际政治整合必须是制度化的整合才更具有稳定性和可靠性。虽然制度化不等同于法制化，法外制度也可能是正式制度，但在成文法系背景下的中国，很多制度都只有依靠法律才可真正建立和发展，从而形成不同社会主体之间稳定的行为模式。[1] 可是，中国的政党整合机制更多是依靠政策手段进行整合，而不是更多依靠法律手段进行整合，其族际政治整合的制度化水平还是不够高。低制度化的族际政治整合模式带来的后果必然是族际政治整合效果的不确定性和不稳定性。要想使族际政治整合的各种政策和措施真正得以推行，有必要把这些政策和措施上升到制度的高度，使其具有权威性，从而让各民族族员认可其具有合法地位，这样才可能使国家长期有效地搞好族际政治整合。

---

[1] 塞缪尔·亨廷顿认为，所谓制度，是指"稳定的、受到尊重和不断重现的行为模式"。参见塞缪尔·亨廷顿：《变革社会中的政治秩序》，李盛平、杨玉生译，华夏出版社，1988，第 12 页。

因此,虽然"对已经存在的族际政治,既不能置若罔闻,任其发展,也没有必要积极倡导,更不能在国家或政党的层面采取促进族际政治发展的措施"[①]。但是,要想对族际政治进行正确的引导,就要把族际政治引向有利于和谐族际关系的构建、有利于族际政治整合和有利于中华民族建设的方向。在政党的族际政治整合价值进一步凸显的背景下,多民族国家的政党要承担历史赋予的使命,开展有效的族际政治整合,协调族际政治关系,维护多民族国家的统一和稳定,必须要加强政党自身的族际政治整合能力建设和机制建设。同时,政党的族际政治整合也必须得到全面规范,进而实现制度化。[②] 而人类发展的实践表明,法治,即依靠法律手段来进行族际政治整合是人类的最佳选择。在中国,尽快实现族际政治整合由政策整合模式向法律整合模式转变尤为必要。

三 立法自治推动政策整合模式向法律整合模式转变

说到底,"族际政治就是民族共同体在族际关系中运用政治手段争取、实现和维护民族利益的过程"[③]。"族际政治存在的意义和追求的目标,就是在消除种族主义和文化霸权、实现族际关系真正平等的观念前提下,创造增进族际沟通和理解的各种机制,通过自治共享等政治手段,保证文化价值差异存在的政治空间,满足不同民族的合理要求和良好愿望,正确处理民族间的利益纠纷,避免族际剧烈冲突,通过政治民主化增进多民族国家的包容性和灵活性,实现各民族和睦相处共同发展。"[④] 而民族区

[①] 周平:《论中华民族建设》,《思想战线》2011年第5期。
[②] 周平:《多民族国家的政党与族际政治整合》,《西南民族大学学报》(人文社会科学版)2011年第5期。
[③] 周平:《论族际政治及族际政治研究》,《民族研究》2010年第2期。
[④] 王建娥:《现代民族国家中的族际政治》,《世界民族》2004年第4期。

域自治模式的核心理念正是"在承认多民族国家内部各民族具有不同利益诉求和不同社会发展阶段的前提下,通过不同的赋权管理方式换取各个少数民族对多民族国家政治合法性的认同,并在此基础上把具有不同指向的族际利益冲突保持在'秩序'的范围以内,以维持多民族国家'从社会中产生但又自居于社会之上'的权威地位"[①]。

可见,实现和维护民族利益,把族际利益冲突保持在"秩序"的范围内,这是族际政治整合的重要出发点,也是民族区域自治制度的重要功能,两者具有最佳的契合点,因此,民族区域自治制度是国家处理族际关系,实现族际政治整合的最有效方式。正如有学者所言:"当代中国的民族区域自治制度是实现中国族际政治整合的基础。"[②] 民族区域自治制度本来就既是一项政治制度,也是一项法律制度,我们讲要实现族际政治整合由政策整合模式向法律整合模式转型,说直接一点,就是要不断强化和完善民族区域自治这一法律制度对族际政治整合的主导作用。

而要通过民族区域自治制度实现和维护民族利益,把族际利益冲突保持在"秩序"的范围内,达到对族际政治整合的主导作用,离不开民族自治地方的立法自治。如前所述,没有立法自治就很难有立法自治权的有效行使;没有立法自治权的有效行使就难以有民族自治地方自治权的全面施行;没有民族自治地方自治权的全面施行,民族区域自治制度也就难以有效地真正展开;没有民族区域自治制度的有效展开,民族自治地方内各民族的利

[①] 陈建樾:《多民族国家和谐社会的构建与民族问题的解决:评民族问题的"去政治化"与"文化化"》,《世界民族》2005年第2期。
[②] 常士訚:《异中求和:当代族际和谐治理的新理念》,《学术论坛》2009年第7期。

益也就很难被维护,甚至会因利益纠纷而突破国家秩序的基本要求,从而导致族际政治的恶性发展。

因此,多民族国家内各个民族之间的利益关系,不仅是族际政治整合的调整对象,也是族际政治整合的现实条件,直接影响着族际政治整合。通过立法自治,搞好自治立法,调整好民族自治地方的族际利益关系,促进民族区域自治制度不断发展,以满足各民族的政治、经济和文化诉求,实现民族平等的政治权利和资源利益分配,方可促进族际政治的良性发展,在社会的所有民族和族员之间建立信任并形成一种共处与合作关系。通过立法自治,完善民族区域自治制度,这是实现族际政治整合由政策整合模式向法律整合模式转型的必要条件。

第三节 立法自治与中国民族关系的调整

众所周知,"多元一体格局"是当代中国国家内部族际状况的客观现实。复杂的民族构成必然造成复杂的民族关系。其实,族际政治在一定程度上也是族际经济关系、族际文化关系等问题的产物。因此,国家除了要对各民族间的族际政治进行整合外,还需要顺利调整好族际经济、文化等方面的关系。立法自治就是一种能够有效地协调族际间的经济、文化等关系的制度化渠道。

一 民族自治地方民族关系的复杂性

所谓民族关系就是指"在民族发展过程中,相关民族之间的相互交往、联系和作用、影响的关系"[①]。有些国家将民族关

[①] 金炳镐:《民族关系理论通论》,中央民族大学出版社,2007,第166页;宋才发:《民族区域自治法通论》,民族出版社,2003,第108页。

系称之为族际关系,其所指的内涵完全相同。① 作为一种具有特定内涵的特殊的社会关系,民族关系是在人们的社会交往联系中形成的,不仅具有社会性,而且具有民族性。民族关系是双向的、互动的,涉及政治、经济、文化生活的各个方面。民族关系中突出的问题是民族权利、民族利益、民族发展问题。在多民族国家,任何一个民族都不是孤立存在的,总要同其他民族进行交往联系,所以,民族关系是所有多民族国家都要面对的问题。多民族国家内部诸民族的族际关系,由于关系到多民族国家的生死存亡,因而一向是当代政治现象中最敏感的事项之一。

在多民族国家,族际关系的和谐,对于促进一国经济社会的发展、维护国家的统一等方面都具有重大意义。然而,并不是所有的多民族国家都能够处理好本国的民族关系的。一个国家民族关系的好坏,与这个国家的民族政策息息相关。一般来说,如果国家在民族问题上存在固有的偏见,施行"民族歧视""种族隔离"或者强制同化等民族不平等政策,常常会使民族关系处于一种相互分离、相互敌视的状态。如果坚持民族平等,各民族团结、互助、共同繁荣的民族政策,常常能够合理地解决好民族关系问题。历史与现实证明,一个国家只有尊重各民族的民族特性,处理好各民族之间的关系,才能顺应社会发展的客观规律。

就中国情况而言,众所周知,"多元一体格局"是当代中国国家内部族际状况的客观现实。56个民族分布情况比较复杂,呈现出大杂居、小聚居、又分散又聚居的特点。在民族自治地方也不是单一的民族,而是以一个或者多个实行民族区域自治的民族为自治民族,以及其他几个少数民族和汉族并存。这样,在民族自治地方内部就必然要发生少数民族和汉族的关系、自治民族

---

① 宋才发:《民族区域自治法通论》,民族出版社,2003,第108页。

和其他少数民族的关系，自治民族之间的关系、其他少数民族之间的关系。加之各民族在历史传统、语言文字、经济文化、风俗习惯、宗教信仰等方面的多层次的绝对差异性和相对兼容性，从而使得我国的民族关系异常复杂多样。处理好这些关系是一项十分复杂的、需要作长期艰苦努力的工作。

二 建立以法律调整为核心的民族关系调整体系

新中国成立以来，国家为了正确规范和引导民族关系，保障其沿着正确健康的轨道发展，运用了很多种调整方式。一是行政调整，即以行政为主体通过制定、实施政策或直接查处、干预有关事件，来调整民族关系，它是我国政府在民族关系调整中经常而普遍使用的一种调整方式。二是社会调整。所谓社会调整，就是利用民间的个人、团体和舆论的力量处理民族关系延续中出现的问题，使之保持在正常、和谐状态。与政策调整方式所不同，社会调整不是运用官方的强制力，来要求人们做什么，怎么做，而是依靠民间的自发力量，促使人们按一定的是非标准去自觉、自愿地规范自己的行为。三是法律调整。就是指通过民族关系方面法律的制定、执行、遵守以及宣传教育来规范民族关系。

行政调整、社会调整、法律调整这三种调整方式各有特点，各有长处与不足，单独使用任何一种调整方式都不能完全达到目的，使民族关系得到健康发展。这就有一个互相搭配、综合使用的问题，但并不等于说三种方式没有主次、轻重之分。不同的调整方式有不同的结构和重点，不同的调整方式适应不同的环境和需要。就三种调整方式组成的任何一种调整体系而言，通常是社会调整在每一种调整体系中都只能充当辅助手段，而不能作为主要手段，这样就只有行政调整和法律调整两种方式可以充当主要手段，形成以行政调整为主或以法律调整为主的两种体系。虽然行政调整与法律调整各有特点、各有长短，但比较而言，法律调整方式无论从可操作性、独立性来说，还是从实际效果以及可执行性来说，都明显好于行政调整方式。因此，在选择调整体系，确定调整方式的结构和重点时，应选择以法律调整为主，行政、社会调整为辅的民族关系调整体系。

而且，用法律作为调整民族关系的核心手段是依法治国及发展民族关系的现实需要。依法治国要求在社会生活的所有领域树立法律的权威，依法治理。所以，在纷繁复杂的民族问题中，在调整民族关系中，如果不能以法律加以规范，使之处于有序状态，那么就整体而言，依法治国的目标将很难实现。换言之，民族关系的法律调整是依法治国的重要内容，如果没有民族关系的依法调整，就不会有真正意义上的依法治国。从另一方面来说，民族关系作为一种有自己特质的社会关系，内容丰富、复杂敏感，并且和其他社会关系相互作用，因此要使之处在一种良好的状态之中，必须服从一定的规则。这个规则就应当是基于国家的利益和各民族的意志而设定的法律。因为法律关系具有的特性要求调整这一关系的手段必须是强有力的。在现代社会，除了法律没有别的事物可以有这种力量。法律是国家的意志，是以国家的强制力来保证实施的，是以法庭、监狱等国家机器为后盾的，任何一种社会力量都无法与法律相抗衡。所以在法律的规范和制衡下，可以使民族关系的积极方面在社会生活中发挥良好的作用，可以使民族关系健康有序的发展。

因此，无论从法律调整和行政调整的比较来看，还是从实际需要来看，选择以法律调整为核心的民族关系调整体系都是必要的。但是，现实情况是，"长期以来，我国实行的是以行政调整为主，法律、社会调整为辅的民族关系调整体系，行政调整被广泛而普遍地使用，法律、社会调整手段即使偶尔使用，也是变换形式,被政策化以后使用的"①。法律在民族关系调整中的功能远远没有得到应有的发挥。以行政调整为主的调整体系虽然对我国社会主义民族关系的不断发展、改善发挥了重要的作用,其弊端和危害也是十分明显的,最大的弊端是带来民族关系的不稳定、时好时坏,当正确的民族政策得到较好的贯彻执行时,民族关系就正常和谐,并不断优化改善;而当正确的民族政策被改变或得不到贯彻执行时,民族关系就恶化、倒退,例如"文革"。因此,要不断巩固和发展我国的社会主义民族关系,就必须实现民族关系调整体系的转变,由以行政调整为主转变为以法律调整为主,实现民族关系调整法制化。

三 通过立法自治实现族际关系调整的法制化

我国没有一部专门调整民族关系的基本法律,但在宪法、法律、行政法规、政府规章、地方性法规、自治条例和单行条例中都有很多调整民族关系的规定。譬如,我国宪法总则规定:"中华人民共和国是全国各族人民共同缔造的统一的多民族国家。平等、团结、互助的社会主义民族关系已经确立,并将继续加强。在维护民族团结的斗争中要反对大民族主义,主要是大汉族主义,也要反对地方民族主义。国家尽一切努力,促进全国各民族的共同繁荣。"《中华人民共和国商标法》规定:商标不得使用"带有民族歧视"的文字和图形;《中华人民共和国广告法》规定:"广告不得含有民族种族、宗教、性别歧视的内容";《中华人民共和国草原法》规定:"国家建设在民族自治地方征用或者使用草原,应当照顾民族自治地方的利益,做出有利于民族自治地方

---

① 田孟清:《试论民族关系的调整方式及其选择》,《新疆社会经济》2000年第5期。

经济建设的安排";《中华人民共和国义务教育法》规定:"凡年满六周岁儿童,不分性别、民族、种族,应当入学接受规定年限的义务教育";国务院发布的《关于殡葬管理的暂行规定》规定:"尊重少数民族的丧葬习俗,实行土葬的,应在指定地点埋葬。对自愿实行丧葬改革的,他人不得干涉";《中华人民共和国监狱法》规定,"对少数民族罪犯的特殊生活习惯应当给予照顾";等等。

除此之外,民族区域自治法中有很多有关民族关系调整的规定。民族区域自治法不仅从纵向上调整国家与少数民族和民族地区之间的关系,还从横向上调整各个少数民族和民族地区之间的关系。《民族区域自治法》第9条规定:"上级国家机关和民族自治地方的自治机关维护和发展各民族的平等、团结、互助的民族关系。禁止对任何民族的歧视和压迫,禁止破坏民族团结和制造民族分裂的行为。"此外,《民族区域自治法》其他条款也做出了相应的规定。第48条第1款规定:"民族自治地方的自治机关保障本地方内各民族都享有平等权利";第48条第2款规定:"民族自治地方的自治机关团结各民族的干部和群众,充分调动他们的积极性,共同建设民族自治地方";第50条第2款规定:"民族自治地方的自治机关帮助本地方各民族发展经济、教育、科学、文化、卫生、体育事业。"

可以说,为实现族际关系调整的法制化,以构建一种平等、团结、互助、共同繁荣的族际关系,我国在调整民族关系方面已经构建了一定的法规体系。但是,从总体上看,这一法律体系尚属初创,很多地方都还不够完备,相对于民族关系的发展,相对于民族工作的实际需要而言,还有很多不足,还有很多需要完善的地方。尤其是民族自治地方自治立法步伐相对缓慢,已经影响到民族自治地方族际关系调整的有效性。有法可依是整个法制建设的第一环节,族际关系法制建设也不例外。《民族区域自治法》虽然规定了民族自治地方要建设平等、团结、互助、共同繁荣的族际关系，但这些规定都很笼统，操作性不强，民族关系的调整在不少领域仍然是无法可依，如很多民族自治地方保障散居少数民族平等权益的自治法规到现在还没有出台。

因此，亟须民族自治地方立法机关加快自治立法进程，把《宪法》《民族区域自治法》等其他法律有关民族关系调整的笼统规定具体化，为民族自治地方族际关系的调整提供足够的成文法规，为有效地调整民族自治地方的民族关系提供法律依据。但是，由于自治立法的自治程度有限，我国五个自治区的自治条例起草了20多年，但至今没有一个进入法定的批准程序；变通和补充规定立法权行使得十分有限。很难想象，在一个自治法规供给严重不足的情况下，《宪法》和《民族区域自治法》所规定的平等、团结、互助、共同繁荣的族际关系能够得以持续推进。在新时期，族际关系法制建设对族际关系的发展具有越来越重要的意义。民族自治地方需要在已有法律法规的基础上，通过立法自治，在民族自治地方提供一个健全的、科学的族际关系法规体系，这是我国族际关系健康发展的基本保证和要求。

第四节　立法自治与民族自治地方治理水平的提升

经济全球化呼唤着有效的地方治理，而有效的地方治理是在公民积极参与、授权自主管理的过程中实现的。在这个时代，"全球化地思考，地方化地行动，批判性地认知"，推进公民参与，已经成为当代公共管理者的一种观念和思维，更成为一种实践行动。参与立法创制，是民族自治地方公民参与的有效形式，立法自治则是保证作为公民代议机关的自治机关有效进行立法创制的基础。

一 地方治理理论与民族自治地方治理

对地方治理的研究是近年来学界一直关注的焦点。治理与善治的分析模式是国际学术界通用的研究方法和分析框架,借用国外有价值的新方法和新理论,分析、吸纳地方治理理论的科学内容,开展对民族区域自治相关理论和实践问题的研究,对于深化民族区域自治研究、指导民族自治地方的民主治理实践,具有重要的理论意义和实用价值。

治理和善治理论是21世纪国际社会科学的前沿理论之一,它所提倡的一些价值日益具有普遍性。为了顺应新的世界性潮流和趋势,治理和善治理论家们提出了新的政治治理模式和衡量治理成效的规范性标准。他们认为,新的政治治理结构应当是多中心的、自主的、分工合作互为补充的治理结构,私人经济部门和以民间组织为主体的第三部门或公民社会在新的治理结构中发挥着日益重要的作用。

当然,研究者对治理概念界定的方式和范围是不同的,同时对治理使用与阐述的角度和重点也有所差异。一些研究者指出了治理的内涵与实质,而另一些研究者则是通过对治理外延性特征的描述来界定治理这个概念的。但无论治理概念是复杂还是简单,它所具有的一些核心要件为大家所公认:一是治理意味着政府组织已经不是唯一的治理主体,治理承担者扩展到政府以外的公共机构和私人机构。二是治理中的权力运行方向发生变化,从单一向度的自上而下的统治,转向上下互动、彼此合作、相互协商的多元关系。三是形成了多样化的社会网络组织,从事公共事务的共同治理。四是政府治理策略和工具向适应治理模式要求的方向改变。[①]

[①] 孙柏瑛:《当代地方治理——面向21世纪的挑战》,中国人民大学出版社,2004,第22~23页。

在关于治理的各种定义中,全球治理委员会的定义具有一定的代表性和权威性。1995年全球治理委员会发表的研究报告《我们的全球伙伴关系》将治理界定为:治理是各种公共的或私人的机构管理其共同事务的诸多方式的总和,它是使相互冲突的或不同的利益得以调和并且采取联合行动的持续的过程。它既包括有权迫使人们服从的正式制度和规则,也包括各种人们同意或以为符合其利益的非正式的制度安排。它有四个特征:治理不是一整套规则,也不是一种活动,而是一个过程;治理过程的基础不是控制,而是协调;治理既涉及公共部门,也包括私人部门;治理不是一种正式的制度,而是持续的互动。[1]

总之,现代意义上的"治理",要实现政府、市场、非政府组织三方面的参与合作,它打破单一的政府公共权力中心,强调上下互动的管理过程,有别于以往传统的单一的政府统治,强调在新的社会条件下,政府、非政府组织及公民均可担负起管理社会公共事务的责任,成为各个不同社会层面的权力中心,从而实现从"统治"到"治理",从"善政"到"善治",促进整个社会的有序发展。正如简·科依曼所指出:治理意味着一种包括市场、政府和社会的新的互动方式,它回应日益增加的社会复杂性、多样性和变动性及其政策事件和问题。[2]

当代地方治理指的是,在一定的贴近公民生活的多层次复合的地理空间内,依托于政府组织、民营组织、社会组织和民间的公民组织等各种组织的网络体系,共同完成和实现公共服务和社会事务管理的过程,以达成以公民发展为中心的,面向

---

[1] 俞可平等:《中国公民社会的兴起与治理的变迁》,中国社会科学出版社,2002,第193页。
[2] 〔英〕查尔斯·蓝伯:《公共政策研究的新进展》,郁建兴、徐越倩译,《公共管理学报》2006年第2期。

公民需要服务的、积极回应环境变化的,使地方富有发展活力的新型社会管理体系。①治理本质上是地方性的,地方治理是当今整个治理思想和多层治理结构中的重要的、不可或缺的组成部分。

由于地方治理是最贴近社会和公民生活的治理层次,所以它被人们认为是实施分权化治理和民主治理的理想场所,是公民围绕着地方具体的公共问题,参与地方公共政策过程,实行自主自治管理的实验室和训练场。由此,地方治理的实践被赋予了推动地方民主化进程、构建高效与回应的地方政府、促进地方战略发展能力等诸多期望。"如果治理结构加强了地方社群处理自身问题的能力,那么就会激励用户群体明智地管理公共资源。反之,如果上级政策经常掣肘地方规则,那么抑制单个使用者机会主义行为就更为困难了。在这些情况下,发展整个国民经济的任何努力就不具备稳定的地方基础。"②

二 当前民族自治地方治理面临的挑战

在计划经济的时代,由于经济发展的全国同步性和社会的相对封闭性,民族自治地方的公共部门在治理本地方本民族事务时更多的是执行上级政府的决定和命令,而不需要太多的创造性,责任也不很明确。而改革开放以来,随着市场经济体制的不断完善和行政体制改革的逐步深入,中国的经济与社会发生了剧烈的变化,这些变化使得民族自治地方公共治理面临着前所未有的挑战。

---

① 孙柏瑛:《当代发达国家地方治理的兴起》,《中国行政管理》2003年第4期。
② 〔美〕迈克尔·麦金尼斯:《多中心治道与发展》,毛寿龙译,生活·读书·新知三联书店,2000,第2页。

(一) 市场经济的渗透和社会自主意识的觉醒

虽然中国大部分民族自治地方的市场成熟程度与其他地区特别是东部地区相比还存在很大差距,但近30年的市场化改革已经使民族自治地方的经济与社会发生了重大变化。市场经济的形成和发展给民族自治地方的政府至少提出了以下必须思考的问题。①

1. 政府的管理范围究竟该如何确定

民族自治地方政府必须重新审视:公共组织活动和管理的界限如何划定,政府与市场、政府与社会的关系如何定位,政府在还权于市场、还权于社会的过程中的一些具体问题该如何解决等。

2. 公共组织需要为社会提供何种公共产品和服务

民族自治地方的社会环境、发展任务与其他地方有着明显差异,当东部沿海地区已进入从小康社会向中等发达水平的过渡阶段时,民族自治地方却依然面临着棘手的社会贫困问题,面临着基础设施的缺失问题,面临着严重的环境恶化问题。

3. 公共组织的结构与功能如何设计

经过多次政府机构改革,从总体来说中国政府机构设置与经济社会发展的要求已基本相符。但由于中国政府在公共组织的机构设置、功能安排和人员安置方面,基本上遵循全国统一的原则,民族自治地方公共组织的特殊性没有得到充分体现。这种情况对于承担着特殊任务的民族自治地方政府而言,显然是不合适的。因此,如何正确设计民族自治地方政府组织,如何具体执行各种民族政策和地方政策,是民族自治地方政府需要进一步研究的课题。

---

① 李俊清:《中国民族自治地方公共管理导论》,北京大学出版社,2008,第41~44页。

（二）社会开放程度的加深以及地区之间、城乡之间发展差距的扩大

从20世纪80年代早期开始，由于国家管制逐步放松，全社会的人口流动速度明显加快。随着中国社会开放程度的提高，不同地区之间、不同社会阶层之间的融合和分化出现了新的特点，国家的经济活力大大增强，但同时也给社会稳定带来了新的压力。与改革开放几乎同步的是国家发展战略的变化，国家通过给予政策优惠等措施优先鼓励条件较好的东部地区发展。这一特殊政策在短时间内使国家总体经济规模急剧扩大，社会财富增长速度大大提高。但同时，这种政策也导致了地区发展、城乡发展的差距日益悬殊，进而导致社会心理的不平衡也日益突出。民族自治地方在全国处于相对落后的位置，与其他地方的差距很大，并且这种差距现在仍然有扩大的趋势。各级政府必须寻找更快更好的发展方式以逐步缩小区域之间的发展差距。同时，民族自治地方内部也存在着极其严重的城乡差别，巨大的城乡差别使得社会的稳定与安全存在着极大的隐患，使公共治理面临着艰巨的任务。

（三）经济全球化带来的治理内容及手段的变化

随着中国改革开放步伐的加快，随着国际经济相互依赖的加深和经济竞争的加剧，国际环境对我国政治、经济的影响日益显著。特别是在2001年12月11日中国正式成为世贸组织成员之后，经济全球化进程深刻影响着中国社会的每一个方面。"入世"给中国公共管理体制带来的冲击具有根本性，因为"入世"意味着中国政府的规制活动、经济活动、国际贸易活动等必须遵守国际规则，必须对中国的经济与行政体制进行大规模的改革和调整，必须改变与世贸组织规则不相符合的传统治理方式与治理手段。这些对于民族自治地方而言则意味着更大的挑战。东部发达地区经过20多年的市场经济实践和政治体制改革，在许多方

面已经接近或达到了世贸组织的要求。相比较而言，民族自治地方不仅经济落后，管理体制改革的步伐也相对缓慢。从治理的内容上来看，经济全球化要求中国民族自治地方必须加速政府与市场、政府与社会的分离，实现政府治理内容的转变。过去许多通过行政手段干预企业、干预私人生活领域的做法已不再可行，法律规制、协同合作、契约合同、协商谈判等方式将成为政府治理社会的重要手段。在体制转换过程中，民族自治地方政府如何确定自身的地位，如何设置自身的职能，如何确定自己的任务，采用什么手段来实现自己的目标等，都需要重新思考和设计。

这些挑战对民族自治地方政府的治理能力、治理方式、治理过程都提出了新的要求。人们希望民族自治地方政府的治理能力更强、治理方式更民主、治理过程更加高效，人们要求民族自治地方政府更加公正、更加开放、更加廉洁，人们同时也要求有更多的机会参与公共管理。人们对民族自治地方政府期待的提高使得民族自治地方政府要实现民族自治地方的善治，就需要在提高治理能力方面做出更大的努力。

三 法治是实现民族自治地方善治的途径与保障

民族自治地方治理的目的就是要达到善治。善治即是使公共利益最大化的社会管理过程和管理活动；善治的本质特征就在于它是政府与公民对公共生活的合作管理，是国家与社会的良性互动；善治的要素包括：参与、法治、责任、效益、公正、稳定、透明、廉洁。① 善治的每一个构成要素，几乎都包含了对法治的

---

① 俞可平：《社会公平和善治：建设和谐社会的基石》，《光明日报》2005年3月22日。

强调[1]。

（一）法治是民族自治地方善治的内在要求

从善治构成要素可以看出，法治首先是善治的一个追求，同时也是善治的重要内容。善治所追求的是公共利益的最大化，而公共利益最大化是民主时代一切法律的基本指导思想，同时也是所有公共组织存在和开展各方面活动的根本指针。追求和实现善治成为民族自治地方政府合法性的保证，但这种合法性本身却需要由法治来体现。公共管理的"合法性越大，善治的程度便越高"[2]，因为合法性越高，公共管理所能得到的民众支持度也就越高，所体现的利益也越广泛。因此，从这个意义上来说，法治是民族自治地方政府实现善治的内在需要。

（二）法治是民族自治地方善治的保障

民族自治地方善治需要法治保障，这是毋庸置疑的。在善治状态下，民族自治地方公职人员和公共机构的责任实现、公共政策信息的公开、公共部门工作的开展、公共部门与社会的互动等都需要在法治的基础上进行，否则很难确保公共组织行为都自觉朝向公共利益目标。具体而言，没有严格的法律规范规定公共部门的权力和公民的权利，公共部门就难以摆正自身与公民之间的关系，公共权力很容易侵蚀公民权利；没有法律法规对公共组织活动程序的规制，程序的紊乱足以使所有对于公共组织实体权力的约束成为空谈；没有法律规定的诉讼手段，公民对公共组织的不正当行为就只能抱怨而无力抗拒。

（三）法治是民族自治地方善治的依据

善治的根本要义在于政府与公民团体的合作治理。面对利益

---

[1] 李俊清：《中国民族自治地方公共管理导论》，北京大学出版社，2008，第338页。
[2] 俞可平：《治理与善治》，社会科学文献出版社，2000，第9页。

不同、需求各异的公民团体，民族自治地方政府如何才能在与它们合作过程中实现符合社会大多数人利益的公共目标，如何协调各公民自治团体之间的利益关系，如何约束各团体的行为使之不损害社会整体利益，这些都是需要通过法治来解决的问题。只有将公民团体的活动纳入法制轨道，将民族自治地方政府与公民团体的合作置于法规的约束之下，才能最大限度地确保民族自治地方政府与公民团体的合作始终是以社会公共利益的最大化为目标。

四 通过立法自治推动民族自治地方法治政府建设

从上文的分析可以得知，民族自治地方政府要想提高治理水平，达到民族自治地方善治的目标，就必须依靠法治的手段，建设法治型的政府。只有将民族自治地方政府的一切活动以法律的形式确定下来，才能有效防止个人的专制，也才能保证民族自治地方政府活动在法律轨道范围内合法规范化运行，从而真正实现民族自治地方政府在增进社会福祉和促进经济发展目标上的作用，达到善治的目的。

什么是法治政府？即"统治者应该以正式公布的和被接受的法律，而不是以临时的和未定的决议来进行统治"[1]。具体说来，法治政府的含义主要包括两个方面，一方面政府依据法律来治理社会。政府的权力由法律赋予，政府的组织结构由法律规定，政府的一切行为都建立在法律规定的基础之上并依法承担责任，总之，政府开展的一切社会管理活动都需要有法律的依据。另一方面政府依照法律来约束自身。"法治的核心内容是基于保

---

[1] 〔英〕洛克：《政府论》（下篇），叶启芳等译，商务印书馆，1996，第86页。

障个人权利和自由的需要，而对国家权力施加一种限制制度安排。"① 法治是很有利于保国的，没有法治，国家便将腐化堕落。

可见，法治政府实际上就是法律至上的政府。法律至上，指的是法律是一切公共权力的来源，是一切公共组织设立和存在的依据，是一切公共活动的规则。法律至上原则实质上就是限制国家权力的原则。划分人治和法治的标准是当法律权威与个人权威发生矛盾冲突的时候，凡是法律权威高于个人权威的就是法治。法律至上要求政府行为必须符合法律的精神，政府的一切活动都应符合法律规定的程序，包括政府本身的权力来源和运行规则都来自于法律的规定，而不能由任何个人的意志去主导。法律至上还要求政府的行政活动内容在法律规则或标准的范围内，比如在制定政策或发布命令之前，政府必须检查其行为是否在法律允许的范围之内。法律至上原则的目的在于保障个人的权利和自由，人们在生产生活中只需要遵守既定的已公开的法律规范，就不会面临任何不确定性规则的威胁。

显然，民族自治地方政府要想做到法律至上，前提是首先要有相关的法律，在成文法系的中国，意味着首先要有成文的相关法律规范，而且这些法律还必须是良好的法律。亚里士多德早就说过，"法治就是指对良好的法律的普遍服从"②。然而，在民族自治地方，良好的法律来自哪里？如前文所述，由于民族自治地方法治诉求的特殊性，国家制定法难以满足为民族自治地方提供足够而良好的法律的需求。因此，给予民族自治地方自治机关该有的立法自治，加快自治立法的进程，供给足够而良好的自治立

---

① 季卫东：《法治中国的可能性》，载曹保印主编《思想中国：法的精神》，中国广播电视出版社，2007。
② 亚里士多德：《政治学》，吴寿彭译，商务印书馆，1983，第 199 页。

法，使民族区域自治法的各种原则性规定变得具有可操作性，这是为民族自治地方政府提供足够而良好的法律规范的必然要求。

所以，要真正搞好民族自治地方的法治政府建设，使用法治手段提升民族自治地方政府的治理水平，达到民族自治地方善治的目的，就不能不给予民族自治地方自治机关该有的立法自治，通过民族自治地方自治机关的立法自治，加快自治立法的进程，为民族自治地方政府提供足够而良好的法律规范。因此，在民族自治地方，自治机关的立法能否自治，对民族自治地方政府来说，是其能否提升社会治理水平的一个关键范畴。

第三章　民族自治地方立法自治的核心要素：立法自治权

正如人们已经能够指出的那样，自治是一个"有前途但却不明确的"概念，就像大部分自由一样，人们只能用某种不明确性来表示自治的概念。但是，任何领域的自治，至少应该包括自治主体、自治权限、自治保障等基本的要素。在这些基本要素中，自治权限始终是最核心的要素。[①] 立法自治也一样，在立法自治主体、立法自治权、立法自治保障诸要素中，立法自治权是核心的要素，没有立法自治权，立法自治主体的立法不可能真正自治，没有立法自治权，立法自治保障也就没有必要。因此，讨论立法自治，不能不讨论立法自治权。

第一节　民族自治地方立法自治权的本质

自治机关的立法自治权是自治机关的自治权之一。民族区域自治法第19条、第20条规定，民族自治地方的人民代表大会有权依照当地民族的政治、经济和文化的特点，制定自治条例和单行条例。上级国家机关的决议、决定、命令和指示，如有不适合

---

① 谢瑞智：《宪法辞典》，台北文笙书局1979，第109页。

民族自治地方实际情况的，自治机关可以报经上级国家机关批准，变通执行或者停止执行。这种法律规定，在中国的立法制度中十分特殊，具有很多需要深入思考的问题。

一 民族自治地方的多元化立法权

（一）中国的立法体制

中国现行立法体制是特色甚浓的立法体制，从立法权限划分的角度看，它是中央统一领导和一定程度分权的，多级并存、多类结合的立法权限划分体制。[①] 根据《宪法》和《立法法》的规定，中国的整个立法体制分为"中央"和"地方"两级，呈现出一个"金字塔"式的结构：处于"金字塔"最顶端的是《宪法》，其次是全国人大及其常委会制定的"法律"，再次是国务院制定的"行政法规"，接着是由有关地方人大及其常委会制定的"地方性法规"；再下来是国务院各部门制定的"部门规章"以及有关地方人民政府制定的"地方政府规章"。其中，全国人大制定的是"基本法律"，全国人大常委会制定的是"基本法律以外的其他法律"；省、自治区、直辖市人民政府以及省、自治区的人民政府所在地的市、经济特区所在地的市和经国务院批准的较大的市有权制定"地方政府规章"。

此外，地方的立法除了上述一般的立法之外，以下两类特殊的地方享有特殊的立法权：特别行政区和民族自治地方。其中，民族自治地方的人民代表大会享有"自治条例"和"单行条例"的制定权，经过法律特别授权享有对有关法律的"变通规定"、"补充规定"的制定权。依法治国，建设社会主义法治国家，对于多民族的中国来说，就是要健全民族法制；而健全民族法制，

[①] 周旺生：《立法学》（第二版），法律出版社，2009，第149页。

首先就要加强民族立法和民族自治地方的立法权。

伴随着我国"中央统一领导的、多级并存、多类结合的立法体制"的是立法主体的多元化。诚然,现代民主国家的立法,立法关系主体朝着多元化发展,在坚持立法机关法定地位的同时,立法职能在一定条件下适当分解,产生了行政立法、司法解释、地方立法等多元化和多层级立法。中国正在深化经济体制改革,扩大对外开放,同时也着手进行政治体制改革。随着各项改革深入进行,将导致生产资料主体多元化、社会成员利益结构和利益分配方式多元化,以及利益表达多元化,主体利益的多元化必然需要通过立法充分地反映与合理地确定。因此,立法关系主体向多元化发展是中国立法体制发展的一种趋势,这在民族自治地方有更为明显地体现,具体体现在民族自治地方的多元化的立法权上。

(二) 民族自治地方立法权的含义和特征

从中国的立法体制上看,民族自治地方的立法权指的是民族自治地方根据不同的行政级别,按照《宪法》和有关法律的规定,享有制定地方性法规、地方政府规章、自治条例、单行条例的权力,以及制定针对有关法律的"变通规定""补充规定"的权力。[①] 从《宪法》和法律的规定看,民族自治地方的立法权具有以下的特征。

1. 立法的主体

如果民族自治地方制定的是一般性法规或者政府规章的话,那么实际上这种权力只存在于自治区一级,根据法律的规定,自治区的人民代表大会及其常务委员会都有制定地方性法规的权力,自治

---

① 熊文钊:《大国地方:中国民族区域自治制度的新发展》,法律出版社,2008,第189页。

区的人民政府也有制定地方政府规章的权力。而民族自治地方的自治条例和单行条例只能由民族自治地方（自治区、自治州和自治县）的人民代表大会来制定，民族自治地方的人民代表大会常务委员会没有这种权力。而尤其值得注意的是，就法律的内容看，凡是享有一般性法规制定权的人民代表大会及其常务委员会，它的同级人民政府也享有地方政府规章的制定权；但是民族自治地方人民代表大会享有自治条例和单行条例的制定权，不仅它的常委会没有这种制定权，它同级的人民政府也不享有政府规章的制定权，当然，我国目前并没有"自治规章"之类的法律性文件。

2. 立法的内容

民族自治地方的自治立法权（抛开自治区地方性法规和地方政府规章制定权不说）存在两种属性不同的模式：一种是民族自治地方本身的立法；另一种是对其他立法主体已经颁布的法律、行政法规的变通或者补充的立法。前者是所谓的"原创立法权"，即"国家的法律、行政法规没有明确规定的，民族自治地方的立法主体可以根据当地民族的政治、经济和文化的特点制定法规范和法规则，包括自治条例和单行条例两种形式。"① 后者是全国人民代表大会及其常务委员会已经颁布的法律，或者国务院已经颁布的行政法规，但是这些法律、行政法规的有关规定不适合民族自治地方的特点，民族自治地方根据《宪法》和法律的规定，或者根据该法律、行政法规的特别授权，在法律、行政法规的规定权限范围内做"变通规定"或者"补充规定"。需要注意的是，个别单行法律在特别授权民族自治地方行使法律、行政法规"变通"或者"补充"权时，将制定的"变通"或者

---

① 王允武、田钒平：《关于完善我国民族区域自治地方立法体制的思考》，《中南民族大学学报》（人文社会科学版）第24卷第5期。

"补充"的法律文件也称为"单行条例",将"变通的单行条例"与"变通的规定"并列、"补充的单行条例"与"补充的规定"并列,比如《中华人民共和国民法通则》第 151 条规定:"民族自治地方的人民代表大会可以根据本法规定的原则,结合当地民族的特点,制定变通的或者补充的单行条例或者规定。自治区人民代表大会制定的,依照法律规定报全国人民代表大会常务委员会批准或者备案;自治州、自治县人民代表大会制定的,报省、自治区人民代表大会常务委员会批准。"但是,这种所谓的"变通的单行条例"和"补充的单行条例"在性质上与原创立法权的"单行条例"不同。

(三)民族自治地方立法权的性质

以《宪法》和法律的规定为基础,通过上文的分析,令我们疑惑的是:人们通常强调的民族自治地方立法权的"双重性质",在多大程度上可以称为"双重性质"?

显然,所谓的立法权在性质上的双重性,指的是民族自治地方的自治机关既享有与一般地方的人民代表大会及其常务委员会,以及同级的人民政府相同的地方立法权,同时享有自治条例、单行条例、对法律和行政法规的变通规定或者补充规定的制定权。然而,我们已经知道,在三个级别的民族自治地方中,只有自治区一级享有地方性法规和地方政府规章的制定权。尽管现行《民族区域自治法》第 4 条第 2 款规定:"自治州的自治机关行使下设区、县的市的地方国家机关的职权,同时行使自治权。"但是,由于自治州并不属于"较大的市"①,因此,自治州

---

① 按照《立法法》的规定,"较大的市"包括"省、自治区的人民政府所在地的市,经济特区所在地的市和经国务院批准的较大的市"。参见《立法法》(2011 年制定)第 63 条第 4 款。可见,这些市均属于"下设区、县的市",自治州并不属于"较大的市"。

并没能享有与上述类型的"市"相同的地方性法规制定权。此外，由于同样的原因，自治州的人民政府也没有制定地方政府规章的权力。同时，由于我国县一级的国家机关不享有地方立法权，自治县当然没有这种权力。

由此看来，如果说民族自治地方享有"双重性质"的立法权的话，那么这种立法权实质上仅仅存在于自治区这一级，对于自治州、自治县来说并不存在这种权力。因此，笼统地断言"与有权制定地方性法规的非自治机关相比较，自治机关在行使制定地方性法规权力时具有双重性"① 是不科学的。实际上，对于民族自治地方来说，只有在自治区一级在制定地方性法规（自治区的人民代表大会及其常务委员会）和地方政府规章（自治区人民政府）上才与有权制定地方性法规和地方政府规章的省、直辖市相同。② 换言之，只有自治区的立法权存在"双重性质"，而自治州、自治县的立法权并不具有"双重性质"。

值得注意的是：现行的《宪法》并没有关于自治区有权制定地方性法规和地方政府规章的规定，也没有关于"较大的市"有权制定地方性法规和地方政府规章规定，③ 这种权力是在《中华人民共和国地方各级人民代表大会和地方各级人民政府组织法》（以下简称《地方组织法》1995 年修正）、《立法法》（2000 年制定）和《民族区域自治法》（2001 年修正）才加

---

① 杨侯第：《民族区域自治法教程》，法律出版社，1995，第 82 页；吴宗金：《中国民族区域自治法学》（第二版），法律出版社，2004，第 81 页。
② 即使是同样享有地方性法规和地方政府规章制定权的"较大的市"，在制定地方性法规和地方政府规章时具有的权限、遵循的程序以及效力等级也和省、自治区、直辖市有所不同。
③ 现行《宪法》涉及一般地方立法的是第 100 条，该条规定："省、直辖市的人民代表大会和它们的常务委员会，在不同宪法、法律、行政法规相抵触的前提下，可以制定地方性法规，报全国人民代表大会常务委员会备案。"

以规定的，但是奇怪的是即使是在2004年《宪法》的修正案中，也没有增加自治区和"较大的市"的地方性法规和地方政府规章的制定权，因而《宪法》和上述三部法律显得十分不协调。

二 民族自治地方立法自治权的概念及特征

民族自治地方立法自治权，是指民族自治地方的自治机关依照宪法和法律的规定，按照社会主义的法制原则，根据本自治区域的实际情况，制定民族自治地方性法规的一种立法权力。[①] 民族立法自治权，根据法律规定，主要包括制定自治条例和单行条例，制定对国家法律、法规授权的变通或者补充的规定，制定变通执行或者停止执行上级国家机关的不适合民族自治地方实际情况的决议、决定、命令和指示，等等。民族自治地方自治立法与中央立法、一般地方立法、经济特区立法以及特别行政区立法相比较，除了具有主体的特定性、内容的变通性、效力的优先适用性外，其最突出的特点则是民族性和自治性。

（一）民族自治地方立法自治权的民族性

民族区域自治制度作为解决我国民族问题的基本政治制度，是在少数民族聚居区实行的民族与区域相结合的自治，因此，自治立法的核心内容是体现其民族性，即确保本地方实行自治的民族和其他民族各项权益的实现，民族关系的和谐稳定，多元民族传统文化的保持和发扬，具有民族特点的经济、文化和社会事业的充分发展和进步。具体而言，自治立法的民族性，是指自治立法在对民族自治地方的社会关系进行规范时，必须结合实行自治的民族和其他少数民族的传统文化、语言文字、风俗习惯、宗教

[①] 宋才发：《民族区域自治法通论》，民族出版社，2003，第137页。

信仰,以及特定的民族关系、民族特点设定相应的权利义务和法律责任。自治立法的民族性主要体现在立法程序和立法内容两个方面。

自治立法民族性的程序保障是实行自治的民族在立法过程中实现自主决策、民主决策的基本要求和重要保障。自治立法民族性的程序保障具体体现为:在自治立法的起草、调研、审议、表决等立法程序中,必须有保障少数民族公民参与尤其保障实行自治的民族公民参与的具体程序,以确保少数民族体现其民族性的利益诉求在自治立法程序中得到体现和响应,即便是汉族在该民族自治地方占人口的多数,亦应如此。如《延边朝鲜族自治州自治条例》规定,自治州人民代表大会常务委员会组成人员中,朝鲜族成员可以超过半数,其他民族也应有适当名额;自治州人民代表大会常务委员会主任由朝鲜族公民担任,自治州州长由朝鲜族公民担任,在副州长、秘书长、局长、委员会主任等政府组成人员中,朝鲜族成员可以超过半数;自治州人民代表大会的朝鲜族和其他少数民族的代表名额和比例根据法律规定的原则,按吉林省人民代表大会常务委员会的有关规定确定;自治州人民代表大会制定自治州的自治条例和单行条例,自治条例须由自治州人民代表大会以全体代表的三分之二以上的多数通过,自治条例的修改由自治州人民代表大会常务委员会或者五分之一以上的州人民代表大会代表提议,并由自治州人民代表大会以全体代表的三分之二以上的多数通过;单行条例的制定与修改由自治州人民代表大会以全体代表的过半数通过。这些规定体现了对自治立法民族性的程序保障。

自治立法内容的民族性也是自治立法民族性的主要体现方式。"法根植于一个民族的'民族精神'之中,这种民族精神是在法的内部隐蔽地发挥作用的力量,法像语言、风俗一样,都是一个民族普遍精神的自发的直接的产物。"① 美国法学家伯尔曼认为:"法律必须被信仰,否则它将形同虚设。""除非人们觉得,那是他们的法律否则他们就不会尊重法律。"② 目前,我国很多民族自治地方都制定了针对民族语言文字使用、民族教育、民族传统文化与风俗习惯等方面的单行条例。如《玉树藏族自治州藏语文工作条例》规定:"自治州召开的大型会议,必须同时使用藏汉两种语言文字;自治州的工作部门和企业事业单位召开的会议,根据需要同时或者分别使用藏汉两种语言文字……自治州各级人民法院和人民检察院在审理、检察案件时,同时或分别使用藏汉两种语言文字。对不通晓汉语文或藏语文的诉讼参与人,应当为他们提供翻译。自治州各级人民法院和人民检察院的起诉书、判决书、布告和其他法律文书,根据需要,同时或者分别使用藏汉两种文字。"在民族教育方面,《红河哈尼族民族教育条例》规定:"自治州所属中专、中师,对少数民族学生给予适当降分录取;对个别边远特困村寨的考生,可特批录取。学校应对降分录取和特批录取的学生组织补习……自治州内的高等和中等师范学校,应增加少数民族学生的招生名额,对边疆县和内地边远山区实行定向招收少数民族学生制度,学生毕业后回本地任教。自治州内的各类成人、高等教育学校,应招收一定比例的少数民族学生,并给予适当的照顾。"在民族传统文化与风俗习惯的保护方面,《湘西土家族苗族自治州凤凰历史名城保护条例》规定:"凤凰县文化行政主管部门及其他有关部门应当编制苗族舞蹈、民间纸扎、苗族剪纸、蜡染、刺绣等民间文化和工艺

---

① 〔德〕卡尔·冯·萨维尼:《论立法与法学的当代使命》,许章润译,中国法制出版社,2001年,第8页。
② 〔美〕伯尔曼:《法律与宗教》,梁治平译,生活·读书·新知三联出版社,1991年,第28页、第60页。

美术的保护、挖掘、收集、整理的规划，并组织实施……州人民政府、凤凰县人民政府应当加强凤凰县城传统文化艺术、民间风情、民间工艺精华及著名传统产品等优秀文化艺术的保护、挖掘、收集、整理和研究工作，采取措施培养专门人才，鼓励民间艺人传徒授艺。"又如，《临夏回族自治州清真食品管理办法》规定："生产、采购、储存清真食品的主要岗位和环节，其工作人员必须是少数民族公民。在生产、加工、屠宰、运输、储存、销售清真食品的过程中，必须使用专门的计量设施和工具。清真食品的畜禽屠宰人员，必须是符合条件的少数民族公民……宾馆、饭店、招待所、机关和事业单位的清真餐厅、清真灶采购、烹饪等主要岗位应当是少数民族公民，其灶具、器皿等必须专用……禁止将少数民族禁忌的食品（或原料）带入清真食品生产、加工、专营场所。商场、商店经销清真食品时，应固定专柜，由少数民族公民管理。"上述这些单行条例都凸显了对民族语言文字使用、民族教育、传统文化及风俗习惯的保护与发展中所体现的民族性。

（二）民族自治地方立法自治权的自治性

自治立法的自治性，是指自治立法在对民族自治地方的社会关系进行规范时，应根据《宪法》《民族区域自治法》对自治机关自治权的原则规定，结合本民族本地方的实际情况和特点，对自治机关各项自治权的充分行使做出具体规定。自治立法的自治性具体包括两方面的内容：一是民族自治地方的立法自治权行使主体是民族自治地方的自治机关——人民代表大会，该自治机关的组成应完全是由民族自治地方的选民直接或者间接选举产生，而非上级国家机关或者中央任命产生，其行使权力的价值追求也是实现实行自治民族的自治及其与其他民族的共同利益。二是自治立法的内容，应根据《宪法》《民族区域自治法》对自治机关自治权的原则规定,结合当地的民族特点、地方特点及实际情况,对民族自治地方自治机关各项自治权的内容及权限范围做出具体规定。

关于在单一制的国家结构形式中,民族自治地方立法自治权的性质,有的学者认为,民族自治地方的立法自治权包括职权性立法和授权立法两大类,其中职权性立法包括实施性立法、自主性立法和变通性立法三种;"授权立法是国家立法机关依据实际需要,将特定事项的立法权授权给其他国家机关组织行使,并由被授权者制定相关法律规范的活动。"① 目前,有《民法通则》《婚姻法》《继承法》《收养法》《民事诉讼法》《森林法》《妇女权益保障法》等 13 部单行法律分别授权民族自治地方依据该法的基本原则,结合当地民族的具体情况,制定变通的或者补充的规定。② 笔者不赞成该观点。虽然按照一般法理,职权立法是指根据《宪法》和《组织法》的规定进行立法活动,根据其他单行法律的规定进行的立法为授权立法。但就民族自治地方的自治立法而言,《立法法》第 66 条已明确规定了民族自治地方享有立法变通权,即使没有单行法律的授权,民族自治地方也可以依照当地民族的特点行使立法变通权。既然已有《宪法》《民族区域自治法》《立法法》对自治机关的立法权限的明确规定,再把自治立法中的授权立法理解为仅限于单行法律的授权,容易造成其授权范围较之上位法有所缩减,影响自治机关正常行使立法自治权。

另外,根据《宪法》《民族区域自治法》《立法法》的规

---

① 黄贤宏:《关于我国授权立法制度的法律思考》,《当代法学》1999 年第 3 期。
② 徐合平:《浅析民族自治地方的立法权限》,《中南民族大学学报(人文社会科学版)》2004 年第 6 期。

定，民族自治地方自治立法的权限是确定的，《宪法》第 116 条规定："民族自治地方的人民代表大会有权依照当地民族的政治、经济和文化的特点，制定自治条例和单行条例。自治区的自治条例和单行条例，报全国人民代表大会常务委员会批准后生效。自治州、自治县的自治条例和单行条例，报省或者自治区的人民代表大会常务委员会批准后生效，并报全国人民代表大会常务委员会备案。"《民族区域自治法》和《立法法》也有与此一致的规定。也有人认为，从此立法规定分析，行使立法自治权的自治机关行使了"半个立法权"，全国人大常委会和省级人大常委会通过行使批准权获得了另外半个立法权。①

结合以上两点，可以得出一个初步结论：民族自治地方的立法自治权具有法定性和拟制性。② 民族自治地方的立法自治权是在国家统一的法制框架下，由中央或者上级国家机关监督的立法自治权。自治立法无论在立法权限上还是立法内容上都较其他省、直辖市有更大的自主性，而全国人大常委会在审查民族自治地方人大制定的自治条例或单行条例后，决定是否批准时，既要考虑全国的基本情况，又要考虑民族自治地方的特殊情况；既要照顾民族自治地方的特殊利益，又要协调中央各部门和民族自治地方的利益冲突，同时又要考虑民族自治地方的自治条例、单行条例对该地方乃至全国的影响等因素。③ 因此，从国家法制统一角度而言，这无疑是一种有效的监督方式。但是，从理论上分

---

① 此种观点为王培英所批驳，其文中提到在人大系统，"半个立法权"的观点很普遍。王培英：《论自治条例单行条例的法律地位》，《思想战线》2000年第 6 期。
② 张文山：《自治权理论与自治条例研究》，法律出版社，2005，第 15 页。
③ 尚晓玲：《当前我国民族自治地方立法权限问题探析》，《行政与法》2004年第 6 期。

析，我国现行的这种民族自治地方自治立法体制在运行中存在一定问题。自治法规是民族自治地方的人民代表大会依法根据当地民族的特点，为充分行使各项自治权，促进民族自治地方各项事业的发展，维护少数民族的利益和地方利益而制定的法律规范，其制定主体、内容和程序的民主性、正当性毋庸置疑，而上级国家机关的批准制度则使自治立法的自治性以及自治机关立法效力的民主性、正当性受到严重挑战。虽然单一制国家结构形式决定了民族自治地方作为地方行政区划存在，应当接受中央和上级国家机关的领导与监督，但是具体采取何种方式保证国家法制的统一与民族自治地方的自治有效结合，仍是一个值得深入探讨的问题。

目前，我国各民族自治地方大多根据本地方的地理条件、所拥有的自然资源、生态环境及传统生产生活方式等特点，来确定自治立法项目，并通过自治立法来保障经济发展的重点、自然资源的开发利用、生态环境保护及传统生产生活方式的保护和发展，体现了其自治性和地方特色。如《延边朝鲜族自治州自治条例》在"自治州的经济和财政管理"一章中规定，自治州自治机关在国家产业政策的指导下，以市场为导向，充分发挥图们江地区区位优势和长白山资源优势，不断提升传统产业，全面培育特色产业，积极发展高新技术产业，以信息化带动工业化，走新型工业化道路，加快工业经济发展，提高工业经济运行质量和效益；自治州自治机关在上级国家机关的帮助和支持下，积极发展朝鲜族和其他少数民族特需商品生产，以满足少数民族生产和生活的特殊需要；自治州自治机关依托长白山生态、边境、民俗等旅游资源，积极发展旅游业，并履行行政管理职能。《孟村回族自治县发展牛羊业条例》第 14 条规定："发展外向型牛羊业，积极引进资金和先进技术，鼓励兴办牛羊生产和产品加工合资、合作与独资企业。积极开展与伊斯兰国家的经济贸易活动。对到自治县投资兴建牛羊生产和加工企业的外商,县人民政府应在土地、供电、通信等方面提供优惠和便利条件。"《鄂伦春自治旗环境保护条例》第9条规定:"自治旗人民政府应当对辖区内有代表性的自然生态系统区域,珍稀、濒危的野生动植物自然分布区域,重要的水源涵养区域,具有重大科学文化价值的地质构造和火山、石灰岩、矿泉等分布区域,建立保护区。对人类遗迹、古树、名木采取其他措施保护,防止破坏。"《鄂伦春自治旗旅游条例》第3条规定:"发展旅游业应当发挥自治旗的资源优势、突出'森林生态、鄂伦春民俗、鲜卑历史'等特点,弘扬鄂伦春民族文化,坚持保护旅游资源与开发、利用旅游资源相结合,经济效益与环境效益、社会效益相统一的原则。"第5条规定:"自治旗人民政府应当加强对旅游工作的领导,把旅游业纳入国民经济和社会发展计划,增加投入,加强规划与管理,促进旅游业逐步发展成为自治旗的支柱产业。"第9条规定:"自治旗人民政府制定优惠政策,鼓励国内外组织和个人投资开发旅游资源,兴办旅游企业;鼓励和扶持发展鄂伦春民族旅游项目,开发具有鄂伦春民俗、鲜卑历史和地方特色的旅游商品。"这些规定使《民族区域自治法》赋予民族自治地方的经济建设自治权进一步具体化,体现了自治立法所具有的自治性。

三 民族自治地方立法自治权的本质

(一)权力抑或权利?

1984年《民族区域自治法》中对"自治机关的自治权"的表述并无不妥,但这样的表述也是造成对民族区域自治权性质认识的一个障碍因素。"权力"一词在英语中的对应词是"power","权利"一词对应的是"right"。在英语的语境中,两者有着截然不同的相应表达。而在汉语语境中,"权力"与"权利"有时存在着含混不清的表达,比如我们在此探讨的"民族区域自治权",从字面意思上,无法立即分辨出"权"字是指称"权力"抑或"权利"。这不能不说是界定民族区域自治权时的一个阻碍因素。"权"的习惯性简称往往使人们在使用时可以自然而然、不多加思考,这在一定程度上造成了学界在使用"民族区域自治权"概念时出现了异常混乱的现象。目前,这种混乱仍然广泛存在于学界的一些研究论著中。关于民族区域自治权是权利还是权力,理论上并不十分清晰。学者在著书立说时也往往徘徊于权利和权力两种意义,有时指权利,有时又指权力,以至对它的性质至今没有统一的定论。

但是,现行有效的法律规范是界定民族区域自治权性质的基本依据,也构成了我们研究和讨论的逻辑起点。我国《宪法》第4条规定:"中华人民共和国各民族一律平等。国家保障各少数民族的合法的权利和利益,维护和发展各民族的平等、团结、互助关系。各少数民族聚居的地方实行区域自治,设立自治机关,行使自治权。各民族自治地方都是中华人民共和国不可分离的部分。"我国《民族区域自治法》第4条规定:"民族自治地方的自治机关行使《宪法》第三章第五节规定的地方国家机关的职权,同时依照《宪法》和本法以及其他法律规定的权限行使自治权,根据本地方的实际情况贯彻执行国家的法律、政策……"

从现行有效的法律文本来看,表达是明确的,由自治机关行使民族区域自治权。依照宪法和法律的规定,自治机关在行使民族区域自治权的同时,也行使着地方国家机关的职权。民族区域自治权,在很大程度上是通过自治机关行使自治权而得以实现的。从这个意义上讲,民族自治地方自治机关的自治权力是一种公权力。自治机关的自治权,是指民族自治地方的人民代表大会和人民政府,根据本民族、本地区的情况和特点,自主管理本民族、本地区内部事务的权利。自治权是宪法赋予的地方性权力,该权力受到国家的领导和监督,是国家权力系统中的一个组成部分。各自治机关在自治权的落实过程中,自治权具有与其他国家权力同等的权威性,不可随意地更改。①

为了准确界定民族区域自治权的内涵和性质,我们应顾及民族区域自治制度本身应有的价值和意义。民族区域自治是依照宪法和法律的规定所实行的自治。它通过自治机关行使自治权来真正体现实行区域自治的民族当家做主,其目标是维护国家统一,保障少数民族的平等权利和当家做主自主管理本民族内部事务的权利,促进民族自治地方的经济社会发展和各民族的发展进步。实际上,除了法律条文之外,《民族区域自治法》的序言对民族区域自治权的性质有明确的指引。《民族区域自治法》的序言中写道:"民族区域自治是在国家统一领导下,各少数民族聚居的地方实行区域自治,设立自治机关,行使自治权。实行民族区域自治,体现了国家充分尊重和保障各少数民族管理本民族内部事务权利的精神。"

由此,我们不能仅仅强调民族区域自治权的权力属性而忽视少数民族群体权利保护的向度。应该说,中国的民族区域自治权,首先是一项基于对群体权利的诉求。少数民族公民权利和少数民族集体权利是能够解释民族自治权存在的依据和前提。政治哲学的一般原理认为,国家存在的合法性基础在于社会大多数的同意和认可,政治权力来源于公民权利,并以促进和保障公民权

---

① 李冬玫:《试论当前民族区域自治制度中自治权的落实问题》,《中南民族大学学报》(人文社会科学版)2004年第4期。

利为限。政治权力只是一种工具性手段，公民权利才是一种目的性价值。在逻辑关系中，权利才是起点，政治权力只是中介。因此，只能用权利来解释权力的存在基础。民族区域自治权是一种集体权利，它的权利基础是少数民族，如果离开这个关键因素来谈论自治权利的话，那么这个权利就失去意义，也不是我们所谈论的自治。不过，民族区域自治权的实现，必须经过一种转换过程——权利转换为权力的过程。也就是说，自治权这种集体权利，只有转变为自治机关的权力之后，才能得以实现。民族区域自治权是自治机关的权力，但追根溯源，这种权力乃是以少数民族权利为本源。

民族区域自治权之所以正当，其伦理基础在于自己具有决定自治事务的权利，是真正体现民主制度的要求和反映。与个人自治权相比较而言，民族区域自治权与国家公权力的关系更为紧密。但从本质而言，自治权不能完全等同于国家权力，它是国家授予权力主体的在一定民族或一定空间范围内的一种自主管理权利。在民族自治的体制下，自治权的性质是一种单纯的自主管理本民族内部事务的权利，不具有国家权力的性质。当它是区域自治体制时，自治权是一种管理地方的自主权，它的外延不是以民族共同体而是以地区的行政边缘来界定，即自治权是在一定空间内行使的自主权。由于我国实行的是民族区域自治体制，既不是单纯的民族自治，也不是单纯的地方自治，是民族自治与地方自治的有机结合。因此，自治权的性质就具有双重性[1]，既是自主管理本民族内部事务的权利，又是管理本地方事务的权力，是两者的叠加。民族自治地方的自治机关行使自治权，是民族区域自

---

[1] 黄元姗、张文山：《民族区域自治权的宪政解读》，《广西民族研究》2007年第1期。

治权的外在形式。实行区域自治的民族当家做主则是民族区域自治权的实际内容。

民族区域自治权是《民族区域自治法》的核心,是地方国家权力与民族权利的统一。自治权既是一种权力,更是一种权利。相对于民族自治地方自治机关来说,自治权就是一种权力;而相对于少数民族参与管理本民族事务来说则是一种权利。以"权力论"为民族区域自治权的核心范畴,它可以和自治机关、自治地方建立逻辑联系,但最终还是无法说明自己的出身,不能解说自身的存在依据和前提,自然也就无法和原生态的民族权利相互勾连。因此,仅仅以"权力论"作为民族区域自治权理论的逻辑起点或基石范畴,无法完整地建立民族区域自治权的理论体系。因此,笔者认为自治权具有权利和权力的双重性,也就是说它既是权利又是权力。民族自治地方立法自治权是民族区域自治权的核心,但它也是民族区域自治权,既然民族区域自治权既具有权力性质,也具有权利性质,相应的,民族自治地方立法自治权也具有权力和权利双重性质。

(二)职权立法抑或授权立法?

在立法学上,授权立法与职权立法是相对应的两个范畴。职权立法权与授权立法权,这是从立法权的来源与依据上划分的。职权立法权是指立法主体的立法权来源于《宪法》《立法法》和其他基本法律(如《国务院组织法》《地方组织法》)的具体规定,其根据是行使其相应的职权与职责的需要。授权立法权是指立法主体的立法权源自于特定机关的授权或者特定法律的授权,其根据是基于某种特别需要。授权立法在我国现阶段有两种情况,一种是特别授权,如全国人大或其常务委员会对经济特区制定经济法规的特别授权;一种是法条授权,即某一法律中某一条款规定有关国家机构可以制定变通规定或实施细则。[1]

对民族自治地方来说，自治立法既有职权立法，也有授权立法。自治条例、单行条例立法权属于职权立法，因为自治条例、单行条例立法权在我国《宪法》《组织法》《民族区域自治法》以及《立法法》中皆有相关规定。《宪法》第 116 条规定："民族自治地方的人民代表大会有权依照当地民族的政治、经济和文化的特点，制定自治条例和单行条例。"《民族区域自治法》第 19 条规定："民族自治地方的人民代表大会有权依照当地民族的政治、经济和文化特点，制定自治条例和单行条例。"《立法法》第 66 条规定："民族自治地方的人民代表大会有权依照当地民族的政治、经济和文化特点，制定自治条例和单行条例。"而变通规定、补充规定立法权则属于授权立法，因为"民族自治地方变通规定和补充规定的制定权除了授权法的规定外，并无其他法律根据，所以，它应当属于授权性立法"[2]。"对法律、行政法规的变通和补充实际上是一种授权立法。"[3]

不过，需要注意的是，《立法法》第 66 条第 2 款规定，自治条例和单行条例可以依照当地民族的特点，对法律和行政法规的规定做出变通规定，但不得违背法律或者行政法规的基本原则，不得对宪法和民族区域自治法的规定以及其他法律、行政法规专门就民族自治地方所做的规定做出变通规定。这条规定意味着，不管法律和行政法规中有没有法条授权，自治条例和单行条例都可以依照当地民族的特点对法律和行政法规做出变通规定，这一规定使《宪法》《民族区域自治法》对民族自治地方自治立

---

[1] 汪全胜：《制度设计与立法公正》，山东人民出版社，2005，第 12 页。
[2] 杨道波：《自治条例立法研究》，人民出版社，2008，第 127 页。
[3] 张文山：《突破传统思维的瓶颈：民族区域自治法配套立法问题研究》，法律出版社，2007，第 241 页。

法变通权的范围更加明确，改变了以往民族自治地方立法只能根据单行法律的具体授权制定变通规定和补充规定的误解和立法状况。但是，自治条例和单行条例中的变通权与民族自治地方专门性的变通规定和补充规定制定权的属性是不一样的，从立法法对民族自治地方自治条例、单行条例立法的规定来看，自治条例、单行条例立法中的变通权应当属于职权性的，而不是授权性的。因此，变通和补充规定制定权的授权立法性质并没有因为《立法法》的这一规定而改变。

当然，无论是职权立法还是授权立法，民族自治地方的自治立法权都只是一种派生的权利。其性质与有些国家在实行地方自治过程中地方自治团体所享有的"固有权"不同，更不同于联邦制或邦联制国家具有主体地位的地方的"剩余权力"。英美国家对地方自治权的性质多采用"固有权说"。该学说认为，法人与自然人一样，也享有固有的人格和权利。既然自然人享有天赋的、不可侵犯的基本人权，那么地方自治权也同样是固有的前国家的权利。和国家一样，地方自治团体在权利来源上是独立的，所享有的权利并不是因为国家的转让，而是先天固有的，甚至认为地方团体先于国家而存在，在没有国家之前，人民就有了地方自治的权利。因此，地方通过宪法的方式把自己的固有权利让渡给国家，以获得国家提供的必要的公共服务，中央的权利是列举明确的，剩余的权利都归地方，中央不得干涉。

可是，中国是单一制国家，采取了中央集权的权力配置方式，没有地方自治的传统，国家权力集中于中央。"任何地方，不论如何特殊，不论享有什么样的特殊权力，其权力都不是自有的，更不能独立于中央。在这样的基本政治格局中，地方政府并没有任何固有的权力或保留的权力，地方政府的权力都来自于中央的授予。"① 因此，民族自治地方自治机关的立法自治权，无论是通过《宪法》《民族区域自治法》《立法法》等宪法性法律授权的以自治条例、单行条例形式出现的职权立法，还是通过法律的授权条款或单项法律授权而产生的以变通、补充规定形式出现的授权立法，都是由中央立法机关授予的，是一种派生性的立法权力。

（三）决策权抑或执行权？

从政治学的基本原理看，立法权属于决策权，行政权属于执行权。但是，针对民族自治地方的自治立法权来说，却不能简单地从字面上进行判断后，就武断地认为自治立法权都是决策权。

关于地方立法权的性质，学界长期以来一直存在决策权说和执行权说两种不同理论的争论。事实上，这两种争议涉及人们对法律以及国家主权的看法。欧洲大陆国家往往具有法律神圣化的观念。例如，法国1789年《人权宣言》第6条明确规定："法律是公共意志的表达。"因此，为了证明国家主权的不可分割性，国家的公共意志必然是不可分割的，其结果是人们认为国家立法权只能由国家议会来单一和排他地行使，相应的，地方公共团体的自治立法仅具有行政权，即执行权的性质。

尽管法国在2003年修宪后已经在宪法中规定了各地方公共团体的条例立法权，这使地方自治立法得到宪法的确认和保障，但在学说上，人们依然将国家议会的法律视为立法的唯一形式。威尔波（Michel Verpeaux）教授指出："主权的不可分割性是指仅存在单一的法律，而所有的行为，包括地方公共团体的行为，都只能存在于执行法律的框架中。"② 由此看来，法国宪法虽然

---

① 周平、方盛举、夏维勇：《中国民族自治地方政府》，人民出版社，2007，第40页。

② Michel Verpeaux, *Droit des Collectivites Territoriales* (Paris: Presses Universitaires de France, 2005), 94.

确认自治条例权,但由于固守传统的单一制观念,地方自治立法仍然只被看成是行政权的运用。

但是,在晚近几年的地方自治立法实践中,西班牙、意大利和葡萄牙均出现了地方自治立法(仅指大区或自治区的自治立法)与国家议会的法律不相上下的情形,也就是说,国家议会的法律并不必然具有高于大区立法的效力,两者处于同等效力位阶,出现争议(合宪性争议)由宪法法院予以裁判。① 这种形式的自治立法毫无疑问具有法律的性质,并已经对在法律单一基础上建立起来的国家主权一元观念构成了挑战。

就中国而言,1954 年的《宪法》第 22 条明确规定:"全国人民代表大会是行使国家立法权的唯一机关。"连全国人大常委会都没有立法权,全国人大常委会也只能制定法令而不能制定法律。除了全国人民代表大会以外,别的所有中央和地方的国家机关行使的都只是一种执行性的权力。而中国这样的泱泱大国,这种集权型的立法权限划分体制无疑不能适应迅速发展的国家生活和社会生活对立法调整的大量需求,而全国人大的会议少、会期短、代表多这些实际情况,也决定了单靠全国人大不可能担当行使全部国家立法权的重任。这样,就有了 1955 年、1959 年和 1981 年全国人大三次授权人大常委会行使部分立法权的情形。1982 年《宪法》改革了中国立法权限划分体制,使全国人大常委会、国务院都有了部分立法权。之后,全国人大及其常委会又不断授权经济特区立法,就这样开启了授权立法的进程。

现在授权立法大量存在,不但有很多特别授权或专门授权,而且法条授权的数量也越来越大。"法条授权使授权主体和被授

---

① 参见葡萄牙《宪法》第 280 条,西班牙《宪法》第 160 条及第 161 条的规定。

权主体呈现出多元化现象。"① 多元化的被授权主体的发展逐渐使中国的立法体制发展成了一种"中央统一领导和一定程度分权的,多级并存、多类结合的立法权限划分体制"。这意味着,在中国作为决策权范畴的立法权并不是某一个机关单独享有了,具有立法权的主体可能会原创性地制定出法律规范,从而行使着作为决策权的立法权。

如前所述,我国民族自治地方的自治立法权存在两种属性不同的模式:一种是民族自治地方本身的立法;另一种是对其他立法主体已经颁布的法律、行政法规的变通或者补充的立法。对这两种属性不同的自治立法权,其到底是决策性的还是执行性的,需要进一步作具体分析。

民族自治地方本身的立法权是一种"原创立法权",即"国家的法律、行政法规没有明确规定的,民族自治地方的立法主体可以根据当地民族的政治、经济和文化的特点制定法规范和法规则,包括自治条例和单行条例两种形式"②。而且,自治条例和单行条例从来源上看,都有我国的宪法授权,是职权立法。虽然它不得违背全国性法律、行政法规的基本原则,不得对宪法、民族区域自治法的规定以及其他法律、行政法规中有关民族问题的专门规定做出变通,但这并不能阻碍自治条例、单行条例制定权在本质上是一种决策性的权力。

但是,民族自治地方自治机关对其他立法主体已经颁布的法律、行政法规的变通或者补充的立法权,则是一种执行性的权力。它的前提是,全国人民代表大会及其常务委员会已经颁布了

---

① 刘莘:《行政立法研究》,法律出版社,2003,第98页。
② 王允武、田钒平:《关于完善我国民族自治地方立法体制的思考》,《中南民族大学学报》(人文社会科学版)第24卷第5期。

法律，或者国务院已经颁布了行政法规，但是这些法律、行政法规的有关规定不适合民族自治地方的特点，为了使这些法律、行政法规不够得以在民族自治地方更好地实施，民族自治地方根据《宪法》和相关法律的规定，或者根据该法律、行政法规的特别授权，在法律、行政法规的规定权限范围内做"变通规定"或者"补充规定"。可见，变通和补充规定的所有授权目的就在于更好地执行已有的法律、行政法规。

而且，与自治条例和单行条例的制定主体不同，自治条例和单行条例的制定主体只能是民族自治地方的人民代表大会，而变通或补充规定制定权的主体不单单是民族自治地方的人民代表大会，还可能包括民族自治地方的人民代表大会常务委员会，如《收养法》既规定民族自治地方的人民代表大会，同时又规定了它的常务委员会的制定权，甚至还包括民族自治地方的人民政府，如《森林法》只规定民族自治地方的自治机关就有变通或补充规定制定权，而民族自治地方的自治机关显然包括了民族自治地方的人民政府。而众所周知，在中国的政治体制中，作为行政机关的各级政府，都是地方各级权力机关的执行机关，其权力的性质属于对权力机关决策的执行性权力，民族自治地方的政府也是这样，尽管它拥有自治权，但它的权力仍然是一种执行性的权力。这从另一个角度说明，法律授予民族自治地方自治机关的变通和补充规定制定权，从行使主体上说就具有明显的执行性。

所以，民族自治地方的自治立法权既具有决策性的立法权，也具有执行性的立法权。对于民族自治地方的人民代表大会依照当地民族的政治、经济和文化的特点而制定的自治条例和单行条例来说，由于它具有"创制性立法"的内涵，因此，在本质上应该是属于一种决策性的立法权。而对于民族自治地方自治机关根据法律、行政法规的授权而进行的变通或补充规定制定权而言,由于它更多的是为了更好地执行已有的法律、行政法规的内涵,因此应该是一种执行性的立法权。

第二节 民族自治地方立法自治权的获得

民族自治地方的立法自治权是一种派生的立法权,从根本上来说,这些立法自治权都是由中央立法机关所授予的。但是,具体的授权过程涉及多个权力主体以及多个环节,因而形成了较为复杂的授权关系和授权形式。中央立法机关是通过什么授权机制、如何授予民族自治地方自治机关立法自治权的?这种授权机制对自治立法的影响何在?这是本节要讨论的主要问题。

一 民族自治地方自治立法权的授予形式

(一)通过宪法及宪法性法律授予自治条例、单行条例制定权

全国人民代表大会是国家最高立法机关,拥有最高的国家立法权力。中央行政机关的立法权以及地方的立法权力都是由全国人民代表大会授予的。民族自治地方政府的自治立法权力,也是由全国人民代表大会授予的。民族自治地方制定自治条例、单行条例的自治立法权,是全国人民代表大会通过宪法性的法律授予实现的。

1. 通过宪法授权

《宪法》第116条规定,民族自治地方的人民代表大会有权依照当地民族的政治、经济和文化的特点,制定自治条例和单行条例。自治区的自治条例和单行条例,报全国人民代表大会常务委员会批准后生效。自治州、自治县的自治条例和单行条例,报省或者自治区的人民代表大会常务委员会批准后生效,并报全国

人民代表大会常务委员会备案。

2. 通过民族区域自治法授权

《民族区域自治法》第 19 条规定，民族自治地方的人民代表大会有权依照当地民族的政治、经济和文化的特点，制定自治条例和单行条例。自治区的自治条例和单行条例，报全国人民代表大会常务委员会批准后生效。自治州、自治县的自治条例和单行条例，报省或者自治区的人民代表大会常务委员会批准后生效，并报全国人民代表大会常务委员会和国务院备案。《民族区域自治法》第 20 条规定，上级国家机关的决议、决定、命令和指示，如有不适合民族自治地方实际情况的，自治机关可以报经该上级国家机关批准，变通执行或停止执行；该上级国家机关应当在收到报告之日起 60 日内给予答复。

3. 通过立法法授权

《立法法》第 66 条规定，民族自治地方的人民代表大会有权依照当地民族的政治、经济和文化的特点，制定自治条例和单行条例。自治区的自治条例和单行条例，报全国人民代表大会常务委员会批准后生效。自治州、自治县的自治条例和单行条例，报省或者自治区的人民代表大会常务委员会批准后生效。自治条例和单行条例可以依照当地民族的特点，对法律和行政法规的规定做出变通规定，但不得违背法律或者行政法规的基本原则，不得对宪法和民族区域自治法的规定以及其他有关法律、行政法规专门就民族自治地方所做的规定做出变通规定。

《民族区域自治法》和《立法法》都是宪法性法律，它们对民族自治地方自治条例、单行条例立法自治权的规定与宪法的相关规定共同构成了对民族自治地方自治立法的宪法性授权。不过，这样的授权并非把自治立法权力直接授予某一个具体的民族自治地方立法机关，而是把权力授予不同层级的民族自治地方立法机关，是一种普遍性的授权，所授立法权力是一种统一性、规范性的制式权力。通过这样的授权，民族自治地方立法机关获得了制定自治条例、单行条例的自治立法权。

（二）通过法律授予变通和补充规定制定权

变通规定和补充规定在我国法律体系里是一个非常特殊的立法形式，是在统一法律制度体系内为维护特殊群体利益的一种立法形式。从本质上说，变通规定和补充规定是根据少数民族的特殊的文化传统、价值观念和特殊的人文、自然生态环境以及民族自治地方的具体情况，对法律、行政法规的某些条款进行变通或补充使之能够在民族自治地方顺利实施；是自治权利在统一法律制度下的延伸，从外延上扩大了自治权行使的空间。[1] 由此可见，变通规定和补充规定在我国民族法制中占有重要的地位，是民族自治地方很重要的立法权。而民族自治地方享有对法律的"变通规定"和"补充规定"的立法权，来源于法律的授权，自治地方的立法机关也正是依据这些法律的授权条款，才取得了对某些法律保留事项的变通或补充立法权。

就"补充规定"来说，主要依据有《继承法》（1985年）第35条、《民法通则》（1986年）第151条、《民事诉讼法》（1991年）第17条、《老年人权益保障法》（1996年）第49条、《收养法》（1998年修正）第32条、《森林法》（1998年修正）第48条、《妇女权益保障法》（2005年修正）第60条。

《继承法》第35条规定："民族自治地方的人民代表大会可以根据本法的原则，结合当地民族财产继承的具体情况，制定变通的或者补充的规定。自治区的规定，报全国人民代表大会常务

---

[1] 张文山：《突破传统思维的瓶颈：民族区域自治法配套立法问题研究》，法律出版社，2007，第240页。

委员会备案。自治州、自治县的规定,报省或者自治区的人民代表大会常务委员会批准后生效,并报全国人民代表大会常务委员会备案。"《民法通则》第 151 条规定:"民族自治地方的人民代表大会可以根据本法规定的原则,结合当地民族的特点,制定变通的或者补充的单行条例或者规定。自治区人民代表大会制定的,依照法律规定报全国人民代表大会常务委员会批准或者备案;自治州、自治县人民代表大会制定的,报省、自治区人民代表大会常务委员会批准。"《民事诉讼法》第 17 条规定:"民族自治地方的人民代表大会根据宪法和本法的原则,结合当地民族的具体情况,可以制定变通或者补充的规定。自治区的规定,报全国人民代表大会常务委员会批准。自治州、自治县的规定,报省或者自治区的人民代表大会常务委员会批准,并报全国人民代表大会常务委员会备案。"《老年人权益保障法》第 49 条规定:"民族自治地方的人民代表大会,可以根据本法的原则,结合当地民族风俗习惯的具体情况,依照法定程序制定变通的或补充的规定。"《收养法》第 32 条规定:"民族自治地方的人民代表大会及其常务委员会可以根据本法的原则,结合当地情况,制定变通的或者补充的规定。自治区的规定,报全国人民代表大会常务委员会备案。自治州、自治县的规定,报省或者自治区的人民代表大会常务委员会批准后生效,并报全国人民代表大会常务委员会备案。"《森林法》第 48 条规定:"民族自治地方不能全部适用本法规定的,自治机关可以根据本法的原则,结合民族自治地方的特点,制定变通或补充规定,依照法定程序报省、自治区或者全国人民代表大会常务委员会批准施行。"《妇女权益保障法》第 60 条第 2 款规定:"民族自治地方的人民代表大会,可以依据本法规定的原则,结合当地民族妇女的具体情况,制定变通的或者补充的规定。自治区的规定,报全国人民代表大会常务委员会批准后生效;自治州、自治县的规定,报省、自治区、直辖市人民代表大会常务委员会批准后生效,并报全国人民代表大会常务委员会备案。"

就"变通规定"而言,主要依据有《继承法》(1985年)第35条、《民法通则》(1986年)第151条、《民事诉讼法》(1991年)第17条、《老年人权益保障法》(1996年)第49条、《收养法》(1998年修正)第32条、《森林法》(1998年修正)第48条、《立法法》(2000年)第66条、《婚姻法》(2001年修正)第50条。因此,条文在与"补充规定"相同的基础上,还有另两部法律(《立法法》和《婚姻法》)涉及,条文分别是:《立法法》第66条第2款规定:"自治条例和单行条例可以依照当地民族的特点,对法律和行政法规的规定做出变通规定,但不得违背法律或者行政法规的基本原则,不得对宪法和民族区域自治法的规定以及其他有关法律、行政法规专门就民族自治地方所做的规定做出变通规定。"《婚姻法》第50条规定:"民族自治地方的人民代表大会有权结合当地民族婚姻家庭的具体情况,制定变通规定。自治州、自治县制定的变通规定,报省、自治区、直辖市人民代表大会常务委员会批准后生效。自治区制定的变通规定,报全国人民代表大会常务委员会批准后生效。"

有人认为《宪法》第115条、《民族区域自治法》第20条也属于"变通规定"或者"补充规定"的依据。《宪法》第151条规定:"自治区、自治州、自治县的自治机关行使宪法第三章第五节规定的地方国家机关的职权,同时依照宪法、民族区域自治法和其他法律规定的权限行使自治权,根据本地方实际情况贯彻执行国家的法律、政策。"《民族区域自治法》第20条则规定:"上级国家机关的决议、决定、命令和指示,如有不适合民族自治地方实际情况的，自治机关可以报经该上级国家机关批准，变通执行或者停止执行；该上级国家机关应当在收到报告之日起六十日内给予答复。"对于这两个条文，有人认为属于民族自治地方立法变通权（包括"变通规定"）的依据。①

然而，从上述条文看，《宪法》第 151 条规定的是民族自治地方自治机关贯彻执行国家的法律和政策的职责，尽管自治机关包括自治区、自治州和自治县的人民代表大会和人民政府，但是"本条强调的是执法和贯彻执行政策的责任，将其视为'变通规定'或者'补充规定'的宪法依据并不具有说服力"②。而《民族区域自治法》第 20 条的含义更加清晰，指的是自治机关（自治区、自治州和自治县的人民代表大会和人民政府）执行上级国家机关决议、决定、命令和指示，而不是变通规定上级国家机关的法律、法规或者规章。换个角度考察，假若《宪法》第 151 条的规定已经包含民族自治地方有权对法律、法规和规章做出"变通规定"或者"补充规定"，那么，上文所列的《继承法》、《民法通则》等法律也就没有必要在条文中授权民族自治地方根据需要制定变通规定或者补充规定了。

而且，如前文所述，即使是《立法法》第 66 条第 2 款规定"自治条例和单行条例可以依照当地民族的特点，对法律和行政法规的规定做出变通规定，但不得违背法律或者行政法规的基本原则，不得对宪法和民族区域自治法的规定以及其他法律、行政法规专门就民族自治地方所做的规定做出变通规定"。我们也应该清楚，自治条例和单行条例中的变通权与民族自治地方专门性

---

① 敖俊德：《民族区域自治法中两种变通权之间的联系和区别》，《中央民族大学学报》（哲学社会科学版）2005 年第 1 期。
② 熊文钊：《大国地方：中国民族区域自治制度的新发展》，法律出版社，2008，第 206 页。

的变通规定和补充规定制定权的属性是不一样的，变通和补充规定制定权的授权立法性质并没有因为《立法法》的这一规定而改变。因此，总的来看，虽然《宪法》《民族区域自治法》《立法法》中也提到民族自治地方的"变通""补充"两个概念，但都不是民族自治地方变通、补充规定制定权的直接依据，民族自治地方变通、补充规定制定权并不是宪法授权或宪法性法律授权，而是来自于一般性法律的授权。

二 自治立法权授予机制与自治立法法律位阶

所谓法律位阶，即所制定的法律在国家的法律体系中处于什么样的地位，它的上位法是什么，下位法是什么，与国家的其他法律、法规是什么样的关系等。一个法律文件，如果正确解决了法律位阶的问题，则其内容就不会与国家的其他法律相冲突，应该是相互一致，相互协调、配合，执行起来应当能实现立法者的立法意图。如果没有解决好法律位阶问题，则可能与国家的其他法律产生不必要的冲突，拟定的法律草案得不到批准，或者致使其内容因与上位法相矛盾而失去其应有的效力，或者不能反映现实社会发展的要求，致使执行起来困难重重。

正因为有很多的授权立法，所以每个国家的法律都是由不同层次的法的规范性文件构成的，而不可能都是中央立法机关制定的规格层次高度同质的法的规范体系。一个国家的法律体系几乎都包括了各种形式的法律渊源。这些法律渊源的层次和效力，由于中央立法机关对其授权机制的不同而不同。通常说来，授权机制中，授权主体的地位越高，根据其授权而进行的授权立法的层次也高，效力也高；相反，授权主体的地位越低，根据其授权而进行的授权立法的层次和效力也越低。因此，在立法多元化的当代世界，授权立法必然大量存在，而授权立法的机制深刻地影着一个国家法律体系内部各法律渊源的位阶,影响着各法律渊源的层次和效力,影响着各法律渊源之间是否协调,影响着各种具体的法律能否真正得以贯彻执行。

对于地方自治立法权来说,从国外来看,传统上,地方自治立法权往往是由国家议会以法律的形式授予的。事实上,在地方自治原则获得宪法直接、普遍的确认以前,甚至整个地方自治法制往往都是由国家议会以法律形式建立的,更何况其中的自治立法权之授予。例如,英国各地方政府的立法权,通常由议会制定地方政府法来授予,而在美国各州,地方政府的立法权也是来自州议会的法律。然而,在地方自治进入宪法的直接规范之后,尤其是随着晚近地方自治的深化,自治立法权则往往直接来自宪法的授权。这种自治立法权来源上的变化为自治立法权提供了更为有效的保障。因为在议会以法律形式授予自治立法权的情形下,中央政府的执政党更替常常带来地方政策的变化,这可能导致地方自治立法权被国家议会所收回;而以宪法直接确认并赋予地方立法权的宪法授予形式,可以避免国家政策对地方自治立法权的可能影响。如果按照凯尔森(Hans Kelsen)的法规范等级理论,法律秩序分为静态规范体系与动态规范体系两类,在动态规范体系中,基础规范仅建立一定的权威,这个权威可以依次把创造规范的权力授予某些其他权威,创造规范的权力从一个较高权威被委托给一个较低的权威。[1] 因此,当地方自治立法权由法律授权转变为宪法授予时,也就意味着地方自治立法权与宪法规范(或者毋宁说是制宪者)的距离更进一层,其位阶也就更高。

---

[1] 〔奥〕凯尔森:《法与国家的一般理论》,沈宗灵译,中国大百科全书出版社,1996,第 127~128 页。

对于中国的自治法立法权而言，如前所述，自治条例和单行条例是得到宪法授权和宪法性法律授权的，然而，变通和补充规定制定权则并没有得到宪法授权和宪法性法律授权，它的直接根据是法律的授权。因此，虽然自治条例和单行条例、变通和补充规定都可以在民族自治地方优先适用，但是自治条例和单行条例的授权机制与变通和补充规定的授权机制有差别，自治条例和单行条例因为得到宪法授权和宪法性法律授权而位阶靠前，法律效力更高，可以对抗法律和行政法规以及地方性法规之剥夺，哪怕是自治县的自治条例和单行条例，法律、行政法规、地方性法规都不能随意取消。而变通和补充规定由于只是法律的授权，其法律位阶应该比自治条例和单行条例靠后，效力相对较低，当它与自治条例和单行条例发生冲突时，自治条例和单行条例优先，当它与法律、行政法规冲突时，无论是自治州、自治县一级的变通或补充规定，抑或是自治区一级的变通或补充规定，都无法对抗法律和行政法规。

第三节 民族自治地方立法自治权的结构

从立法权限划分的构成要素上看，目前我国宪法和法律对立法权的划分主要由三要素组成：立法权主体，即享有某一层次立法权的主体范围；立法权内容，即某一立法机关可以对哪些领域和哪些事项进行调整，哪些领域或事项被排除在本立法权调整范围之外；立法权实现形式，即立法主体可以选择地表现某一立法内容的规范性法律文件的形式。[1] 笔者拟以此为框架，分析一下我国民族自治地方立法自治权的结构。

---

[1] 李林：《立法理论与制度》，中国法制出版社，2005，第314页。

一 民族自治地方自治立法主体结构

民族自治地方立法层次结构的显著特点在于，凡实行民族自治的地方，无论其行政区划是大是小，都行使地方立法权。新中国成立初期的一段时间里，从人口最少、级别最低的乡一级民族自治地方起，都有权制定单行法规。当时这样规定有三个原因：一是《中华人民政治协商会议共同纲领》确立了各少数民族聚居的地区均应当实行民族区域自治的原则。按照这一原则，《民族区域自治实施纲要》规定从最低的乡一级民族聚居区起，都建立民族自治区。既然都是民族自治区，就要实行权利平等，就应当人无分多寡、地无分广狭，都行使包括自治地方立法权在内的民族自治权。二是当时情况异常复杂，各民族聚居区都能行使地方立法权，有利于它们掌握自己的命运，以免被别的民族聚居区所控制、干预或欺压。三是在民族区域自治刚开始时，规定哪一级应当有地方立法权尚无把握，因而权且规定所有民族聚居区都是自治地方、都有自治立法权。[①] 但这样规定不宜作长久制度，连人口很少的民族聚居区也都实行区域自治行使立法权，显系不妥。1954年宪法改变了乡一级的少数民族聚居区也是自治地方的制度，将民族自治地方分为自治区、自治州、自治县三级，规定它们可以制定自治条例和单行条例。这意味着自治县以下乡一级的少数民族聚居区不再享有立法权。这一制度相沿至今。

从现行民族自治地方立法的层次结构上看，就当前的行政区域划分而言，民族自治地方包括自治区、自治州和自治县三级，民族自治地方的立法权相应地包括自治区的立法权、自治州的立

[①] 周旺生：《立法学》（第二版），法律出版社，2009，第294页。

法权和自治县的立法权。然而值得我们注意的是自治区、自治州和自治县三者的立法权限是不完全相同的。

1. 相同之处

自治区、自治州和自治县三者相同之处是均享有自治条例、单行条例的制定权，如《宪法》（1982 年制定、2004 年修正）第 116 条，《民族区域自治法》（1984 年制定、2001 年修正）第 4 条，《立法法》（2000 年制定）第 66 条第 1 款；对法律和行政法规的规定做出变通规定的权力，如《立法法》第 66 条第 2 款，《民法通则》（1986 年制定）第 151 条；对法律进行补充规定的权力，如《民法通则》第 151 条。① 这些立法权通常被称为"民族自治地方的自治立法权"。

2. 不同之处

自治区和自治州、自治县不同之处在于，自治区除了自治立法权外，还享有一般的地方立法权。这种一般的地方立法权包括地方性法规的制定权和地方政府规章的制定权。对于自治区地方性法规制定权的依据主要有《地方组织法》（1979 年制定，1995 年第三次修正）第 7 条第 1 款②和第 43 条第 1 款，③《立法法》

---

① 截至 2006 年 5 月 31 日，我国法律中涉及民族自治地方法律、行政法规补充规定制定权的有《民法通则》第 151 条，《收养法》第 32 条，《继承法》第 35 条，《老年人权益保障法》第 49 条，《森林法》第 48 条，《民事诉讼法》第 17 条。

② 《地方各级人民代表大会和地方各级人民政府组织法》第 7 条第 1 款规定："省、自治区、直辖市的人民代表大会根据本行政区域的具体情况和实际需要，在不同宪法、法律、行政法规相抵触的前提下，可以制定和颁布地方性法规，报全国人民代表大会常务委员会和国务院备案。"

③ 《地方各级人民代表大会和地方各级人民政府组织法》第 43 条第 1 款规定："省、自治区、直辖市的人民代表大会常务委员会在本级人民代表大会闭会期间，根据本行政区域的具体情况和实际需要，在不同宪法、法律、行政法规相抵触的前提下，可以制定和颁布地方性法规，报全国人民代表大会常务委员会和国务院备案。"

第63条第1款。① 对于自治区地方政府规章制定权的依据主要有《地方组织法》第60条第1款②和《立法法》第73条第1款规定。③ 我国目前的民族自治地方只有自治区、自治州和自治县的设置,不存在"自治市"的设置,自治州并不属于享有地方性法规和地方政府规章制定权的"较大的市"的范围,因而不享有一般的地方立法权;而县一级(包括自治县)更是不享有一般地方立法权。

二 民族自治地方自治立法实现形式结构

自治立法到底可以采取哪些实现形式,学界也还存在争论。自治条例和单行条例属于自治法规的类型,这一点没有异议。在变通规定、补充规定的性质问题上,法学界也未达成共识,有人认为其与自治条例、单行条例"都是属于民族自治法规的同一类型"。④ 也有人认为:"有学者将法律、法规的授权归纳并称之为变通规定制定权,以区别于自治条例和单行条例制定权,这种

---

① 《立法法》第63条第1款规定:"省、自治区、直辖市的人民代表大会及其常务委员会根据本行政区域的具体情况和实际需要,在不同宪法、法律、行政法规相抵触的前提下,可以制定地方性法规。"
② 《地方各级人民代表大会和地方各级人民政府组织法》第43条第1款规定:"省、自治区、直辖市的人民政府可以根据法律、行政法规和本省、自治区、直辖市的地方性法规,制定规章,报国务院和本级人民代表大会常务委员会备案。省、自治区的人民政府所在地的市和经国务院批准的较大的市的人民政府,可以根据法律、行政法规和本省、自治区的地方性法规,制定规章,报国务院和省、自治区的人民代表大会常务委员会、人民政府以及本级人民代表大会常务委员会备案。"
③ 《立法法》第73条第1款规定:"省、自治区、直辖市和较大的市的人民政府,可以根据法律、行政法规和本省、自治区、直辖市的地方性法规,制定规章。"
④ 吴宗金:《民族法制的理论与实践》,中国民主法制出版社,1998,第330页。

观点是不能成立的。"① 然而争议最大的则是变通执行、停止执行的性质,大多数学者不认为变通执行或停止执行是一种法的形式,但也有学者将变通执行和停止执行与自治条例、单行条例、变通规定、补充规定并列,认为"都是自治机关自治权的内容"。②

笔者认为,变通执行和停止执行只是变通规定和补充规定所产生的一个功能。事实上,通过变通规定和补充规定,可以达到双重功能,一是对法律、行政法规的变通与补充;二是对上级国家机关行政行为的变通执行或停止执行。③ 因此,变通执行或停止执行不是一种法律文件形式,而只是法律文件可能规范的内容。退一步说《民族区域自治法》第20条规定:"上级国家机关的决议、决定、命令和指示,如有不适合民族自治地方实际情况的,自治机关可以报经该上级国家机关批准,变通执行或停止执行;该上级国家机关应当在收到报告之日起六十日内给予答复。"这一条款赋予民族自治地方自治机关"对上级国家机关的决定等可以报经批准后变通执行或者停止执行",这里说的并不是自治立法权,而是行政管理权;从"该上级国家机关应当在收到报告之日起六十日内给予答复"的规定,亦可看出此条规定的不是立法权和立法程序。因此,根据《宪法》《民族区域自治法》《立法法》的规定,民族自治地方主要享有以下四种形式的立法权,即自治条例、单行条例、变通规定、补充规定。

---

① 彭谦:《中国民族立法制度研究》,中央民族大学出版社,2008,第132页。
② 宋才发:《民族区域自治法通论》,民族出版社,2003,第141~154页;吴宗金、张晓辉:《中国民族法学》,法律出版社,2004,第213页。
③ 张文山:《突破传统思维的瓶颈:民族区域自治法配套立法问题研究》,法律出版社,2007,第240页。

1. 自治条例

自治条例是民族自治地方的人民代表大会根据《宪法》《立法法》《民族区域自治法》，依照当地民族的政治、经济和文化的特点制定的报法定机关批准的，调整本地方内的民族关系的综合性自治法规。自治条例既要保证宪法和法律在本地的贯彻实施，又要反映自治民族自主管理本民族内部事务和自治机关自主地管理本地方的政治、经济、文化事务和调整社会关系的特点，体现出民族性、地方性和自治性。

制定自治条例的机关，是民族自治地方的人民代表大会。自治区、自治州和自治县的人民代表大会都是制定自治条例的主体。非自治地方的人民代表大会无权制定自治条例。自治州、自治县的自治条例法定要报经省、自治区、直辖市的人大常委会批准后，报全国人大常委会和国务院备案。自治区的自治条例法定要报全国人民代表大会常务委员会批准。各个自治地方的自治条例，都是各个自治地方的最高权力机关关于该地方政治、经济、文化、社会发展和自治机关的组织与工作的综合性法规。

2. 单行条例

单行条例是民族自治地方的人民代表大会根据《宪法》《立法法》和《民族区域自治法》，依照当地民族的政治、经济、文化的特点制定的报法定机关批准的，部分地调整本地方内的民族关系的单项自治法规。

单行条例与自治条例有许多共同点：立法主体都是民族自治地方的人民代表大会；要结合当地实际情况，遵循贯彻宪法和法律的基本原则；履行同样的批准、备案程序。

单行条例与自治条例又有一定的区别。从内容上看，自治条例是调整自治地方内各种关系的综合性的自治法规，而单行条例只针对某一种特定关系作出规定。一般来说，自治条例内容全面而原则,单行条例内容专门而具体。从数量上看,一个自治地方只有一个自治条例,而单行条例可以有许多。相对于自治条例的"小宪法"性质①,单行条例一般专门对某一具体事项作出规定,因此一个自治地方可以有多部单行条例同时存在,如《海西蒙古族藏族自治州野生动物保护条例》《海西蒙古族藏族自治州沙区植物保护条例》,单行条例在这个意义上更像是一个"部门法",所以单行条例应当遵循自治条例的规定。从时效上看,只要有自治地方,就应该有自治条例,自治条例虽然可以根据情况变化不断修改、补充,但是不能取消,自治条例伴随着自治地方存在的整个过程;而单行条例则是不统一的,有的是长期有效,有的只是短期有效,甚至是一次性的。

3. 变通规定

变通规定是指民族自治地方享有立法权的机构,根据《宪法》《民族区域自治法》和其他法律的授权以及当地民族的特点,以变通规定的形式,保证国家法律在本地区正确贯彻实施的一种地方性民族自治立法权。变通规定的合法性依据是《宪法》《民族区域自治法》,但其直接的立法依据,首先是法律的明文授权。② 如我国《刑法》《婚姻法》《森林法》《继承法》《民法通则》《民事诉讼法》《收养法》《妇女权益保障法》《老年人权益保障法》《土地法》等13部法律中,都明确规定了民族自治地方的人民代表大会(有的规定常委会或政府)可以根据该法的基本原则制定变通或者补充规定。

虽然自治条例、单行条例也能做出变通,但自治条例、单行

---

① 由于自治条例的体例、内容等方面的特点,决定了它具有民族自治地方的纲领性文件的性质。宋才发:《民族区域自治法通论》,民族出版社,2003,第140页。

② 吴宗金、张晓辉:《中国民族法学》,法律出版社,2004,第398页。

条例可以变通一个或几个法律、法规和其他规范性文件，而变通规定只能变通对之进行授权的那一部法律。单行条例和变通、补充规定，两者又是有所区别的。"变通补充规定"，必须是法律明文授权才能行使。而单行条例，不受此限，即使其他法律没有授权制定变通补充规定，但是根据民族自治地方的实际需要，也可以以单行条例的形式依照法定程序制定。① 对于民族自治地方来说，制定自治条例和单行条例特别是自治条例既是权力也是义务，因此应当制定，而且必须制定，以便使民族自治地方自治机关依法组织和依法运行。制定变通规定却不同了，民族自治地方制定变通规定是它享有的权利，但不是应尽的义务；它可以制定，也可以不制定，不存在失职问题。②

4. 补充规定

补充规定是指民族自治地方享有立法权的机构，根据《宪法》《民族区域自治法》和其他法律的授权以及当地民族的特点，以补充规定的形式，保证国家法律在本地区正确贯彻实施的一种地方性民族自治立法权。补充规定制定权的直接立法依据和变通规定一样均来自各部门法的授权。补充规定和变通规定在我国大部分时候是混在一起并用的，在规定变通的时候也往往有补充的内容，反之亦同。因此也有学者将变通规定与补充规定连在一块使用，称其为"变通补充法律自治权"。③ 但严格讲起来，在仅仅做出补充授权的时候，是不能对法律做出变通规定的。

目前有部分学者认为我国民族自治地方已经没有制定补充规

---

① 宋才发：《民族区域自治法通论》，民族出版社，2003，第140页；吴宗金、张晓辉：《中国民族法学》，法律出版社，2004，第405页。
② 吴宗金、张晓辉：《中国民族法学》，法律出版社，2004，第405页。
③ 宋才发：《民族区域自治法通论》，民族出版社，2003，第145页。

定的立法自治权了①，原因之一是根据 2000 年 3 月 15 日通过的《立法法》第 66 条第 2 款的规定，自治条例和单行条例可以依照当地民族的特点，对法律和行政法规的规定做出变通规定。也就是说《立法法》只规定"变通"而没有"补充"二字。原因之二是有部分法律的施行（比如《刑法》是在 1997 年 10 月 1 日起实施，《民法通则》是在 1987 年 1 月 1 日起实施）是在《立法法》颁布之前，故规定有"变通或者补充的规定"，按照"新法优于旧法"的原则，只能制定变通的规定。② 以外，作者发现有些法律虽然在《立法法》颁布前实施，但在《立法法》颁布实施后通过修改去掉了"补充"二字。以《婚姻法》为例，在 2001 年未修改前，其第 36 条明确规定，民族自治地方人民代表大会和其常务委员会可以依据本法制定某些变通的或补充的规定。修改后的《婚姻法》第 50 条则规定民族自治地方的人民代表大会有权结合当地民族婚姻家庭的具体情况，制定变通规定。不仅去掉了"补充"二字，而且只赋予了人民代表大会具有变通权。

从实践上看，《立法法》的这一规定不会缩小民族地区立法权的范围。由于变通这一概念本身在一定程度上对"补充"具有包容性，许多变通规定和补充规定在内容上几乎是一样的，这一点从对婚姻法的变通或补充上可以看得出来。从自治州、自治县的两级自治地方的立法实践上看，单行条例可以是变通法律、法规的立法形式，也可以是补充细化法律、法规的立法形式，如《海北藏族自治州草原管理条例》《莫力达瓦达斡尔族自治旗土地管理条例》等。③ 笔者认为在民法通则、刑法等法律未明确去

---

① 吴宗金、张晓辉：《中国民族法学》，法律出版社，2004，第 392 页；吴宗金：《中国民族区域自治法学》，法律出版社，2004，第 87 页。
② 吴宗金、张晓辉：《中国民族法学》，法律出版社，2004，第 395 页。
③ 吴宗金：《中国民族区域自治法学》，法律出版社，2004，第 87 页。

掉"补充"二字前,民族地区依然享有补充规定制定权,原因在于《立法法》第66条第2款的"变通规定"仅适用于自治条例和单行条例,也就是说只对自治条例和单行条例有效。而变通规定、补充规定与自治条例、单行条例,同是民族自治地方自治法规体系的重要组成部分,它们之间既有联系,又有区别。补充规定本身也是一种独立的立法形式,《立法法》未提到"补充"二字,没有对补充规定做出规定,并不意味已经取消了民族自治地方的补充规定制定权。而且"新法优于旧法"的原则是在新、旧两法在同一规定上发生冲突时才可适用,《立法法》《刑法》《民法通则》的规定本身在规定范围和内容上不统一,故不适用该原则。

三　民族自治地方自治立法内容结构

民族自治地方的地方性法规和政府规章所能调整的事项同于非自治地方。这里,我们主要讨论自治条例和单行条例、变通和补充规定的内容权限。

(一)自治条例的范围

在我国中央和地方之间,立法内容的划分方式采用的是列举加概括的方式,这仅仅规定了中央的专属立法权,但地方对哪些事项享有立法权,法律则未作具体规定。根据我国《立法法》第8条的规定,中央享有的专属立法事项,包括国家主权的事项,各级人民代表大会、人民政府、人民法院和人民检察院的产生、组织和职权,民族区域自治制度、特别行政区制度、基层群众自治制度,犯罪和刑罚,对公民政治权利的剥夺、限制人身自由的强制措施和处罚,对非国有财产的征收,民事基本制度,基本经济制度以及财政、税收、海关、金融和外贸的基本制度,诉讼和仲裁制度,以及必须由全国人民代表大会及其常务委员会制定法律的其他事项。涉及全国性的行政事项，则须由国务院及其相关部委以行政法规和部门规章的形式来规范。而一般地方则可以针对两方面内容行使立法权：一是为执行中央法律法规，根据自身实际情况，其立法权限可以涵盖中央法律法规内容覆盖的范围；二是需要立法的纯地方性事务。自治条例和单行条例就是民族自治地方行使立法自治权的结果。

无论从理论上还是从实践上看，自治条例立法内容与一般地方立法是显然不同的两个领域。一般地方立法的理论基础来源于中央和地方的分权理论；而自治条例立法则直接来源于民族区域自治理论，是民族区域地方自治机关自治权的必然产物和组成部分。自治条例的根本任务在于通过它合理配置与自治权有关的各种资源，调整与自治权有关的各种关系，如自治机关的上下级关系，自治地区内部的民族关系，自治机关与非自治机关的关系等。[①] 因此，《宪法》和《民族区域自治法》规定的自治权构成了自治条例立法内容范围确定的基本依据和框架。关于单行法规立法内容的规定，原则上与自治条例立法范围确定的依据是一样的。因为无论是自治条例还是单行条例，其理论基础和立法权都来源于自治权。从法理上看，与民族区域自治权行使无关的事项，不应由民族自治地方以自治条例和单行条例的方式来规范。

那么，《宪法》和《民族区域自治法》规定的自治权是否构成了自治条例立法内容范围确定的唯一框架呢？回答是否定的。我国《立法法》第66条第2款规定：自治条例和单行条例可以依照当地民族的特点，对法律和行政法规的规定做出变通规定，但不得违背法律或者行政法规的基本原则，不得对宪法和民族区

---

① 曾宪义：《论自治条例的立法基础》，《中南民族大学学报》（人文社会科学版）2004年第4期。

域自治法的规定以及其他有关法律、行政法规专门就民族自治地方所做的规定做出变通规定。这一规定在以往的《宪法》和《民族区域自治法》中都没有出现。《立法法》在这里用一种授权的方式，授予民族自治地方的自治法规对法律、行政法规具体规定的变通权，从而使自治条例立法内容的权限范围和覆盖范围有了较大的超越。这种立法内容的扩展大大巩固了自治条例立法存在的基础，进一步增强了自治立法的灵活性及适应性。

综上所述，对于某一事项是否可以纳入自治条例立法范围的衡量标准是自治权与变通权。凡是与自治权的组织、运行以及实施保证有关的内容，都可以纳入自治条例来调整；凡是可变通的事项且属于自治权限范围之内的内容也可以纳入自治条例立法予以调整。但是两者是有主次之分的，自治权是第一位的标准，变通权是第二位的标准，后者必须在前者的框架范围内来适用。①

依据《宪法》第 117~122 条和《民族区域自治法》第 21~45 条的规定，民族自治地方可以在以下几个方面行使立法自治权，制定自治条例②。一是规范自治机关的组织和工作，二是规范自治机关使用当地通用语言文字的条件、原则、方式等，三是规范干部、人才的培养以及招收企事业单位人员等有关事项，四是规范组织和使用本地方维护社会治安的公安部队，五是规范经济建设和管理以及外贸活动方面的自治权，六是规范财政税收自治权，七是规范教育、科技、体育和医药卫生管理方面的自治权，八是规范计划生育和流动人口管理方面的自治权，九是变通法律、行政法规有关规定的权利义务实现的条件、范围和程序等。

---

① 杨道波：《自治条例立法研究》，人民出版社，2008，第 122 页。
② 吉雅：《民族区域自治地方自治立法研究》，法律出版社，2010，第 33 页。

(二) 单行条例的范围

单行条例较之自治条例具有更大的灵活性和适用性，它确认、调整民族自治地方某一方面的社会关系，法条规定大都很具体，可操作性强。在立法自治权限上，单行条例和地方性法规的矛盾最为突出。

首先，从五大自治区的立法实践来看，普遍存在"重"地方性法规，"轻"单行条例的现象。目前我国各民族自治地方制定的所有单行条例，全是自治州、自治县（旗）人民代表大会制定的，没有自治区级的单行条例。[①] 以内蒙古自治区为例，1980~2009年，该区人民代表大会及其常委会共制定了285件法律规范，都是地方性法规。其原因在于：一是单行条例的立法程序繁杂，技术要求高，既要求立法人员吃透相关法律和政策，又要求其了解民族自治地方的民族特点、地方特点和特殊需要。特别是自治立法的报批制，让立法者视制定单行条例为畏途，不愿为其冒太多的风险。从民族自治地方来说，在进行自治立法的时候，必须考虑立法成本和收益问题。如果所立之"法"没有得到批准，那么立法成本是高昂的，而立法收益就是零。不被批准的概率越大，自治机关放弃自治立法的可能性就越大，从而尽量选择制定地方性法规。这也是中央与地方在立法权力博弈中的必然结果。二是这种状况同我国现行民族自治地方自治立法体制所决定的单行条例和地方性法规制定主体隶属制度不无关系，"民族自治地方的人民代表大会常务委员会没有立法自治权，不能制定自治条例和单行条例，这无形之中使自治法规的立法效率

[①] 《全国人大常委会执法检查组关于检查〈中华人民共和国民族区域自治法〉实施情况的报告》，《民族法制通讯》2007年第1期。

很低,并且受到人民代表大会会议议程的限制。"①

其次,单行条例和地方性法规两者在自治区的立法中能够相得益彰。那么,哪些领域应制定单行条例?哪些领域又该制定地方性法规?《宪法》第115条规定:"民族自治地方的自治机关行使宪法第三章第五节规定的地方国家机关的职权,同时依照宪法、民族区域自治法和其他法律规定的权限行使自治权。"《宪法》第116条规定:"民族自治地方的人民代表大会有权依照当地民族的政治、经济和文化的特点,制定自治条例和单行条例……"《立法法》第66条也有同样的规定,同时该条第2款规定"自治条例和单行条例可以依照当地民族的特点,对法律和行政法规的规定做出变通规定……"《宪法》和《立法法》做出这样规定的初衷是什么呢?一方面这是普遍性与特殊性的必然反映。我国幅员辽阔,各地的社会状况和法制环境迥然。民族自治地方,尤其是自治州、自治县(旗)的各少数民族在语言文字、传统文化、宗教信仰、生活方式等方面差异很大。如果仅由省、自治区、直辖市或较大的市的人民代表大会及其常务委员会制定地方性法规,将很难反映当地实行自治的民族和其他少数民族的利益和诉求,导致国家法律、行政法规很难在民族自治地方得到有效的贯彻执行。为此,《宪法》及其相关法律授予民族自治地方的人民代表大会,包括自治区、自治州以及自治县(旗)的人民代表大会,制定单行条例或者对法律和行政法规的规定做出变通规定的立法权限,恰恰能弥补地方性法规的不足。另一方面这也是民族自治地方行使立法自治权制定单行条例的法律依据。从《宪法》《立法法》中有关立法自治权的规定可以看出,单行条例的制定都是基于民族自治地方当地民族政治、经济、文

① 吉雅:《民族区域自治地方自治立法研究》,法律出版社,2010,第26页。

化特征。另外，也是最重要的，单行条例既可以创制立法，也可以变通执行上位法。创制立法体现的是民族自治地方主动行使立法自治权，而变通执行上位法却更多的是被动立法。有的学者提出，由于立法自治权"变通规定的立法权限"更能体现其特点，所以凡是涉及需要变通执行上位法的，就应制定单行条例；反之，凡是不需要变通的，则应出台地方性法规。①但这一观点，忽视了单行条例的创制性立法，这才是立法自治权中最重要的内涵。目前，已有许多民族自治地方充分利用这一立法权限，制定了许多创制性的单行条例，如《丰宁满族自治县（旗）旅游业管理条例》《莫力达瓦达斡尔族自治旗尼尔基水利枢纽移民安置条例》《鄂伦春自治旗森林防火条例》《延边朝鲜族自治州保护和发展朝鲜族用品生产条例》《延边朝鲜族自治州外商投资企业工会条例》《延边朝鲜族自治州农民负担管理条例》《延边朝鲜族自治州酒类专卖管理条例》《延边朝鲜族自治州对外劳务合作管理条例》等。

综上所述，结合《立法法》及相关法律、法规的规定，单行条例在不与宪法、法律、行政法规相抵触的情况下，依照当地民族的政治、经济、文化特点，可以就下列事项做出具体化、法制化的规定：一是促进民族自治地方经济发展、社会稳定的事项；二是民族自治地方科技、教育、文化、卫生、人口、环境与资源保护、民族事务等事项；三是为保障少数民族宗教信仰自由、保持或改革风俗习惯需要做出规定的事项；四是需要对法律、法规制定变通或补充规定的事项；五是其他需要制定单行条

---

① 陈绍凡：《我国民族区域自治地方立法若干问题新探》，《民族研究》2005年第1期。

例的事项。① 这样既明确了单行条例的范围,又能使立法自治权真正地落到实处。

(三) 变通、补充规定的范围

变通、补充规定的制定依据与自治条例、单行条例的制定依据不同,除《宪法》《民族区域自治法》《立法法》之外,还有其他单行法律。如《刑法》第 90 条规定:"民族自治地方不能全部适用本法规定的,可以由自治区或者省的人民代表大会根据当地民族的政治、经济、文化的特点和本法规定的基本原则,制定变通或者补充的规定,报请全国人民代表大会常务委员会批准施行。"但是,目前民族自治地方制定变通、补充规定的积极性不高。我国目前授予民族自治地方变通或补充权的法律有 13 部,如《婚姻法》《森林法》《继承法》《民法通则》《传染病防治法》《国旗法》《民事诉讼法》《收养法》等。然而,民族自治地方只对 4 部法律,即《婚姻法》《选举法》《继承法》《森林法》进行了变通和补充,其中 80% 又集中在《婚姻法》方面,对其他 9 部法律的变通或补充规定还是空白。②

《宪法》《民族区域自治法》都没有具体规定自治立法对法律、行政法规如何进行变通。《立法法》第 66 条第 2 款规定,自治条例和单行条例可以依照当地民族的特点,对法律和行政法规的规定做出变通规定,但不得违背法律或者行政法规的基本原则,不得对宪法和民族区域自治法的规定以及其他法律、行政法规专门就民族自治地方所做的规定做出变通规定。这一规定使《宪法》《民族区域自治法》对民族自治地方自治立法变通权的范围更加明确,改变了以往民族自治地方立法只能根据单行法律

---

① 吉雅:《民族区域自治地方自治立法研究》,法律出版社,2010,第 35 页。
② 吉雅:《民族区域自治地方自治立法研究》,法律出版社,2010,第 36 页。

的具体授权制定变通规定和补充规定的误解和立法状况。《宪法》《民族区域自治法》《立法法》对民族自治地方自治立法变通权的规定，既考虑了民族自治地方的特殊性，又使国家的法律、行政法规更具可操作性，便于实施和执行。

综上所述，民族自治地方变通、补充的范围包括：一是依照《宪法》《民族区域自治法》《立法法》的规定，根据当地民族的政治、经济、文化的特点和实际情况，确实需要变通的；二是单行法律明确授权民族自治地方可以变通的。但是，为了保证国家法制的统一，民族自治地方变通法律和行政法规也不是没有范围、没有限度的。根据《立法法》第66条第2款的规定，以下领域就不能作变通规定：即不得对宪法做出变通规定，不得对法律和行政法规的基本原则做出变通规定，不得对民族区域自治法做出变通规定，不得对其他有关法律、行政法规专门就民族自治地方所做的规定做出变通规定。

第四节 民族自治地方立法自治权的限度

根据《宪法》《民族区域自治法》《立法法》及法律、行政法规的授权，民族自治地方的自治区、自治州、自治县都获得了自治条例、单行条例、变通规定、补充规定的制定权。获得立法自治权以后，民族自治地方的自治立法机关能够在多大范围内行使这些权力呢？能够将权力行使到什么程度呢？这就提出了一个民族自治地方自治立法机关自治立法的限度问题。根据《宪法》《民族区域自治法》《立法法》的规定来看，民族自治地方立法自治权是十分广泛的，不但立法自治权的行使主体非常广泛，而且宪法和法律所规定的立法自治权的内容也非常广泛。但是自治立法机关所能够实际行使的立法自治权，并没有我们所想象的那么广泛。

一 关于"半个立法权"的探讨

就立法权的结构或特点说,有完整的立法权[①],也有单项立法权;有独立的立法权,也有不具有独立性或不完全具有独立性的立法权。例如,行使立法权,既能提出法案,又能审议、表决法案,还能公布或决定公布法案,这种立法权是完整的立法权。行使立法权,只能提出法案,或只能公布法案,而不能审议、表决法案,这种立法权便是单项立法权。单项立法权也指委托立法权或授权立法权这类立法权。行使立法权,能独立地制定、认可、修改、补充和废止法案,这种立法权是独立的立法权。行使立法权,所制定的法案须经别的机关批准,这种立法权便不是独立的立法权。

对民族自治地方自治法规的制定程序,我国《宪法》第 116 条、《民族区域自治法》第 19 条、《立法法》第 66 条和第 89 条第 3 款均严格规定:"自治区的自治条例和单行条例,报全国人民代表大会常务委员会批准后生效。自治州、自治县的自治条例和单行条例报省、自治区、直辖市的人民代表大会常务委员会批准后生效,并报全国人民代表大会常务委员会和国务院备案。"可见,报批是制定自治法规的必经程序,非经报批,自治法规只是一纸空文,无法生效。自治法规需实行报批制,对其要旨和正当性,学界早生争议。"报批制将一个完整的立法自治权人为地一分为二,造成了民族自治地方享有权利上的不便。我们知道,

---

① 有学者认为,完整的立法权不仅包括立法的实体性权力还包括立法的程序性权力。立法的实体性权力是指法律的制定权、批准权、认可权、修改权、补充权、解释权、废止权、变更或撤销权等。立法的程序性权力是指立法过程的有关权力,如提案权、议案权、表决权、公布权以及立法调查权、听证权等。郭道晖:《当代中国立法》,中国民主法制出版社,1998,第 37 页。

完整的立法权包括提案、审议、表决生效和公布等权能,其中表决生效权是最为关键、重要的,处于立法权的核心。报批制使表决生效权从民族自治地方的立法权中剥离出去,因而我们说民族自治地方拥有自治法规的立法权,是欠准确的,也不符合实际。"[1]

有学者从此立法规定分析,认为行使立法自治权的自治机关行使了"半个立法权",全国人大常委会和省级人大常委会通过行使批准权获得了另外半个立法权。虽然此种观点,如前文所述,受到一些学者的批判,但笔者认为,批准制度毕竟不同于备案制度,批准在一定程度上也就意味着自治立法机关的自主性是十分有限的。也正是因为批准制度的限制,很多具有自治条例和单行条例制定权的自治立法主体在权衡巨大的立法成本与较小的被批准的概率之后,选择了尽量少地进行自治立法的做法。

二 与一般地方立法自主性大小之辨析

与强调的民族自治地方立法权的"双重性质"相一致,人们往往认为民族自治地方的自治立法(自治条例、单行条例、变通规定、补充规定)比一般地方立法(地方性法规和地方政府规章)的自主性要大。[2] 果真是这样吗?

(一)立法权限比较

根据我国《宪法》和有关法律的规定,我们首先可以就自治区与省、直辖市,自治州与"较大的市",自治县与非自治的县(市、区)分别进行比较。

---

[1] 陈绍凡:《我国民族自治地方立法若干问题新探》,《民族研究》2005年第1期。
[2] 戴小明、黄木:《论民族自治地方立法》,《西南民族学院学报》(哲学社会科学版)2002年第7期。

如前所述，尽管《宪法》并没有规定自治区享有地方性法规和地方政府规章的制定权，但1995年修正后的《地方组织法》，2000年制定的《立法法》和2001年修正后的《民族区域自治法》都明确规定了自治区享有与省、直辖市相同的地方性法规和地方政府规章的制定权。在此基础上，自治区还享有自治条例和单行条例的制定权，以及在一定条件下对有关法律的"变通规定"或者"补充规定"的制定权。因此，就自治区这一级的自治地方看，其立法权限显然比省、直辖市范围要广泛、自主性也较大。

就自治州与"较大的市"看，与自治区一样，自治州享有自治条例和单行条例的制定权，以及在一定条件下对有关法律的"变通规定"或者"补充规定"的制定权；但是自治州不享有地方性法规和地方政府规章的制定权。尽管《宪法》并没有规定"较大的市"享有地方性法规和地方政府规章的制定权，但1995年修正后的《地方组织法》，2000年制定的《立法法》都明确规定了"较大的市"享有这些权力。因此，从自治州与"较大的市"的比较看，无法必然得出自治州的立法权比"较大的市"在范围上更加广泛，在自主性上较大。

从县一级的比较看，似乎表明自治县比起非自治的县（市、区）在立法权限上居于优势位置，因为自治县与自治区、自治州一样，自治县享有自治条例和单行条例的制定权，以及在一定条件下对有关法律的"变通规定"或者"补充规定"的制定权；与其同级的非自治地方县（市、区）甚至连立法权都不具备。

通过上述的比较，我们有以下的印象：从整体上看，笼统地讲民族自治地方比一般地方立法的自主性大是不科学的，应当具体情况具体分析；在自治条例、单行条例与地方性法规、地方政府规章的效力等级不清晰的情况下，我们无法断言民族自治地方必然比一般非民族自治地方的立法权限要大。

（二）立法主体和立法程序比较

就《宪法》和法律关于自治条例、单行条例以及地方性法规的明确规定分析，强调民族自治地方立法权自主性比一般非民族自治地方大的观点也容易受到质疑。

自治条例和单行条例的《宪法》和法律依据主要有《宪法》第116条、《立法法》第66条第1款、《民族区域自治法》第19条。

《宪法》第116条规定："民族自治地方的人民代表大会有权依照当地民族的政治、经济和文化的特点，制定自治条例和单行条例。自治区的自治条例和单行条例，报全国人民代表大会常务委员会批准后生效。自治州、自治县的自治条例和单行条例，报省或者自治区的人民代表大会常务委员会批准后生效，并报全国人民代表大会常务委员会备案。"《立法法》第66条第1款规定："民族自治地方的人民代表大会有权依照当地民族的政治、经济和文化的特点，制定自治条例和单行条例。自治区的自治条例和单行条例，报全国人民代表大会常务委员会批准后生效。自治州、自治县的自治条例和单行条例，报省、自治区、直辖市的人民代表大会常务委员会批准后生效。"《民族区域自治法》第19条规定："民族自治地方的人民代表大会有权依照当地民族的政治、经济和文化的特点，制定自治条例和单行条例。自治区的自治条例和单行条例，报全国人民代表大会常务委员会批准后生效。自治州、自治县的自治条例和单行条例报省、自治区、直辖市的人民代表大会常务委员会批准后生效，并报全国人民代表大会常务委员会和国务院备案。"

上述这些条文在自治条例和单行条例的制定主体和制定程序

上的规定大体相同，但也有不容忽视的一些"细微"差别。相同之处，一是在制定主体上，只有民族自治地方（即自治区、自治州、自治县）的人民代表大会享有制定自治条例和单行条例的权力，其人民代表大会常务委员会没有这种权力。二是在制定程序上，自治条例和单行条例必须报有关的机关批准才能生效。

这些条文不同之处在于，一是《宪法》规定，自治州和自治县的自治条例和单行条例的报批机关是"省或者自治区的人民代表大会常务委员会"，而《立法法》和《民族区域自治法》，自治州和自治县的自治条例和单行条例的报批机关是"省、自治区、直辖市的人民代表大会常务委员会"。换言之，在《立法法》和《民族区域自治法》条文中，自治州和自治县的自治条例和单行条例的报批机关增加了"直辖市的人民代表大会常务委员会"。出现这种状况显然是因为重庆直辖市而设置的，重庆直辖市辖有民族自治地方。为了解决实际出现的问题，法律增加了直辖市的审批权力。但是，令人不解的是，2004年《宪法》修改的时候，并没有在《宪法》中增加这一内容，使上述法律和《宪法》的规定看来很不协调。二是《宪法》规定："自治州、自治县的自治条例和单行条例，报省或者自治区的人民代表大会常务委员会批准后生效，并报全国人民代表大会常务委员会备案。"但是在《立法法》中，有关自治州和自治县的自治条例和单行条例并没有规定在上级有关机关审批后还需要"备案"。[①]而更奇怪的是，《民族区域自治法》却规定自治州和自治县的自

[①] 有人认为："《立法法》中省去了《宪法》中规定的'报全国人民代表大会常务委员会备案'的内容，很明显，《立法法》的违宪之处在于改变了《宪法》有关的既是实体性规定，又是程序性的内容。"秦前红、姜琦：《论我国民族区域自治的立法监督》，《浙江学刊》2003年第6期。

治条例和单行条例在上级有关机关审批后还需要"备案",而且必须同时"报全国人民代表大会常务委员会和国务院备案"。显然,《民族区域自治法》在这个问题上的规定不仅与《立法法》不同,而且也扩大了《宪法》规定的"备案"的范围,增加了报"国务院"备案的内容。造成这种状况的原因之一,笔者认为,是上述两部法律的制定者或者修订者以及《宪法》的修订者,在制定或者修订法律,以及修订《宪法》时没有充分注意和协调相关的规定,这是今后修宪和立法(包括制定、修订和废止)时应当引以为戒的。

地方性法规的法律依据主要有《宪法》第100条、《立法法》第63条。《宪法》第100条规定:"省、直辖市的人民代表大会和它们的常务委员会,在不同宪法、法律、行政法规相抵触的前提下,可以制定地方性法规,报全国人民代表大会常务委员会备案。"《立法法》第63条第1款规定:"省、自治区、直辖市的人民代表大会及其常务委员会根据本行政区域的具体情况和实际需要,在不同宪法、法律、行政法规相抵触的前提下,可以制定地方性法规。"第2款规定:"较大的市的人民代表大会及其常务委员会根据本市的具体情况和实际需要,在不同宪法、法律、行政法规和本省、自治区的地方性法规相抵触的前提下,可以制定地方性法规,报省、自治区的人民代表大会常务委员会批准后施行。省、自治区的人民代表大会常务委员会对报请批准的地方性法规,应当对其合法性进行审查,同宪法、法律、行政法规和本省、自治区的地方性法规不抵触的,应当在四个月内予以批准。"第3款规定:"省、自治区的人民代表大会常务委员会在对报请批准的较大的市的地方性法规进行审查时,发现其同本省、自治区的人民政府的规章相抵触的,应当作出处理决定。"第4款规定:"本法所称较大的市是指省、自治区的人民政府所在地的市，经济特区所在地的市和经国务院批准的较大的市。"

显然，《立法法》在地方性法规的制定主体上，扩大了《宪法》规定的范围，增加了自治区和"较大的市"的地方性法规的制定资格，这种状况同我国改革开放以来行政建制和社会实际发生的一系列变化有直接关系，但同样令人不解的是即使《立法法》的这种规定符合社会需要，但是2004年《宪法》修改时为什么不在条文上与《立法法》相协调？尽管存在这样的疑惑，按照《立法法》，地方性法规的制定主体是省、自治区、直辖市和较大的市的人民代表大会及其常务委员会；而除了较大的市的地方性法规必须报请省、自治区的人民代表大会常务委员会批准后才能施行外，省、自治区和直辖市的地方性法规并没有规定要报全国人民代表大会常务委员会批准，甚至连备案也没有规定，这一点又与《宪法》要求的"备案"不同。

可见，从立法主体和立法程序进行比较，我们会发现，在立法主体上，《立法法》在地方性法规的制定主体上，扩大了《宪法》规定的范围，增加了自治区和"较大的市"的地方性法规的制定资格，在立法程序上，自治条例和单行条例的报批和备案手续烦琐复杂，再加上《立法法》《民族区域自治法》所规定的报批机关和程序不统一，自治立法程序漫长，自主性大大降低，因此，笼统地说民族自治地方立法权自主性比一般地方大，这是不够准确的。实际上，如前所述，民族自治地方自治立法机关在一定意义上只是享有"半个立法权"，而一般地方的地方性法规制定权却是一个"完整的立法权"。两者谁的自主性更大，不言而喻。

三 与一般地方立法效力高低之比较

我国当代法的渊源主要有宪法、法律、行政法规、一般地方性法规、自治法规、部门规章、地方政府规章等。上述各种法的渊源都具有法的效力，但它们的效力等级又是有差别的。就效力等级而言，与宪法、法律、行政法规相比，自治法规排在其后已无争议。问题的关键是民族自治地方的自治立法与地方性法规的效力等级如何确定。

（一）自治条例与地方性法规效力比较

在我国立法上，就现行法来说，自治条例与地方性法规在民族自治地方同时并存，地方性法规和自制条例的法律适用冲突不可避免。既然自治条例与地方性法规是并列关系，就存在冲突的可能性，那么两者的法律位价孰高孰低，必须有所定论，可惜的是《宪法》《民族区域自治法》《立法法》都没有实质性的规定。在此问题上学者基本上都承认自治条例仍然是地方的立法，但自治条例的法律地位或者位阶比地方性法规高，地方性法规与自治条例冲突的方面必须服从自治条例的规定。持此观点的学者认为：由于"制定机关不同"，自治条例的立法主体更加宽泛，包括了地方性法规所不涉及的立法主体，如相当于地市一级的自治州以及相当于县一级的自治县（旗）的人大及其常委会；由于"立法权限不同"，自治条例根据《宪法》《民族区域自治法》《立法法》等法律的授权，可以变通或者补充法律的规定，因此"自治条例的立法权限范围大于一般地方性法规的权限"。由于"制定程序不同"，在地方的法规中居于最高地位，因为自治条例"无论是哪一级，均需报上级人大常委会批准"。[1] 而地方性法规由于是由地方同级人大通过的法规，在级别上低于自治条例。更有学者认为："当自治条例、单行条例与地方性法规规

---

[1] 汪全胜：《关于自治条例若干问题的探讨》，《青海民族学院学报》（社会科学版）2001年第1期。

定的内容不一致时,在民族自治地方适用自治条例、单行条例的规定,不论该地方性法规颁布在自治条例、单行条例之前还是之后,地方性法规要服从自治条例、单行条例的规定"。①

这种观点,看起来很有道理,但是经不起推敲。

1. "立法依据不同"的表述偷换概念,其实质是授予的立法权限范围不同

地方性法规的立法权的根据是《宪法》第 100 条及《立法法》第 63 条,自治条例的立法权的根据是《宪法》第 115、第 116 条以及《立法法》第 66 条。自治条例与地方性法规的立法依据差别只是所根据的法律条文不同,而法律依据是相同的。两者最大的区别就在自治条例的立法授权中有变通和补充法律的权限,而地方性法规没有。自治条例比地方性法规多了"变通"和"补充"的权限,是否就意味着两者发生冲突,以自治条例为准呢?还是以地方性法规为准?

自治条例与地方性法规冲突有三种情况:一是两者属于同一个民族自治地方并且是有地方性法规立法权的民族自治地方立法主体所制定。在此情况下,自治条例与地方性法规的立法主体同一,都是该民族自治地方的人大,除非立法时疏忽了法律适用的冲突问题,否则不会出现冲突。就算立法有所疏忽,致使适用法律时产生冲突,在这个民族自治地方以什么标准来衡量自治条例与地方性法规的效力高低?如果以是否变通或补充法律、行政法规的内容作为标准区分,那么自治条例就"变通"或"补充"法律、行政法规性质的条文比地方性法规的相关规定效力高,那么自治条例中没有变通的法律、行政法规的条文与地方性法规相

---

① 郑建华:《对自治条例单行条例法律地位的再认识》,《前沿》2001 年第 8 期。

关条文冲突,如何判断两者的效力高低呢?由此可见,以"是否变通、补充法律法规"的标准无法判断自治条例作为一个整体与地方性法规的法律位阶高低。因此,自治条例的"变通、补充权"在区别两者方面毫无作用。二是地方性法规的立法主体层次比自治条例的立法主体层次高,该情况只可能发生在自治州、自治县(旗)的自治条例与自治区或者省一级的地方性法规之间,它们之间不可能产生冲突。因为这一级的自治条例都必须经过省人大或自治区人大批准通过的,自然会审查两者的冲突问题,如果给予通过,也应当理解为容忍自治条例"变通"或者"补充"规定的适用。退一步说,就算审查时没有注意两者之间的冲突问题,既然已经给予自治条例通过,那么在形式上,该民族地区应该以自治条例为准。如果自治条例违反了法律、行政法规的规定,也必须经过法定程序撤销,以否定其效力。因此,在此种情况下,地方性法规与自治条例不会发生冲突,当然两者的关系就与自治条例是否多了一个"变通、补充权"无关。三是自治条例的立法主体比地方性法规的立法主体层次高,该情况一般发生在自治区的自治条例与该自治区内的省会城市、经济特区市、国务院批准较大的市的地方性法规之间,两者之间冲突的解决机制是立法主体的层次问题,而不是自治条例的"变通、补充权"。因为,自治区的自治条例在法律体系中的位阶本来就高于这些地方性法规,那么自治条例与地方性法规冲突的时候当然适用自治条例,而不是地方性法规。

2. "立法主体不同"不能成为自治条例的位阶比地方性法规高的理由

所谓"立法主体不同"就是指自治条例的立法主体比地方性法规的立法主体范围广。笔者对此结论提出两个异议。

(1)自治条例比地方性法规的立法主体范围广的标准是什

么？从许多学者论文的表述上来看，自治条例的立法主体范围广，是因为有自治区、自治州、自治县三种立法主体。以此认为地方性法规的立法主体没有自治条例范围广，是很片面的。理由在于，地方性法规与自治条例立法主体的种类上，只有省级或自治区级的立法主体相同，而地方性法规的立法主体中的较大的市与自治条例立法主体中的自治州、自治县没有可比性，因而不能以此来判断自治条例的立法主体范围更为广泛。

（2）是否所有立法主体制定的地方性法规和自治条例都有可比性？这个问题分两个方面探讨：一方面相同的立法主体制定的自治条例与地方性法规之间的比较，这在中国现行法律体系下是一个不可回避的法律冲突问题。但是根据上文分析，在这种情况下往往很难拿出区分两者效力高低的标准，更不用说对两者的法律位价做出分析。另一方面不同的立法主体制定的自治条例和地方性法规之间的比较，只有两种情况有可比性，一是为自治州、自治县的自治条例与自治区或者省一级的地方性法规之间；二是为自治区的自治条例与该自治区内较大的市的地方性法规之间，除此以外，任何地方性法规和自治条例都无可比性。根据上文分析，在有可比性的自治条例与地方性法规之间发生冲突，解决的机制与自治条例的本身特点没有关系。因此，立法主体的差异并不能成为自治条例的法律位价比地方性法规高的理由。

3. "立法程序不同"不能成为自治条例比地方性法规法律位价高的理由

理论界许多学者认为，自治条例因为必须报上一级人大常委会批准才能生效，而地方性法规本级人大有通过的权力，只需要报上一级人大备案即可，自治条例在立法程序上较地方性法规严格，因此，自治条例比地方性法规的法律位价高。这个判断稍显武断，理由在于：根据《立法法》第63条，只有省、自治区、直辖市的人民代表大会及其常务委员会可以根据需要制定地方性法规并可以颁布生效施行,而其他的地方性法规的立法必须"报省、自治区的人民代表大会常务委员会批准后施行",虽然与自治条例须报上一级人大常委会批准生效有一词之差即"批准后施行"与"批准生效",但是法律效果上差得不远。我们知道,自治条例立法程序严格是因为自治条例有对法律、行政法规的"变通、补充规定权",因此,程序严格而导致自治条例的法律位价比地方性法规高只是表面原因,真正的原因在于自治条例的立法权限,但是正如上文所分析的,自治条例的立法权限虽然比地方性法规大,却不能以此为理由判断自治条例比地方性法规的法律位价高。因此,把立法程序不同作为判断自治条例与地方性法规的关系是行不通的。

在中国现行的法律体系下,通过对自治条例与地方性法规的关系分析,我们看到了一个非常矛盾的结论:现行法规定了自治条例与地方性法规并行的状态,没有规定两者的关系,从理论上分析,两者并行应该会有冲突,并且所有观点都认为,在冲突发生的时候,自治条例的法律位阶比地方性法规高,但是这种观点未必正确,产生这种观点的根源在于我国存在民族区域自治制度、民族自治、地方自治理解上的逻辑混乱,致使对某些民族自治地方同时享有两种自治立法权认识不清,产生了对地方性法规和自治条例法律位阶的错误认识,进而导致对法律适用冲突的误解。其实,"民族区域自治是地方自治中的一种,自治条例与地方性法规本就属于同一性质权力产物的结论,它们之间不存在法律位阶高低之分,只是权限范围不同"[①],它们会在某些情况下

---

① 张文山:《通往自治的桥梁:自治条例与单行条例研究》,中央民族大学出版社,2009,第75页。

产生法律适用冲突,但现行的《立法法》已经有了明确规定解决该冲突。因此,在民族区域自治地区的立法主体,只要正确认识自治条例与地方性法规的权限范围以及各自的作用,既可以制定自治条例,也能制定地方性法规,而且两者共存不会引起法律适用的混乱。

(二) 单行条例与地方性法规效力比较

理解单行条例与地方性法规效力的关系,首先要理解单行条例与自治条例之间的效力关系。从《宪法》《民族区域自治法》《立法法》的条款来看,自治条例和单行条例是并列表述的,在现行的法律中从没有出现分开表述的先例,是属于同一位阶的法律,法律效力是平行的,即是同一法律位阶的规范。但是从学理与立法实际来看,两者之间还是有区别的。

一般来说,自治条例有民族自治地方的"小宪法"之称,就民族自治地方而言,自治条例是对民族自治地方事务全面的、制度性的规范,自治条例的内容一般是:总则、自治州和自治县的自治机关、人民法院和人民检察院,自治州和自治县的经济建设、财政金融管理、社会事业、民族关系、附则等。这是对民族自治地方全面性的规定,是民族区域自治法在民族自治地方具体实施的体现。另外,一个民族自治地方只能有一件自治条例,如上述所指,民族自治地方制定自治条例是"一次性权力",不可能在一个民族自治地方出现多部自治条例,这决定了自治条例只能规范最基本、制度性、体制性的内容,不可能涉及民族自治地方具体的社会关系与社会活动。而单行条例是民族自治地方自治权中的一项"无限权力",这里的"无限"是指民族自治地方的人民代表大会可以根据民族自治地方的特点与需要制定若干部单行条例,单行条例规范的内容更广泛,调整的关系更具体。单行条例是民族自治地方,特别是自治州和自治县的唯一的自治法规形式，就民族自治地方的人民代表大会而言，制定单行条例不是"一次性权力"，是"无数次"，所以说是"无限的权力"。

可见，尽管单行条例与自治条例的立法主体是一致的、立法程序是相同的。但是，从法理上而言，单行条例的条款不能与自治条例的条款相抵触，效力上两者之间在一定程度上是一种"一般法与特别法"的关系。从"一般法与特别法"的关系原理来看，在适用上特别法优先；但在效力层级上，特别法应该低于一般法。因此，民族自治地方同一立法自治机关所制定的自治条例和单行条例，虽然经常被并列使用，立法主体相同，立法程序也无区别，但从法理来看，单行条例的效力位阶要低于自治条例。既然单行条例的效力位阶比自治条例低，而自治条例并不必然在效力上高于地方性法规，因此单行条例在法律效力上也就不可能高于地方性法规了。

但是，由于单行条例有明显区别于一般地方性法规的特征，表现在法律效力上也是如此，当单行条例具有以下特征的时候，它的法律效力应该优先于地方性法规。第一种情况是单行条例的自主性、先行性体现在立法领域。在国家尚未制定法律或者行政法规的领域，单行条例的自主性、独立性就更为突出，立法的空间也更大一些，可以率先制定单行条例来规范，以发挥先行一步的试验作用，填补国家立法在这方面的空白和缺位。"从法治的意义看，单行条例不仅要为民族自治地方服务，而且还负有为国家改革和立法先导的义务，自治立法权的行使过程不仅仅是一个表述现存社会、经济关系的过程，而且更是一个革新现存社会、经济关系的过程，是一个努力利用法律资源的过程。"[1] 在这种情况

---

[1] 张文山：《通往自治的桥梁：自治条例与单行条例研究》，中央民族大学出版社，2009，第467页。

下，单行条例的法律效力在民族自治地方就具有唯一性和强制性，在这种领域，自治条例效力应该优先于地方性法规。第二种情况是单行条例可以对法律、行政法规做出变通补充规定。对法律、行政法规做出变通补充规定，这是一般地方性法规所没有的权利，是自治立法权的一个特征。单行条例在保持国家法制统一的前提下，具有相对的独立性，"可以依照当地民族的特点，对法律和行政法规的规定做出变通规定"。而不是简单地援引或照搬国家有关方面的法律法规，必须创制性地规定一些便于具体适用于民族自治地方的规范，在法律规定的范围内做出较大的变通和补充性的具体规定。这时，单行条例的法律效力就应该优先于地方性法规。

（三）变通和补充规定与地方性法规效力比较

变通和补充规定是一种授权立法，其立法的依据直接来源于法律、行政法规的授权。而地方性法规是一种职权立法，地方性法规的立法权的根据是《宪法》第 100 条及《立法法》第 63 条。一种是职权立法，一种是授权立法，那么它们本身的效力如何确定？两者之间的效力关系如何？这就涉及职权立法和授权立法的效力确定问题。

关于授权立法的效力等级，理论界主要有三种观点：一是认为授权对象依授权所制定的规范性文件与其依职权所制定的规范性文件效力等级相同。二是认为授权对象依授权所制定的规范性文件与其授权主体制定的规范性文件具有相同的效力。三是认为授权对象依授权所制定的规范性文件具有准法律性质，其效力低于全国人大常委会制定的法律，但高于一般的职权立法文件，效力介于法律和职权立法之间。[①] 从外国的授权立法实践来看，英

[①] 马怀德：《中国立法体制、程序与监督》，中国法制出版社，1999，第 136 页。

美国家委任立法具有与国会立法相同的效力，其基本理论依据是私人的代理说，行政机关依授权所制定的规范性文件具有议会立法的效力。在中国，由于《立法法》对这个问题没有规定，所以在理论界目前仍然存在各种不同的主张。

但是，无论是职权立法还是授权立法，一般的立法都是按照制定主体来确定该立法的层级效力，如法律是全国人大及其常委会制定的，层级效力最高；行政法规是国务院制定的，层级效力仅次于法律；以此类推。授权立法按照制定主体确定层级效力，自然无话可说，但由于授权立法是按照授权主体而授权制定的，因此该立法从实质上来讲是代替授权主体制定的，问题由此提出来：委任立法的层级效力到底是从哪一个角度去确定？这个问题以前在其他国家也出现过，如英国早些时候有的授权法明确规定，根据该授权法授权制定的规范文件有如同本法的效力。英国是奉行"议会至上"原则的国家，议会的立法，法院只能适用而不能审查质疑。授权法如此规定，是否意味着应将授权立法视同议会立法，从而法院不能对其进行审查？经过一段时间的争议和讨论，最后法院认定授权立法毕竟不是议会立法，即使议会授权法作了"同等效力"的规定，但这种立法的制定主体是行政机关而不是议会，委任立法不能取得议会立法同等地位，所以法院可以审查这种立法。这样的判例实际上说明：法律效力与层级效力是两回事。有效的文件、立法，其"有效"两字指的都是有法律效力的，所以在这一点上所有有效的法律文件，其法律效力没有什么不同，而有效文件的层级效力却因制定主体不同而有区别。因此，"有同等的（法律）效力"并不意味着，按照授权法制定的授权立法与授权法有同样的层级效力。

将授权立法与授权法的关系推而广之，就将这一问题变成一个关乎法理学的基本理论问题，即层级效力与法律效力的关系问题。所有法律文件的法律效力均来源于上位法（授权法）或上一位阶的规范性文件。只要这个文件的内容不与处于上一位阶的规范相抵触，或者它符合上一位阶的规范的规定，这个文件就与上位法一样具有法律效力，适法者就不能因其位阶低而拒绝适用；但是如果某一个文件与上位阶的法相抵触或不符合上位阶法的规定，这个文件因其层级效力较低，适法者就可以直接不适用（不执行）该文件。可见，两个法律文件，如果内容不冲突，法律效力是一样的，但是如果规定不一致，处于低位的文件效力就可以被执法者所忽略。有一点值得指出的是，虽然两个文件的内容不一致，但是执法者执行的部分与不一致的部分无关，那么，执法者仍须执行这个文件；只有当执法者恰恰需要适用该不一致的部分时，对处于下位且内容与上位法不一致的文件才可以不执行（适用）。当然，如果执法者恰恰是有权机关，享有对该规范的审查监督权限，它就可以命令规范文件的制定者修改这个文件，或者直接废止、更改其中不合法的内容。

因此，处理中国纷繁复杂的各种法律之间的效力层级问题，最简单的办法就是一般都按照制定机关来确定，而不管它是授权立法还是职权立法。上下级国家机关之间，制定的法律规范也就是上下级的，如全国人大常委会制定的法律与国务院制定的行政法规就是上位法与下位法的关系。而同一主体制定的法律规范则可以结合别的法理因素加以区别，如都是全国人大常委会制定的《民法通则》与《合同法》，就要考虑一般法与特别法的法理关系，以确定效力的等级。以此观之，民族自治地方的变通或补充规定与地方性法规之间的效力等级问题，就要视情况而定。如果是自治区一级的变通或补充规定，它与本自治区的地方性法规效力等同，高于自治区内的省会城市及"较大的市"的地方性法规；如果是自治州一级的变通或补充规定，由于自治州不是

"较大的市"的范畴,因此它不会发生与省会城市及"较大的市"的地方性法规相冲突的情况,此时,它与省、自治区、直辖市的地方性法规相比,效力层级要低;如果是自治县一级的变通或补充规定的话,它的效力层级就低于省、自治区、直辖市的地方性法规和省会城市及"较大的市"的地方性法规。

通过以上的比较,我们可以发现,就民族自治地方的自治法规来说,无论是自治条例和单行条例抑或是变通和补充规定,我们都不能笼统地说它的效力高于地方性法规。事实上,它们与地方性法规的效力关系有可能更大,有可能平行,也更有可能比地方性法规的效力层级还要低。

第四章 民族自治地方立法自治的实现形式：自治立法

作为一种自治领域，立法是否真的自治，关键就要看立法主体是否产生了真正意义上的自治立法。所有立法机关存在的价值就是生产出其应该生产的法律，作为立法自治机关来讲也是一样，如果立法自治机关通过自己的自治立法行为产出了足够而良好的自治立法，那自治就是真实的，反之立法自治就是徒有虚名。生产出足够而良好的自治立法是存在立法自治领域的价值所在。在立法自治领域，自治是手段，自治权只是一种工具，真正的目的还在于产生了足够而良好的自治性法律规范，而这些法律规范也得到了普遍的尊重与执行。正是在这个意义上，我们可以说，立法自治的实现形式就是自治立法。① 分析自治立法的生产机制，考查自治立法的适用效度，是探究民族自治地方是否通过立法自治实现法治文明的必要前提，当然，为了维护国家法治的统一，自治也不能走得太远，而且监督也是提高自治立法效益的重要手段，因此分析自治立法的监督机制也有必要。

---

① 这里所讲的"立法自治"实现形式与前文所讲的"自治立法"实现形式完全不是一个概念。显然，"立法自治"的实现形式是"自治立法"，自治立法的实现形式却是：自治条例、单行条例、变通规定、补充规定。

第四章　民族自治地方立法自治的实现形式：自治立法

第一节　民族自治地方自治立法的产出

在我国，过去谈到立法的时候，无论是中央立法还是地方立法，主要探讨的是立法主体在法定的立法权限范围内，在某些领域该不该立法，可不可以立法，立法不讲效益也不懂效益的。对民族自治地方的自治立法来说，现在更多的问题已经不再是困惑于该不该进行自治立法，而在于要通过改进自治立法程序，提高自治立法效益的问题。因此，我们要先分析民族自治地方自治立法的立法程序，进而分析在此立法程序下自治立法的实际产出效果。

一　自治立法的产出程序

科学的生产程序与产出的最大化密切相关，在自治立法领域也一样。自治立法的立法程序影响着自治立法的实际产出效果。在我国的法律传统中，规范意识淡漠，缺乏一些必要的程序，而这正是制约民族自治地方立法自治进程的重要因素。

立法程序是有权的国家机关在制定、认可、修改、变通补充、解释和废止法律、法规的活动中所必须遵循的法定方法和步骤。立法程序的有无及完善与否，直接关系着立法机关的立法工作效率和所立之法的质量，是立法民主化、科学化和制度化的重要保证。[①] 一般认为，立法程序包括立法准备阶段、由法案到法阶段、立法完善阶段。其中由法案到法的阶段是整个立法程序的重点所在，这个阶段包括提出法案、审议法案、表决法案和公布

[①] 王允武、田钒平：《中国少数民族地方自治立法研究》，四川人民出版社，2005，第66页。

法案等步骤。① 自治立法的程序具体包括民族自治地方自治条例、单行条例、变通规定和补充规定的制定程序,民族自治地方自治立法作为我国地方立法的一个组成部分,其立法程序既有一般性地方立法的共性,也有其自身的特殊性。

(一) 自治条例、单行条例的制定程序

现行《立法法》对自治条例的立法程序仅规定:"地方性法规案、自治条例和单行条例案的提出、审议和表决程序,根据中华人民共和国地方各级人民代表大会和地方各级人民政府组织法,参照本法第二章第二节、第三节、第五节的规定,由本级人民代表大会规定。"然而,以内蒙古自治区为例,《内蒙古自治区人民代表大会及其常务委员会立法条例》仅对其地方性法规的立法程序作了具体规定,对自治条例的立法程序只规定了自治区人大常委会对自治条例的批准程序。因此,到目前为止,自治立法程序还没有一部单独的法律加以规范。但是,根据《立法法》第 68 条的规定,自治条例、单行条例的制定程序大概包括以下几个基本的环节:

1. 立法规划

立法规划,又称立法计划,是指享有立法权的机关根据国家的方针政策、国民经济和社会发展计划,在科学的立法预测基础上做出有关立法目标、措施、步骤等的设想和安排。② 进行立法预测,编制立法规划,形成立法创议,做出立法决策等一系列活动是立法准备活动的主要内容。立法准备是为正式立法提供条件或奠定基础的活动。因而,立法规划在立法活动中理应受到充分

---

① 周旺生:《立法学》(第二版),法律出版社,2009,第 290 页。
② 朱力宇、张曙光:《立法学》(第 2 版),中国人民大学出版社,2006,第 185 页。

的重视。这不仅关系到立法活动的成败，而且还直接关系所立之法能否行之有效而得到顺利实施，甚至会影响法治国家的建设进程。

我国幅员辽阔，人口众多，各地区、各民族的经济、文化、社会发展很不平衡，单靠国家立法来解决各地方复杂的问题是不可能的，立法上的一定程度的分权成为必然，其中自治立法的存在便是证明。由于民族自治地方自治立法本身缺乏可供借鉴的经验，而且"大杂居、小聚居"的民族自治地方的复杂性增加了自治立法的难度。因此，民族自治地方自治立法，进行相应的立法规划就显得非常重要。

然而，由于没有法律的统一规定，民族自治地方自治立法的立法规划存在不少的问题。如立法规划权属混乱。本来，自治条例和单行条例立法规划至少应当由人民代表大会或其常委会确定，但从目前的实践来看，自治条例和单行条例立法规划的编制和决定主体比较混乱，如《鄂温克族自治旗立法条例》规定，自治条例和单行条例立法规划是由常委会主任会议编制和决定，在很多地方，自治条例和单行条例立法规划是民族自治地方的政府法制机构、办公机构甚至是研究机构编制和规划。再如立法规划缺乏通盘和充分的调研和论证。在民族自治地方，"运动式"立法泛滥，在实践中立法机关基本上没有做到从社会发展实际以及本地方大局出发来确定立法项目，而且对立法规划及个别立法项目，很少做到深入的调研，对立法所要调整的社会关系存在哪些矛盾，矛盾的根源以及解决矛盾的措施等缺乏深刻的认识和准确的把握。

为克服以上两个突出的问题，明确自治立法规划主体、强化自治立法规划的调研和论证、重视立法预测就显得十分必要了。就自治条例和单行条例立法规划的主体而言，根据《立法法》

《行政法规制定程序条例》的规定和民族自治地方自治立法的实践，民族自治地方每届人民代表大会常务委员会都应当编制本届人民代表大会的自治立法规划。立法规划的编制主体应该为人大常委会法制工作委员会，立法规划的决定主体应该为人大常委会会议，只有这样，才可以增加立法规划的权威性和科学性。就强化自治立法规划的调研和论证而言，一方面是要改变目前"运动式"造法的习惯，对自治条例和单行条例的制定和修改做好长期的、持续的立法规划；另一方面要把立法规划中的调研和论证常态化。就重视立法预测而言，民族自治地方人大常委会应当立足于本地区的民族特点和社会发展实际，结合法律的规定，科学预测自治立法的需求，做好自治条例和单行条例的立法预测。

2. 立法议案的提出

立法议案的提出，是指依法享有提议案权的国家机构组成人员按照一定的程序向立法机关提出关于制定、认可、修改、补充、解释或者废止某项法律的动议。依法享有提议案权的国家机构及其组成人员等，可以称为提案人。由于目前没有统一的法律进行规范，在民族自治地方自治条例和单行条例立法的议案提出实践中，更多是由人民代表大会常务委员会提出，而很多本来享有提立法议案的主体很少行使提议案权。

依据我国现行立法体制中提案权的归属状况，提出自治条例和单行条例案的权力应属于民族自治地方的人民代表大会主席团、人大常委会、一个代表团。对于人大代表的提案权，宪法和法律规定，30名以上的代表可以向全国人大提出属于全国人大职权范围内的法律案。鉴于民族自治地方人大代表的数量少于全国人大代表，各民族自治地方可根据本地方人大代表数量的实际情况，规定若干名以上人大代表可以向人大提出自治条例和单行条例案。

因此，关于民族自治地方自治条例和单行条例议案的提出，结合《新疆维吾尔自治区人民代表大会常务委员会关于批准〈博尔塔拉蒙古自治州制定单行条例程序规定〉的决定》《伊犁哈萨克自治州制定单行条例程序规定》《湘西土家族苗族自治州人民代表大会立法程序条例》的规定和自治立法实践，笔者认为，民族自治地方自治条例和单行条例案可由其人民代表大会主席团提出，由该人民代表大会会议审议；常务委员会、自治地方人民政府和专门委员会，可以向本级人民代表大会提出条例案，由主席团决定列入会议议程；一个代表团或者10名以上的代表联名，可以向本级人民代表大会提出条例案，由主席团决定是否列入会议议程，或者先交有关的专门委员会审议，提出是否列入会议议程的意见，再决定是否列入会议议程。在民族自治地方人民代表大会闭会期间，向人民代表大会提出的条例案，可以先向常务委员会提出，由常务委员会会议进行初步审议。人民政府和专门委员会提出的条例案，由主任会议决定列入常务委员会会议议程，或者先交有关的专门委员会审议，提出报告，再决定列入常务委员会会议议程。如果主任会议认为条例案有重大问题需要进一步研究，可以建议提案人修改完善后再向常务委员会提出。提出条例案，同时还必须提出条例草案文本及其说明，并提供必要的资料。

3. 起草

起草是用书面语言将构思成果物化为文章，完成由"意"到"文"的转化。本文所指的起草，是指在经过立法规划和立法议案的提出之后，将具体的立法构思形成草案的过程。自治条例和单行条例草案，由提案人组织起草，也可以委托有关单位和专业人员起草。自治条例和单行条例草案在起草过程中，相关的专门委员会应当了解起草情况，可以参与调查研究、论证和协调。民族自治地方政府有关部门起草的条例草案形成后，交由本级人民政府法制机构审核，再由该机构报政府常务会议讨论通过后，依照法定程序提出。

目前我国民族自治地方对包括自治条例和单行条例在内的地方性法规法案起草问题做出较具体规定的仅有《内蒙古自治区人民代表大会及其常务委员会立法条例》、内蒙古自治区的几个自治县（旗）的立法条例以及《云南红河哈尼族彝族自治州人民代表大会立法规定》等有限的几个地方立法规范文件。西藏自治区、广西壮族自治区、宁夏回族自治区以及新疆维吾尔自治区的立法条例对于自治条例和单行条例法案的起草根本没有提及。这不能不说是立法的一大疏漏和缺憾。因此，从立法供给角度看，关于自治条例和单行条例法案起草制度的法律规范严重的不足。如果进一步审视这些法律制度并观察其运作实践，就会发现自治条例和单行条例法案起草制度目前存在的问题则十分严峻。

（1）自治条例和单行条例法案起草中存在的问题主要有以下几点。

第一，自治条例和单行条例立法草案起草主体的非中立性与低素质。目前，我国民族自治地方在自治条例和单行条例立法组织上，一般都要成立自治条例和单行条例立法起草机构，包括起草领导小组、起草委员会和办公室。在组织班子时，一般规格都比较高，自治地方的人大、政协、民委以及其他政府部门主要负责人。[①] 自治条例和单行条例立法由起草委员会实施，尽管在形式上改变了由单一政府部门起草的状况，在一定程度上克服了起

[①] 孙继文：《民族立法与实施》，内蒙古科学技术出版社，1998，第 149～150 页。

草部门"不顾权力的设置和利益的合理分配,只顾扩大自己部门的权力或只考虑本部门利益"① 的部门主义倾向。从表面来看,自治条例和单行条例的立法质量可以得到有效的保证,但在实际效果上并不尽如人意。自治条例和单行条例立法案的起草在操作中往往还是掌握在政府人员手中,不仅部门主义倾向难以彻底克服,而且这些人员由于专业的局限性,使其法学理论素养、立法技术水平相对比较低下。加上这些人员,一般都在本单位肩负着重要职务,其精力、时间主要是忙于应付本职公务,因而自治条例和单行条例立法质量和水平就很难得到保证。

第二,自治条例和单行条例立法起草调研和论证缺乏科学性。一般来说,调研和论证是法案起草中的重要环节。对于这一问题,目前仅有内蒙古自治区立法条例、自治区内几个自治县(旗)立法条例以及其他几个州县一级的立法程序文件对立法起草中的调研和论证作了规定。譬如,《内蒙古自治区人民代表大会及其常务委员会立法条例》第 13 条规定了起草地方性法规草案应当进行调查研究及其调查研究的形式。但从民族自治地方的立法实践看,民族自治地方自治条例和单行条例立法在立法调研和论证上还存在较多的不足。一是调研时机不合适。目前包括自治条例在内的地方立法调研一般是在自治条例和单行条例初稿形成后再去进行②,这种做法实际上存在一个先入为主的弊病,立法调研在实践中,不是流于形式,就是为自治条例和单行条例草案的合理性寻找理由,其主观倾向性在所难免。二是调研的面过于狭窄。在自治地方立法调研和征求意见的实际操作中,目前仅

---

① 盛宝漳:《略论地方立法中部门化倾向的成因与对策》,载李步云主编:《立法法研究》,湖南人民出版社,1998,第 174 页。
② 孙继文:《民族立法与实施》,内蒙古科学技术出版社,1998,第 26~28 页。

仅局限于相关机关和部门，对于广大的公民、法人，特别是自治地方内的少数民族的意见，几乎没有关注。这一做法不仅有悖于立法民主，而且有悖于民族区域自治的理念。三是省略或怠于立法调研。总体上看，"民族自治地方自治条例虽有部分在形式和内容上体现了一定的地方特色，大部分自治条例很明显仍然是从其他自治条例中简单转抄、重复照抄而成，条款雷同情况严重"①。这一状况不仅源于立法者能力与素质的低下，而且更为关键是由不正确的立法态度所导致的。立法中缺少调研，缺少对立法必要性、可行性以及立法重点、难点和解决办法的论证分析，在民族自治地方立法准备过程中并不鲜见。

第三，自治条例和单行条例立法起草协调机制运作不畅。从根本上看，立法的过程就是一个利益协调的过程。立法中的利益协调最初发生在立法案的起草阶段。从自治条例和单行条例草案的内容上看，自治条例和单行条例立法不仅会涉及不同行政部门之间的职责权限，而且涉及人民法院、人民检察院等司法部门的职责权限，更会涉及民族自治地方自治机关与上级关机关职责权限的划分。因此，在自治条例和单行条例立法中，如何恰当而合法地处理所涉及的各部门、各机关之间的关系，是自治条例和单行条例立法起草过程中必须解决的重要难题。然而，从目前我国民族自治地方自治条例和单行条例立法协调实践来看，上下级国家机关之间的协调是自治条例和单行条例立法协调的关键步骤和内容。目前，我国有很大一部分自治区、辖有民族自治地方的多民族省份的地方立法对自治州、自治县自治条例和单行条例立法协调作了强制规定。按照这些规定，自治州、自治县自治条例和

---

① 周力：《现代化进程中的自治立法——云南少数民族地区现代化与自治立法问题研究》，《云南大学学报》（法学版）2004年第2期。

单行条例在提请本级人民代表大会审议之前，必须将草案报请自治区、省人民代表大会专门委员会、人民代表大会民族事务委员会或人民政府征求意见。① 在自治区自治条例和单行条例立法过程中，尽管立法协调无任何法律依据，然而立法协调仍是其立法程序中的关键环节之一。应该说，立法协调具有积极的一面。它对于平衡各部门之间的利益关系、提高自治条例和单行条例立法质量、加速自治条例和单行条例进入审议程序等均具有重要的现实意义。然而，"各自治区自治条例不同于各自治州和自治县（旗）自治条例。自治州和自治县（旗）自治条例和单行条例上下两方面涉及的权益问题，都属于地方本身上下级之间的问题，这毕竟属于局部问题，影响面小，所以协调工作很容易做通，从而使这两级自治条例和单行条例都能很快出台，不会遇到大的阻碍。然而，自治区自治条例或单行条例所规定的自治权的某些权益问题，就直接涉及地方与国家，即民族自治地方的自治机关与国务院有关部委的权益互动问题，要请有关部委放权让利就不是

---

① 上下级机关之间的立法协调在各民族自治地方自治条例和单行条例立法中广泛采用。其主要方式有：党委逐级审批、征求上级人大、常委会、人民政府的意见或上级人大常委会、民族事务委员会等机关派人指导协调下级民族自治地方自治条例立法。对于征求上级意见这一方式目前在有些地方属于自治条例和单行条例草案进入审议前的必经程序，是法定义务。譬如，《内蒙古自治区人民代表大会及其常务委员会立法条例》第46条、《广西壮族自治区立法条例》第45条、《四川省人民代表大会及其常务委员会立法程序规定》第33条、《湖北省人大常委会关于批准自治条例和单行条例程序的规定》第4条都对自治条例和单行条例的立法协调作了强制性规定。关于立法指导问题，现在也有一个立法解释实例，即1995年3月1日，就自治州对其所辖的自治县制定自治条例和单行条例负有何种职责问题，新疆维吾尔自治区人大向全国人大常委会请求解释，全国人大在答复中指出：建议自治州在自治县制定自治条例时，可予以指导。这就补充规定了宪法关于自治州对自治县制定自治条例的职责。见乔晓阳、张春生主编《选举法和地方组织法释义与解答》（修订版），法律出版社，1997，第273页。

一件容易的事。在这方面难以同国务院有关部委做好协调工作"①。以1991年呈报的《广西壮族自治区自治条例（草案）》第18稿为例，由全国人大送国务院各部委征求意见，只有几个部委同意或者基本同意（其中司法部"无任何意见"，农业部"没有原则性意见"，商业部、水利部、地矿部、国家教委、科委基本同意并建议作些补充），其余部委分别提出了6～13条否定性意见，特别是对涉及部委自身利益的有关条款，大都持否定态度。有的认为"审批权，不写为宜"，有的认为"根据某某暂行条例办"，个别的借"与我部门有关政策相冲突"而全盘否定，甚至将草案斥之为"广西要价太高"。② 由于这些部门的否定，致使《广西壮族自治区自治条例（草案）》一直没有进入审议程序。其他自治区自治条例立法也同样梗阻于立法协调程序。尽管我们不能够因此现象而全盘否定立法协调制度的积极意义，但是自治条例立法协调在实践中也暴露出诸多消极的影响。③ 一是立法协调为部门利益、"一刀切"提供了张扬的机会，导致上级部门和机关对下级自治地方自治立法的不正当干预。二是立法协调在一定程度上降低了自治条例的立法效率。因而，必须采取有效的措施来进一步规范自治条例和单行条例立法协调的运作。

（2）为解决自治条例和单行条例法案起草中存在的问题，应采取以下措施应对。

第一，改变起草主体的非中立性、非民主性以及低素质问题。为改变自治条例和单行条例草案实际操纵在地方行政部门和

---

① 王仁定：《关于制定自治区自治条例问题的思考》，《内蒙古师大学报》（哲学社会科学版）2001年第2期。
② 韦以明：《对民族自治权与上级国家机关领导帮助的关系的再认识》，《广西法学》，1996年第4期。
③ 杨道波：《自治条例立法研究》，人民出版社，2008，第166页。

行政人员手中而造成的自治条例立法的非中立性和非民主性，建议引入自治条例立法草案的专家起草制度。这种制度，在某种程度上可以改变由于起草人员的低理论素养造成的草案粗劣的现实状况。此外，在自治区或省级人大常委会还可以实行立法助理制度，[①] 协助人大常委会委员参与立法。从而"有利于克服非立法机关起草法案的本位主义倾向，保证法案的客观性和公正性"[②]。

第二，进一步加强起草中立法调研和论证。首先要改变目前不适当的调研时机，将自治条例和单行条例立法调研的时间主要放在自治条例和单行条例起草之前，并贯穿在起草的全过程之中，而且还要进一步完善立法起草中的论证制度。目前，地方立法的普遍做法是，"谁提出法规案谁组织起草，谁组织起草谁负责立项和论证"[③]。根据这一做法，笔者主张，自治条例和单行条例立法草案应当统一规定为由民族自治地方人大常委会组织起草并负责论证。

第三，进一步规范自治条例和单行条例立法协调。参与立法活动的主体拥有和追求自身利益本无可厚非，但如果没有制约，不能很好地进行利益平衡，就会产生很大的负面影响。既然自治条例和单行条例立法协调已经成为自治条例和单行条例立法进程

---

① 立法助理是协助立法机关及其人民代表履行立法职责，完成立法任务的具有立法专门知识的人员。它是随着近代各国立法机关职能不断强大、立法工作专门化、立法工作技术化而发展起来的一项立法制度。这种立法制度最早出现在美国，他们在有关委员会的领导之下，有独立的地位和独立的经费，专门从事立法项目的调研、起草、听证等工作。20世纪90年代初，仅美国国会的立法助理人员总计已经达到3万人。详见吴大英、任允正、李林：《比较立法制度》，群众出版社，1992，第250~255页。
② 汪全胜：《立法效益研究——以当代中国立法为视角》，中国法制出版社，2003，第275页。
③ 李小娟、刘勉义：《地方立法程序研究》，中国人民公安大学出版社，2003，第30页。

的重要羁绊,探讨改革这一制度的有效措施就显得十分必要。在综合平衡自治条例立法协调利弊得失的情况下,笔者认为,这一制度还有保留的必要,并以此为前提,对这一制度应做出规范。一是应当明确上级国家机关提出意见和建议的原则和范围,二是应当明确人大常委会对国家机关各个部门不同意见的综合协调处理机制,三是应当明确规定上级国家机关对民族自治地方征求意见的答复期间。

4. 审议

审议法案是指在由法律草案到法的阶段,有权主体对法律草案运用审议权,决定其是否应列入议事日程、是否需要修改以及对其加以修改的专门活动。根据《立法法》和《民族区域自治法》的规定,自治立法的审议需要经过民族自治地方人民代表大会常务委员会的初步审议和民族自治地方人民代表大会的审议。

(1) 审议形成

第一,常务委员会的初步审议。向常务委员会提出的条例案,常务委员会一般应进行两次初审,必要时可进行第三次初审;如果一次初审意见较为一致,即可提请本级人民代表大会会议审议。常务委员会会议进行第一次初审时,由提案人向会议作说明,并派人列席会议,回答常务委员会组成人员的提问。除专门委员会自身提出的条例案外,有关专门委员会应提出审议意见的报告。常务委员会会议进行第二次初审时,由法制委员会提出条例草案修改情况的报告和条例草案修改稿,提请本次会议审议决定是否提请人民代表大会会议审议。需要注意的是,自治县(旗)自治条例、单行条例的审议,根据《立法法》的规定,由本级人民代表大会规定。按照一般规则,各自治县(旗)在制定单行条例的审议程序规则时,应参照自治区、自治州相关规定，即由有关的专门委员会进行审议，并向主席团提交审议结果的报告和草案修改稿，主席团审议通过后，印发会议代表，由大会全体会议代表对修改后的单行条例案进行表决。但一个现实的问题是，根据地方组织法规定，自治县（旗）民族自治地方人大未被授予设立专门委员会的权力。为了能够更好地与自治区单行条例的审议程序相衔接，民族自治地方人大应设立行使审议职能的专门委员会，报请省级人大常委会批准。① 这样有利于实现审议机构的专门化和制度化。

第二，人民代表大会决定提请人民代表大会会议审议的条例案，应当在会议召开前将条例案发给代表。列入人民代表大会会议议程的条例案，应由常务委员会或提案人向大会全体会议做出说明，各代表团进行审议。代表团审议时，提案人应当派人听取意见，回答询问。必要时，主席团常务主席可以召开各代表团团长会议，就列入人民代表大会会议议程的条例案中重大问题听取各代表团的审议意见，进行讨论，并将讨论的情况和意见向主席团报告。主席团常务主席也可以就条例草案中重大的专门性问题，召集代表团推选有关代表进行讨论，并将讨论的情况和意见向主席团报告。法制委员会根据各代表团的审议意见和各方面提出的意见，对条例案进行统一审议，并向主席团提出审议结果报告和条例草案表决稿，对重要的不同意见应当在审议结果报告中予以说明，经主席团会议审议通过后，印发会议。条例案在审议中有重大问题需要进一步研究的，经主席团提出，由大会全体会议决定，可以授权常务委员会根据代表的意见进一步审议，并将审议情况提请本级人民代表大会下次会议审议决定。

---

① 黄逢贵：《民族区域自治机关制定单行条例常识》，民族出版社，2001，第18页。

第三,终止审议的情形。一是条例案经常务委员会会议第三次初审,仍存在较大意见分歧搁置满 1 年的,或者因暂不提请本级人民代表大会会议审议经过 1 年没有再次列入常务委员会会议议程初审的,由常务委员会向本级人民代表大会报告,该条例案终止审议。二是列入人民代表大会会议议程的条例案,在交付表决前,提案人要求撤回,并说明理由,经主席团同意,向大会报告后,对该案的审议即行终止。

(2)目前立法审议存在的问题

虽然民族自治地方自治立法机关在进行自治条例和单行条例的审议时可以参照以上一些基本的规范进行审议,但由于这些规范的根据是《立法法》和《民族区域自治法》的规定,并没有单独的法律进行规范,因此,自治条例和单行条例的审议程序存在很大瑕疵。综合看,当前我国民族自治地方自治条例和单行条例立法审议存在的主要缺陷有以下几点。

第一,将自治条例和单行条例法案发给代表的时间没有保证。《立法法》第 68 条规定:"地方性法规案、自治条例和单行条例案的提出、审议和表决程序,根据中华人民共和国地方各级人民代表大会和地方各级人民政府组织法,参照本法第二章第二节、第三节、第五节的规定,由本级人民代表大会规定。"然而,通过研究我国民族自治地方立法条例或立法规定,目前明确规定将法规草案和条例草案印发给代表的仅有内蒙古自治区、广西壮族自治区、西藏自治区和宁夏回族自治区的立法条例,其他大部分自治州、自治县(旗)的立法条例或立法规定,对此问题没有明确规定。譬如,《新疆维吾尔自治区人大及其常委会立法条例》(2003 年通过)和《云南红河哈尼族彝族自治州人民代表大会立法规定》(2005 年通过)仅规定自治条例草案"应当在会议举行前印发或发送给人大代表"。这种笼统的规定,从法理上看应是对《立法法》授权原则和目的的违反。在具体期间规定上,《广西壮族自治区立法条例》仅仅规定了15日的期间,如此短暂的期间,根本不能够保证作为兼职人员的代表充分了解和熟悉本法案的必要性、可行性、具体条文及其合理性、合法性和科学性等。这种状况,极大地制约了立法形成阶段作用的有效发挥,是造就立法形成阶段仪式化的重要因素。

第二,自治条例和单行条例法案审议时间安排不合理。无论是地方组织法、立法法,还是地方立法条例,对于地方人大会议会期并没有明文规定。在实践中,省级人民代表大会一般每次会议开7天左右,设区的市级(包括自治州)人大会议一般为5天左右,县级(包括自治旗县)人大会议一般为3天左右,乡(镇)人大会议一般为1~2天。① 有些地方人大尤其是县、乡人大开会的时间越来越短,如有的县人大只开一天半就散会了。在如此短暂的时间内怎么能够完成人大作为地方权力机关所担负的重任呢?根据地方组织法的规定,县级以上地方人大有15项职权,这些职权涉及地方立法、监督、人事任免等大权,对于地方事务具有决定性意义。大会上的民主是需要时间来保证的,短暂的会期何谈发挥人大代表的作用呢?再者,地方人民代表大会的议事规则对每位代表的发言次数和时间一般都做出了限制。一般来说,每一位代表发言次数不超过两次,时间不超过15分钟。这种不管什么议题而平均分配时间的做法,虽然是基于效率的考虑,但在很大程度上损害了民主,从长远看,是得不偿失的。

第三,立法所具有的交涉性不足。"交涉"一词具有讨论、交流、辩驳、沟通、对话、说服、妥协等多方面的含义,它是立

---

① 刘政:《从历史进程看人代会会期制度的完善》,《中国人大》2006年第1期。

法程序的独特价值之一。所谓立法程序的交涉性是指立法决策参与者运用各自的法定程序权力进行充分辩论、协商和妥协，以最终达成各方都愿意并能够接受的多数结果。① 立法交涉的强弱，不仅在很大程度上决定立法议案是否能够得到充分的讨论，而且往往可以在一定程度上反映出立法程序制度的内在活力。而自治条例和单行条例在审议过程中，缺乏法案辩论制度，"审"而少"议"，甚至不"议"的情况十分突出。

第四，不尊重代表的审议结果。目前有一些地方人代会虽然开的场面壮观，讨论也很热烈，但对代表审议意见的处理不够慎重，一些民族自治地方的法规审议成了"意见尽管提，提完扔一边"的过场戏，或者"将代表的审议意见以编印会议简报的形式进行处理"②。尊重代表的智慧，吸取其合理的意见和建议，是确保立法科学的重要方面。而且，尊重代表的表达权，这也是民主制度的基本要求。目前这种草率处理代表意见的做法应尽快改变，以确保自治条例和单行条例立法议案的表决、取舍以及修正建立在代表表达的基础上。

（3）立法审议的建议

针对目前民族自治地方进行自治条例和单行条例审议过程中存在的突出缺陷，要想提高立法审议的质量，增加并科学安排自治条例和单行条例的立法审议时间、提高立法审议中的交涉性、尊重代表的表达权尤为必要。

第一，改变将自治条例和单行条例立法议案提前印发给代表的模糊规定或仅规定提前半个月的做法。真正的民主是需要时间

---

① 孙潮、徐向华：《论我国立法程序的完善》，《中外法学》2003年第5期。
② 赵琢智：《地方人代会不规范现象亟待解决》，《人民代表报》2006年10月17日。

来保证的。自治条例和单行条例立法中应当在立法审议中改变目前表达时间过短的弊病。民族自治地方应当在本地方立法条例或立法规定中明确规定,自治条例议案至少提前一个月的时间印发给各代表。

第二,适当延长自治条例和单项条例议案的审议时间和代表的发言时间。尽管地方组织法、立法法以及民族自治地方的立法条例或立法规定中,不宜具体规定人代会召开的期间,但是地方人代会在时间安排上必须适当延长召开时间。在会议中,应改变现行法律不问议题而绝对平均分配时间的规定,对于一般议题,仍适用原来的规定,对于特别重要的议题,由常务委员会或大会主席团决定适当延长代表在会议上的发言时间。只有如此,才能为代表真实意思的表达提供更加充裕的机会,从而最大程度发挥代表智慧。

第三,为提高立法审议中的交涉性,有必要建立法案辩论制度。议会辩论通常被定义为,立法机关依议事规则围绕一项动议所举行的正式讨论、争辩和表决。[①] 辩论制度在英、美、德国等发达国家的议会中,普遍采用,从而构成西方议会制度的基础和西方民主制度基石。在我国,全国人大议事规则虽然规定了大会审议议案和发言方式的规则,但自 1979 年以来,大会发言审议讨论议案的方式几乎没有实行过。在分小组讨论时每个代表有充分的时间就某个议案进行讨论,但小组会议广泛交流差,讨论问题地区局限性大,会议行政色彩较浓,有时小组会议召集人把小组会议变成地区工作汇报会和动员会。[②] 在地

[①] 蔡定剑、杜建刚:《国外议会及其立法活动》,中国检察出版社,2002,第40页。

[②] 蔡定剑:《中国人民代表大会制度》,法律出版社,2003,第435页。

方人大会议上,代表们的发言就更稀少。面对稀少发言,其他代表一般仅仅是忠实听众而无任何反驳。从本质上,辩论制度蕴含的民主思想与我国人民代表大会制度的本质是相同的,因此,在自治条例和单行条例立法审议中有条件地引入立法辩论制度,对于强化目前自治条例和单行条例立法交涉机制不足是必要的。

第四,妥善处理代表审议意见。代表针对自治条例和单行条例进行审议,无论其提出多少有见地的审议意见,如果没有一个妥善处理代表意见的制度,提了也是白提,那很多代表就会选择少提或不提。长此以往,自治条例和单行条例的立法就成为机关的"自说自话",代表充分发挥参与立法的功能逐渐减退甚至是欠缺。因此,一方面要形成鼓励代表积极主动提审议意见的良好氛围,法案审议的方式和次数等都需要进一步明确;另一方面更要重视尊重和采纳合理的审议意见,而且这种尊重和采纳要制度化。只有这样,自治条例和单行条例的立法审议才会真正去伪存真,产生优质的自治条例和单行条例。

5. 表决和通过

法案表决是享有表决权的机关和人员,对法案表示最终的、具有决定意义的赞成或否定的态度。与法案审议相比,法案的表决更具有决定法案命运的意义。通过法律草案是指经过享有表决权者的表决,使法律草案获得法定人数以上的赞成票。自治条例草案表决稿,由主席团提请大会全体会议表决,以全体代表过 2/3 通过,单行条例草案表决稿,以全体代表过半数通过。

在这一阶段,自治条例和单行条例立法程序存在一个突出问题,就是表决方式无法体现代表个人的不同意见。时至今日,我国法律、地方性法规中只是规定了表决稿应提交代表大会或常委会审议，对审议和表决方式并无明确规定。实践中，地方权力机关一般采取整体表决的方法来进行。然而这种方法却因"投票者可能会赞同法案的若干部分，而对有些部分可能并不满意，不赞同，要求做出种种修正"①，这不仅抹杀了立法程序的民主性，而且极大地损害了其交涉性。致使立法表决成了或赞成或反对或弃权的"三选一"游戏。尽管在立法审议阶段，代表对法案已经享有提出修正或异议的机会和权利，但对于特别重要法案，特别是自治条例和单行条例草案，在表决环节再次把关应是必要的。因此，地方立法这种不分轻重一律采取整体表决的做法，务必进行改革。

为解决整体表决方式所带来的弊端，有必要建立自治条例和单行条例立法表决的逐条表决机制。逐条表决是相对于整体表决而言的，它是指对于付诸表决的立法议案，代表们在表决时可以对有些条款提出修正案并就修正案进行逐条表决，然后对整个法案再进行整体表决。在国外，部分表决往往是在作为立法机关审议法律草案时的一种方式进行的，如在二读或三读阶段，议员们对整体表决提出异议，或整体表决无法获得通过时，就可以通过部分表决的方式，发现各方争议的焦点所在，通过对部分表决没有通过的内容或条文进行修改或删除，来达到总体意见的一致，进而实现整体表决通过的目标。② 应当承认，立法中的逐条表决制度，对于提高立法的民主性和科学性是十分必要的。在我国立法工作中，整体审议和整体表决是通行的做法。其历史渊源虽不必探究，但其合理性却颇值得怀疑，因为它对立法民主性和严肃

---

① 吴大英、任允正、李林：《比较立法制度》，群众出版社，1992，第333页。
② 马怀德：《中国立法体制、程序与监督》，中国法制出版社，1999，第257~258页。

性的制约作用是十分明显的。因此，在我国立法的整体表决制度改革中，建立自治条例和单行条例立法表决的逐条表决机制是必要的。重庆市 2001 年通过的《重庆市人民代表大会及其常务委员会地方立法程序规定》第 46 条首次提出了地方性法规案的"单独表决"制度。① 这一做法，很值得在自治条例和单行条例立法中进行推广。

6. 批准

自治条例和单行条例的制定程序与其他地方性法规的制定程序不同，有其独特之处，即报批程序。根据《宪法》和《立法法》的规定，自治区的自治条例和单行条例须报全国人民代表大会常务委员会批准后生效。自治州、自治县（旗）的自治条例和单行条例，须报省、自治区、直辖市的人民代表大会常务委员会批准后生效，同时由省、自治区、直辖市的人民代表大会常务委员会报全国人民代表大会常务委员会和国务院备案。

对这一报批程序的理解，《宪法》《民族区域自治法》《立法法》对自治条例的批准程序属于立法程序还是立法监督程序未作明确的界定。法学界有两种观点：一种观点认为，自治法规的制定机关和批准机关是分别设置的，因此制定机关和批准机关对于自治法规都享有"半个立法权"，离开任何一方，自治法规都不能产生；② 另一

---

① 《重庆市人民代表大会及其常务委员会地方立法程序规定》第 46 条规定："常务委员会全体会议表决法规草案表决稿时，有修正案的，先审议、表决修正案。对法规草案表决稿中有重大争议的条款，法制委员会可以提出供选择的修改方案，由主任会议决定提请常务委员会全体会议单独表决。常务委员会全体会议表决法规草案表决稿及其修正案和有重大争议的条款，由常务委员会全体组成人员的过半数通过。"

② 敖俊德：《论民族区域自治地方立法在我国立法体制中的地位》，《西南民族学院学报》（哲学社会科学版）2003 年第 6 期。

种观点认为,自治法规依法报请全国人民代表大会常务委员会或省级人民代表大会常务委员会批准,这里的"批准",是上级人民代表大会常务委员会依法行使立法监督权,目的在于保障国家法制的统一。①

两种观点都有道理,但无论是"半个立法权"还是"立法监督权",报批制使立法自治权失去了完整性,并且严重地影响了自治区自治条例和单行条例的"出炉",反映出单一制国家结构形式的我国对民族自治地方瞻前顾后的态度。以《广西壮族自治区自治条例》的制定为例,从1984年开始就由广西壮族自治区人民代表大会常务委员会组织班子进行起草,经过广泛征求意见,先后九易其稿,自治区人民代表大会第六、第七届常委会进行专题讨论,并报自治区党委审查,1987年第一次报中央审批,未获批准。1988年再次成立领导小组修改,1989年派专人赴京向全国人民代表大会常务委员会汇报,全国人民代表大会常务委员会也两次派出工作组来指导和帮助起草,经过反复修改、论证,形成草案第18稿,1990年第二次呈报中央。全国人民代表大会常务委员会将草案征求各部委意见,除少数部委同意或提出一些修改意见外,多数部委对草案一些主要问题提出不同意见,理由是草案有些条文规范的内容与国家现行行政法规或部门规章相抵触。根据各部委的意见又组织多次修改,前后花费了十几年的时间,至今仍未出台。②

因此,既要改变现状,又能实现国家对自治立法的监督,可

---

① 王培英:《论自治条例和单行条例的法律地位问题》,《民族研究》2000年第6期。
② 陈正华:《自治区自治条例出台阻滞的法律经济学分析》,《广西民族研究》2008年第1期。

以考虑将目前的报批制改为备案制,即自治条例、单行条例由民族自治地方的权力机关通过后生效。自治区的自治条例、单行条例报全国人民代表大会常务委员会备案,自治州、自治县(旗)的自治条例、单行条例报省、自治区或者直辖市的人民代表大会常务委员会备案。

7. 公布

法律的公布是指有权公布法律的国家机构或人员,将立法机关所通过的法律以庄重的形式公之于众。公布法律是立法的最后一道程序,也是法律生效的条件。关于自治条例和单行条例的公布,《立法法》已经做出了统一的规定,即表决通过并获得批准机关批准以后,分别由自治区、自治州、自治县(旗)的人民代表大会常务委员会发布公告予以公布,并分别在自治区、自治州、自治县(旗)人民代表大会常务委员会公报和相应的行政区域范围内发行的报纸上及时刊登。由于民族自治地方地理环境偏僻,交通和信息渠道不发达,公布自治条例的刊物无法在同一时间内到达民族自治地方的各个地区。因此,在自治条例公布后,有必要经过一段时间,在保证民族自治地方的每一个地区、每一个公民都知晓自治条例的基础上使之生效。

综上可以看出,与地方性法规的制定程序不同,自治条例和单行条例的制定程序有以下几个特点。一是自治条例和单行条例不能由民族自治地方的人民代表大会常务委员会制定,只能由人民代表大会制定。但是,自治条例和单行条例案可以由常委会向人民代表大会提出,或由其他提案人向常委会提出,经常委会审议后,再提请人民代表大会审议。二是自治区的自治条例和单行条例须报全国人民代表大会常务委员会批准后生效。自治州、自治县(旗)的自治条例和单行条例,须报省、自治区、直辖市的人民代表大会常务委员会批准后生效，同时由省、自治区、直辖市的人民代表大会常务委员会报全国人民代表大会常务委员会和国务院备案。三是自治条例和单行条例报经批准后，分别由自治区、自治州、自治县（旗）的人民代表大会常务委员会发布公告予以公布。①

当然，以上只是从相关法律的规定梳理的自治条例和单行条例的立法程序。事实上，在自治条例和单行条例制定的实际过程中，存在一些非法定程序，如民族自治地方制定自治条例时，在进入法定程序前，对自治条例草案须报党委逐级审批，自治区的自治条例还需征求国务院相关部委的意见。在自治条例和单行条例制定的过程中，必须考虑到中国共产党的领导对立法程序的影响。中国共产党是我国的执政党，毋庸讳言，我国的一切立法工作，都是在中国共产党的领导下进行的，民族自治地方的自治立法当然也不例外。如自治区自治条例的起草工作，一般都是先由该自治区的中国共产党自治区委员会牵头，组成由自治区人民代表大会常务委员会、人民政府等部门的负责同志参加的起草领导小组或起草委员会，并组成起草工作班子进行起草。自治区自治条例和单行条例所涉及的自治机关如何行使自治权，如何加速发展自治区经济文化建设的重大问题，以及自治区内各民族关系的调整等，都是在自治区党委领导下做出决策和进行协调的。中国共产党并不是制定法律的主体，它的意志在上升为国家意志之前，并不一定能代表人民的意志。为了能真正地达到政治统治的目的，它必须将其意志上升为国家意志，而最高效的方式莫过于法制化。法定的立法过程虽然没有它的身影，但现实中它对立法的影响却是潜移默

---

① 朱力宇、张曙光：《立法学》，中国人民大学出版社，2006，第175~176页。

化的。

(二) 变通、补充规定的制定程序

《宪法》和《民族区域自治法》都没有具体规定自治立法对法律、行政法规如何进行变通。《立法法》第 66 条第 2 款规定,自治条例和单行条例可以依照当地民族的特点,对法律和行政法规的规定做出变通规定,但不得违背法律或者行政法规的基本原则,不得对宪法和民族区域自治法的规定以及其他法律、行政法规专门就民族自治地方所做的规定做出变通规定。可见,《宪法》《民族区域自治法》《立法法》没有规定变通和补充规定的制定程序。从理论上说,变通和补充规定属于地方性法规的范畴,也属于自治立法的范畴,因此变通和补充规定的制定程序既可以依照地方性法规的制定程序,也可以依照民族自治地方自治条例和单行条例的制定程序。但其实变通和补充规定的制定程序既不完全和地方性法规的制定程序相同,也不完全和自治条例及单行条例的制定程序相同。

变通和补充规定的制定程序之所以不同于地方性法规的制定程序,一方面是因为变通和补充规定除了《立法法》第 66 条的笼统授权外,更多是依据法律的具体条款授权而获得制定变通和补充规定权的,因此具体授权条款有时要求变通或补充规定需要报批,而地方性法规则一般不存在报批程序。另一方面法律授权民族自治地方自治机关进行变通和补充规定时,授予的制定主体并不都是民族自治地方的人大或其常委会,有时只是笼统授予民族自治地方自治机关都享有变通和补充规定,如《森林法》和《国旗法》都只是这样笼统的授权,这就意味着变通和补充规定的制定主体既可能是民族自治地方的人大或其常委会,也可能是民族自治地方的行政机关。当民族自治地方的行政机关进行变通或补充规定的时候，其遵循的就是中华人民共和国地方各级人民代表大会和地方各级人民政府组织法的规定，更多的还是参照《行政法规制定程序条例》规定的程序进行，而这就区别于一般地方性法规的制定程序。

更多的时候，人们常常把制定自治条例和单行条例的制定程序运用于变通和补充规定的制定程序，但是，两者的制定程序也并不是完全等同的。变通和补充规定的制定程序之所以不同于自治条例及单行条例的制定程序，一方面，变通和补充规定的制定主体既可能是民族自治地方的人大，也可能是其常委会，有时还可能是民族自治地方的行政机关，而自治条例和单行条例的制定主体只能是民族自治地方的人大，人大制定规范性文件的程序与人大常委会制定规范性文件的程序存在一定的差别，更何况还存在政府也制定变通或补充规定的情况，在政府制定变通或补充规定时，其所遵循的程序与人大制定变通或补充规定的程序就更不一样了。另一方面制定自治条例和单行条例必须报相应上级机关批准方可生效，而制定变通或补充规定的时候，有时则不需要报批就可以生效。可见，虽然制定变通或补充规定也属于自治立法的范畴，但其制定程序与制定自治条例和单行条例这两种自治立法时所遵循的程序并不意味着是相同的。

因此，考察变通或补充规定的制定程序，首先可以确定其与自治条例及单行条例制定程序的区别是，自治条例和单行条例常常是《宪法》《民族区域自治法》《立法法》的笼统授权而进行自治立法，因此制定自治条例和单行条例需要自主的立法规划，但由于变通或补充规定主要是根据法律授权对法律或行政法规进行变通或补充规定，其存在的前提是已经存在法律或行政法规，但由于这些法律或行政法规不适应民族自治地方的客观实际，需要变通或补充规定,从而才产生变通或补充规定制定权的,因此变通或补充规定难以存在自主的立法规划。除了这点区别可以确定以外,要把握变通或补充规定的制定程序与制定自治条例和单行条例程序的异同,就要根据变通或补充规定的制定主体情况进行区别。

如果是民族自治地方的人大在进行变通或补充规定,其制定程序基本上雷同于自治条例和单行条例的制定程序,但即使是这种情况,其报批程序也不完全一样,因为虽然自治州、自治县变通和补充规定一律经所在省或自治区的人大常委会批准后生效,报全国人大常委会备案,但就自治区一级而言,自治区变通规定的制定程序以是否报请批准划分也有两种:一种不需要报请全国人大常委会批准,只报全国人大常委会备案,例如内蒙古、新疆、宁夏、西藏4个自治区制定的关于《婚姻法》的变通规定就属于这一种,这是《婚姻法》授权条文明确规定的,此时变通或补充规定的制定程序有别于自治条例和单行条例都要报批的程序。另一种同自治区自治条例、单行条例一样,报全国人大常委会批准后生效。这是《刑法》《民法通则》等法律授权条文明确规定的,此时变通或补充规定的制定程序基本上等同于自治条例和单行条例的制定程序。

如果是民族自治地方的人大常委会进行变通或补充规定,抛开报批程序这一环节,其遵循的程序就更接近于一般地方性法规的制定程序。而一般地方性法规的制定程序与自治条例和单行条例的制定程序是存在很大区别的。譬如,就法案审议这一环节而言,自治地方的人大制定自治条例或单行条例时,常常是根据《地方组织法》第14条规定,由提出机关向大会作该草案的说明,由大会主席团决定交各代表团(组)审议,或者提交议案审查委员会或有关专门委员会审议并提出报告,再由主席团提交大会表决。但是，民族自治地方的人大常委会进行变通或补充规定，则是由人大常委会法律委员会根据常委会组成人员、有关的专门委员会的审议意见和各方面提出的意见，对法律案进行统一审议。

如果是民族自治地方的政府进行变通或补充规定，其遵循的程序与制定自治条例和单行条例的程序是大不相同的。此时，变通或补充规定更接近于政府规章，其制定程序主要依据《地方组织法》和《行政法规制定程序条例》规定的程序进行。政府在制定变通或补充规定时，其行政立法活动兼具立法性质和行政性质。也就是说，这种活动的性质是立法活动，而从事这种活动的主体却是行政机关。因此，行政立法活动必然带有行政机关活动的色彩。行政机关的运行体制特别是行政首长负责制，与法的民主等方面的本质要求会形成一种内在的紧张关系，行政立法在反映人民的意志方面，与行政首长负责制所表现出来的行政意志甚至个人意志发生冲突是完全可能的。所以，政府制定变通或补充规定时，公众的立法知情权、参与立法权就更需要得到保障，所以，目前在制定自治条例或单项条例甚至是一般地方性法规的时候，立法听证还不是必需的环节，但政府在进行变通或补充规定时，常常要强调立法听证这一重要的程序环节。

二　自治立法产出数量

有关民族自治地方自治立法的数量，目前已公布的文件、报刊和相关的法律法规汇编中，尚无完整、确切与权威的统计数字。可能由于统计指标取舍不同，也可能存在着对自治立法认识的差异，即便同一时期公布的数字也不尽相同，甚至出现了2006年全国人大常委会执法检查组公布的数字反比2008年、

2009 年的一些统计数字还多的情形。①

(一) 自治条例立法情况

从 1984 年 5 月 31 日《民族区域自治法》通过至今为止,我国 5 个自治区,30 个自治州、120 个自治县(旗),共制定颁布了 137 个自治条例。其中,30 个自治州颁布了 25 个自治条例,120 个自治县(旗)颁布了 112 个自治条例。目前,5 个自治区,新疆的 5 个自治州、8 个自治县未制定自治条例。

在已颁布的 137 件自治条例中,单一民族实行区域自治的自治条例,自治州 15 件、自治县(旗)80 件;两个民族共同实行

---

① 有关报刊文件及法律法规汇编关于自治立法的统计情况大致有以下几种数据:①马启智:《新中国 60 年民族法制建设》,《求是》2009 年第 20 期,该文的统计是:截至 2008 年年底,民族自治地方制定了 137 个自治条例、510 个单行条例,75 个变通和补充规定;②杨晶、杨传堂:《光辉的实践,正确的道路——新中国民族工作 60 年的成就和经验》,《求是》2009 年第 19 期,该文的统计是:民族自治地方已先后制定了 637 个自治条例、单行条例以及对有关法律的变通和补充规定;③王兆国:《健全地方政权体制,完善人大制度》,《人民日报》2009 年 12 月 22 日,该文的统计是:截至 2008 年年底,全国各地现行有效的地方性法规、自治条例和单行条例 8649 件,其中……自治条例 138 件,单行条例 560 件;④国务院新闻办公室:《中国的民族政策与各民族共同繁荣发展》(白皮书,人民出版社,2009),该文的统计是:截至 2008 年年底,民族自治地方共制定了 637 件自治条例、单行条例及对有关法律的变通或补充规定;⑤全国人大民族委员会:《中华人民共和国民族法律法规全书》(中国民主法制出版社,2008),收录的自治条例 136 件、单行条例 474 件、变通补充规定 70 件,总计 680 件;⑥毛公宁:《细数三十年民族法制建设大发展》,《法制日报》2008 年 12 月 14 日,该文的统计是:目前全国 155 个民族自治地方出台自治条例 134 个,单行条例 418 个,对相关法律的变通和补充规定 74 件;⑦全国人大常委会执法检查组:《关于检查〈中华人民共和国民族区域自治法〉实施情况的报告》,该报告的统计是:到 2006 年 12 月,已出台颁布规章 3 件,自治条例 135 个,单行条例 447 个,变通或补充规定 75 件。本文的数据主要根据全国人民代表大会民族委员会编,由中国民主制出版社,2008 年出版的《中华人民共和国民族法律法规全书》所列汇编法律法规(收录法律法规截至 2007 年 12 月),以及 2008 年 1 月至 2009 年 12 月先后又颁布的 1 件自治条例、14 件自治州单行条例和 1 件自治县单行条例、5 件变通或补充规定统计得出。

区域自治的自治条例,自治州10件、自治县(旗)23件;三个民族共同实行区域自治的自治条例,自治县(旗)6件;四个民族共同实行区域自治的自治条例,自治县1件;若干民族联合(即各族)实行区域自治的自治条例,自治县2件。显然,单一民族和两个民族共同实行区域自治,是中国民族区域自治制度的主要形式,同样,单一民族和两个民族共同实行区域自治的自治条例,也是自治条例中的主要形式。

自2002年12月16日开始至2007年7月27日止,已经颁布的25个自治州自治条例,有21个完成了修改,还有4个尚在修改过程中。截至2007年10月,已经有72个自治县(旗)自治条例修正后批准颁布,尚有4个自治州自治条例、40个自治县(旗)自治条例没有修正。此外,5个自治区、新疆的5个自治州6个自治县、重庆市2个自治县还没有制定自治条例,自治立法的任务仍然相当繁重。

需要注意的是,5个自治区至今没有出台自治条例。根据笔者现在所掌握的文献资料,在全国5个自治区当中,内蒙古自治区和广西壮族自治区的自治条例草案起步最早,反复修改时间最长,先后形成的草案稿最多。其他3个自治区也都在起草自治条例草案。如成立最晚的西藏自治区,其自治条例也先后完成了15稿。5个自治区自治条例未能出台的原因是多方面的,既有我国经济发展体制改革方面的制度原因,也有立法本身不成熟的客观原因,但究其根本原因还是在于中央与民族自治地方权限划分不明确。[①] 但无论什么原因,作为我国社会主义民族法规体系重要组成部分的自治区一级的自治条例尽快出台是十分必要的。

[①] 王仁定:《关于制定自治区自治条例问题的思考》,《内蒙古师范大学学报》(哲学社会科学版)2001年第2期。

（二）单行条例立法情况

以 1985 年 10 月 10 日实施的《化隆回族自治县普及初等义务教育暂行条例》为起点，以 2009 年 11 月 1 日施行的《长阳土家族自治县新型农村合作医疗条例》为截止点，民族自治地方的单行条例已经制定了 489 件。其中，30 个自治州共制定了 233 件单行条例，120 个自治县（旗）共制定了 256 件单行条例。

对自治州来说，平均每个自治州制定单行条例 7.77 件，制定单行条例最多的是延边朝鲜族自治州，共 27 件；制定单行条例最少的是昌吉回族自治州和博尔塔拉蒙古自治州各只有 1 件。至今尚未制定单行条例的只有云南省迪庆藏族自治州和克孜勒苏柯尔克孜自治州。

对自治县（旗）来说，最早制定的单行条例是 1991 年 4 月 27 日《杜尔伯特蒙古族自治县蒙古语文工作条例》和 1991 年 6 月 26 日《民和回族土族自治县造林绿化管理条例》，从此拉开了自治县（旗）单行条例制定的序幕。平均每个自治县（旗）制定单行条例 2.13 件，长阳土家族自治县 11 件，杜尔伯特蒙古族自治县 10 件，是制定单行条例最多的自治县；有 21 个自治县（旗）只制定了 1 件单行条例。

通过比较，可以发现平均每个自治州制定单行条例的件数大于平均每个自治县（旗）制定单行条例的件数，是每个县（旗）制定单行条例件数的 3.65 倍，制定单行条例是自治州人民代表大会的主要立法手段，也是自治法规体系中数量最多，涉及领域最广的自治立法形式。自治州一级制定单行条例的步伐大大快于自治区、自治县（旗）两级。

然而，从总体来看，民族区域自治从某种意义上讲，是通过制定、实施单行条例来实现的，可是制定单行条例的自治地方数量不多，从而造成自治权的虚设。比如云南省共有 8 个自治州，29 个自治县，共 37 个自治单位。但是，总共只有 18 个民族自治单位制定过单行条例，占总数的 48.6%。如此一来，国家赋予民族自治地方自主灵活处理本地方事务的权力形同虚设。

（三）变通规定立法情况

目前，全国 155 个民族自治地方共制定了 75 个变通和补充规定，从变通规定和补充规定的立法分布情况看，我国的 5 个自治区共制定了 7 个变通规定和补充规定，约占全部变通规定和补充规定的 9.3%。30 个自治州共制定了 32 个变通和补充规定，约占全部变通和补充规定的 42.7%。122 个自治县（旗）共制定了 36 个变通和补充规定，约占全部变通和补充规定的 48.0%。

自 1978 年党的十一届三中全会以后，我国民族自治地方的自治立法工作进入了一个新的发展时期，尤其是 1982 年《宪法》及 1984 年《民族区域自治法》的颁布实施，极大地促进了民族自治地方的自治立法工作。1993 年 3 月 29 日，《宪法》第二次修正案通过，进一步推动了民族自治地方的自治立法进程。2001 年 2 月 28 日，《民族区域自治法》修正案通过后，民族自治地方自治立法工作进入了一个新的繁荣发展时期。本书以这几部标志性立法为分界点，分别阐述各民族自治地方不同阶段制定的变通规定的主要内容和特点。

第一阶段从 1978 年 12 月至 1984 年 10 月，即党的十一届三中全会胜利召开到《民族区域自治法》的颁布实施。这一阶段，各民族自治地方共制定变通规定 25 个。其中，对《选举法》的变通规定 5 个，对《婚姻法》的变通规定 20 个。对选举法做出变通规定的有凉山彝族自治州、黔南布依族苗族自治州、黔西南布依族苗族自治州、镇宁布依族苗族自治县、威宁彝族回族苗族自治县 5 个民族自治地方。第二阶段从 1984 年 10 月至 1993 年 3 月,即从《民族区域自治法》的颁布实施至《宪法》第二次修正案通过。这一阶段,各民族自治地方共制定通过 18 个变通规定。第三阶段从 1993 年 4 月至 2001 年 2 月,即《宪法》第二次修正案的公布实施到《民族区域自治法》修正案的通过。这一时期,我国各民族自治地方共制定了 17 个变通和补充规定。第四阶段从 2001 年 3 月至今。2001 年 2 月《民族区域自治法》修正案通过,标志着民族自治地方的自治立法工作进入了一个新的发展阶段。这一时期,各民族自治地方针对新时期本地区社会经济发展中面临的新情况新问题,共制定了 14 个变通规定。

在分析自治立法产出方面,有一点需要特别强调,自治区无论是自治条例和单行条例、变通或补充规定方面的自治立法产出数量上都是十分有限的。一是在自治条例方面。虽然 5 大自治区建立以来,各自治区一直没有松懈自治条例的制定工作,为此花费了大量的财力、物力。如广西、内蒙古先后起草了数十稿。但鉴于无法协调利益关系等诸多原因,5 个自治区一直没有出台实施自治条例。二是在单行条例方面。虽然《宪法》和《民族区域自治法》以及《立法法》规定了自治区的人民代表大会有权根据本地实际情况制定单行条例,但由于单行条例的特点和自治区的实际情况决定了自治区很难制定出能够涵盖整个自治区的单行条例,因此难于出台能够在自治区范围内起法规作用的单行条例。三是对法律的变通或者补充规定方面。根据《宪法》《立法法》《民族区域自治法》规定,自治区的人民代表大会及其常委会有权根据法律法规的基本原则,依照当地民族的政治、经济和文化的特点,可以经过法定的机关批准备案,变通和补充执行特定的法律法规和其他规范性文件,以便法律法规在自治地方有效贯彻实施。但自治区行使对法律的变通和补充权也十分谨慎,目前5个自治区只制定了7个变通和补充规定。四是在实施《民族区域自治法》的法规规章方面。2001年新修改的《民族区域自治法》第73条规定,自治区的人民代表大会及其常委会结合当地实际情况,制定实施本法的具体办法;2005年《国务院实施〈民族区域自治法〉若干规定》第34条也规定,自治区人民政府在职权范围内,根据本规定制定具体办法,并将执行情况向国务院报告。其实,自《民族区域自治法》实施以后,辖有自治地方的省、直辖市在制定实施《民族区域自治法》的法规规章方面已经做了大量工作,并于1988~1994年相继出台实施了一些地方法规规章。其中,甘肃、湖北、湖南、海南4省人民代表大会常务委员会发布了《实施〈民族区域自治法〉的若干规定》,四川、青海、广东、云南、辽宁、河北、贵州、吉林8省人民政府发布了《实施〈民族区域自治法〉的若干规定》。① 但是,由于各方面原因,迄今为止,自治区实施《民族区域自治法》的法规规章无一通过实施。

通过分析,我们看到,根据《宪法》《民族区域自治法》《立法法》的规定,自治区、自治州、自治县(旗)三级自治地方都享有制定自治条例、单行条例、变通或者补充规定的民族自治立法权。虽然自治州、自治县(旗)总体立法数量不多,没有制定自治条例和单行条例的自治州、自治县(旗)为数不少,但毕竟或多或少有一定的自治立法产出,30个自治州毕竟产出了25个自治条例、233个单行条例、32个变通或补充规定,120

---

① 甘肃(1988年)、湖北(1988年)、湖南(1990年)、海南(1994年)省人民代表大会常务委员会通过了《实施〈民族区域自治法〉的若干规定》;四川(1986年)、青海(1987年)、广东(1988年)、云南(1988年)、辽宁(1989年)、河北(1991年)、贵州(1992年)、吉林(1992年)省人民政府施行了《实施〈民族区域自治法〉的若干规定》。

个自治县（旗）产出了 112 个自治条例、256 个单行条例、36 个变通或补充规定。然而，自治区一级的自治立法状况却令人失望，自《民族区域自治法》实施 28 年以来，自治区自治立法的最终产出只有 7 个变通或补充规定。

三 自治立法产出质量

无论是自治条例或单行条例，还是变通或补充规定，数量上的产出并不代表自治立法机关的立法效益，通常说来立法机关产生的规范性文件要达到"足够而良好"，才称得上立法机关的立法是有效益的。其中"足够"就是指立法机关生产的规范性文件在数量上达到了充分的程度，"良好"则要求立法机关所生产的规范性文件在质量上达到了应有的水准。而衡量规范性文件质量水准的高低，通常要考察规范性文件形式和内容两个基本要件，如果一件规范性法律文件所规范的内容是精准的，形式是规范的，则此规范性法律文件就是"良好"的规范性法律文件；反之，此规范性法律文件就可能是低质量的，甚至是恶法。因此，我们在考察了自治立法的数量产出后，还需要分析其生产的自治立法规范的形式和内容，只有这样，方可准确把握自治立法产出的实际效果。

（一）自治条例立法质量分析

1. 自治条例的体例与结构分析

就所制定的自治条例而言，各民族自治地方自治条例的体例主要有两种模式：一是分别设章，采取章、条、款、项的体例表述自治规范，如《延边朝鲜族自治州自治条例》。绝大多数民族自治地方自治条例的体例采用这种模式。二是不设章，仅以条、款、项的体例表述自治规范，此种模式较为鲜见，如《新晃侗族自治县自治条例》《乐东黎族自治县自治条例》等。

从已有的137件自治条例的文本结构来分析，无论是自治州还是自治县（旗），自治条例的文本结构基本上是模仿《民族区域自治法》的样式，民族区域自治法的文本结构是："序言＋七章式结构"。在25个自治州自治条例的文本结构中有5个是七章式结构、13个是八章式结构、5个是九章式结构、2个是十章式结构。这里可以看出八章式结构是主流样式，文本结构样式的差异，从另外一个角度反映出各个自治州的社会、经济和文化的多样性和发展的不平衡性。自治州自治条例文本结构设计的基本顺序是：总则—自治机关—审判与检察机关—经济建设—财政管理—科教文卫—民族关系—附则。这一顺序的依据：一是《民族区域自治法》的文本结构样式，二是《民族区域自治法》中关于自治权的条款内容。这是一种从抽象到具体、从总体到个别的逻辑关系。

之所以出现有5件是七章式结构、5件是九章式结构、2件是十章式结构，主要是个别项目的分合而已，基本的结构还是大同小异。当然，一些项目的分合也反映了立法者对自治条例性质的认识与深化。例如一些自治条例将"自治机关与人民法院和人民检察院"或"自治机关与其他地方国家机关"列为一章，在这种情况下，文本就变成了七章式结构。然而，这样处理却反映出立法者对于自治机关和人民法院、人民检察院的性质及其相互关系认识不清楚。因为人民法院、人民检察院不属于自治机关，当然不应该把两者放在一章进行规范。一些自治条例，如云南迪庆和西双版纳两个州自治条例都将"干部和专业人才的培养管理"单独列为一章，这种情况下文本就变成了九章式结构，但是随着《中华人民共和国公务员法》的施行，民族区域自治法中关于干部、职工、专业人员的规定是否还有必要，要不要在自治条例中体现，自治条例能否规范，都是需要进一步探讨的问题。一些自治条例，如云南的大理白族自治州自治条例和文山壮族苗族自治州自治条例，在九章式结构的基础上还增设了"贫困山区建设"一章，但事实上已经有经济建设一章，就没必要再规定"贫困山区建设"一章，单独设立一章是多余的，因为各章之间规范的内容应该是并列关系而不是种属关系。

可见，虽然有部分自治条例增设"干部和专业人才的培养管理""贫困山区建设"之类的章节，但这主要是没有搞清楚各章节规范内容的逻辑所致。所以就已制定的自治条例看，几乎都是模仿《民族区域自治法》的结构，这不仅是一个结构模仿的问题，它还说明一些民族自治地方虽然制定了自治条例，但并不明白自治条例到底要规范什么内容。如《延边朝鲜族自治州自治条例》第 4 条："自治州自治机关维护国家的统一，保证宪法和法律在自治州的遵守和执行，把国家的整体利益放在首位，积极完成上级国家机关交给的各项任务。"第 5 条："自治州自治机关对上级国家机关的决议、决定、命令和批示，如有不适合自治州实际情况的，可以报经该上级国家机关批准，变通执行或者停止执行。"这些条款在《宪法》和《民族区域自治法》中已经规定的十分明确了。我国是单一制的国家体系，维护国家统一的法律制度，是民族自治地方自治机关的基本职责，作为国家的根本大法和基本法都做了规范，自治条例就没有必要将这些条款将个别名词置换后写入条例。这一手法是 137 个自治条例的"通病"，民族自治地方制定自治条例时并不清楚自治条例要规范什么内容，尤其是自治县的自治条例，只是按照《民族区域自治法》的样式"葫芦画瓢"。因此，各民族自治地方再制定自治条例时，还需要恰当安排文本结构，充分考虑文本结构的内在逻辑。

2. 自治条例的内容要件分析

（1）自治条例规范的内容。有人称自治条例是民族自治地方的"小宪法"。因此其规范的内容比较广泛，通常涉及本民族自治地方的自治机关、检察院和法院、经济建设、财政管理、文化和社会事业、干部职工队伍建设、民族关系七大重要内容，部分自治条例还涉及贫困或边远山区建设方面的内容。这些内容虽然多，但就所制定的自治条例而言，民族自治地方自治条例每章的内容除了按照《宪法》《民族区域自治法》《地方政府组织法》基本内容重复规范外，还规定了以下四个方面独有的内容。

第一，对《宪法》《民族区域自治法》的具体化规定。《民族区域自治法》第19条规定："民族自治地方的人民代表大会有权依照当地民族的政治、经济和文化的特点，制定自治条例和单行条例……"这只是一般的概括式规定，并没有对各民族自治地方的自治条例的制定程序做出具体规定，这就需要各民族自治地方在其自治条例中做出具体规定。如《延边朝鲜族自治州自治条例》第11条规定："自治条例须由自治州人民代表大会以全体代表的三分之二以上的多数通过。自治条例的修改，由自治州人民代表大会常务委员会或者五分之一以上的州人民代表大会代表提议，并由自治州人民代表大会以全体代表的三分之二以上的多数通过。单行条例的制定与修改由自治州人民代表大会以全体代表的过半数通过。"又如《民族区域自治法》第36条规定："民族自治地方的自治机关根据国家的教育方针，依照法律规定，决定本地方的教育规划，各级各类学校的设置、学制、办学形式、教学内容、教学用语和招生办法。"将各民族自治地方的教育自治权概括地授予民族自治地方的自治机关行使，由民族自治地方的自治机关根据当地民族的特点和教育发展水平自行规定。吉林省《延边朝鲜族自治州自治条例》第54条第1款规定："自治州自治机关根据实际情况，在州内分别设立以朝、汉两种语言文字授课的中、小学校，也可以设立朝、汉两种语言文字分班授课的中、小学校。经州教育行政部门同意，有条件的朝鲜族学校部分课程可以用汉语言文字授课。"这就属于对上述《民族区域自治法》所授予的教育自治权的具体化规范。

第二，民族自治地方的特有规范。由于各民族自治地方的少数民族成分、传统文化、风俗习惯等方面存在差异，各民族自治地方在政治、经济、文化及社会发展方面也必然存在差异，而《宪法》和《民族区域自治法》是调整民族区域自治的一般性规范，对各民族自治地方的特有社会关系和特有的社会问题无法做出具体规定。因此，各民族自治地方自治条例的内容中必然包括具有鲜明民族特点和地方特点的规范。如《果洛藏族自治州自治条例》第13条规定："自治州的自治机关执行职务时，同时或者分别使用藏、汉两种语言文字。自治机关鼓励各民族干部互相学习语言文字。汉族干部要学习藏族的语言文字，藏族干部在学习使用本民族语言文字的同时也要学习全国通用的普通话和汉文。对能够熟练使用藏、汉两种语言文字的干部予以奖励。自治州的国家机关和企事业单位的公章、牌匾，一律并用藏、汉两种文字。自治州的自治机关设立藏语文翻译和研究工作机构，做好藏语文的翻译和研究工作，促进藏语文不断发展。"《孟连傣族拉祜族佤族自治县自治条例》第37条第2款、第3款规定："自治县内招收少数民族学生为主的小学，有民族文字的实行双语教学，没有民族文字的用当地民族语言辅助教学……自治县初中、高中招生时，对少数民族学生的录取年龄和分数要适当放宽……"《耿马傣族佤族自治县自治条例》第58条规定："……傣族的泼水节、佤族的新米节和其他民族的传统节日应当受到尊重。"《普洱哈尼族彝族自治县自治条例》第51条规定："每年12月15日是自治县成立纪念日，12月31日为民族团结纪念日，全县各放假1天。哈尼族苦扎扎节、彝族火把节，全县各放假3

天。各民族的传统节日都应当受到尊重。"

第三，对民族自治地方自治机关自治权的具体规范。自治条例是体现民族区域自治制度的法律规范，目的是建立一个行使自治权的法律秩序。因此，自治条例核心内容是关于自治机关各项自治权的具体规范。

对人事自治权的规定主要体现在自治机关的组织机构方面和人事任用方面。如《延边朝鲜族自治州自治条例》第 12 条规定："自治州人民代表大会常务委员会组成人员中，朝鲜族成员可以超过半数，其他民族也应有适当名额。自治州人民代表大会常务委员会主任由朝鲜族公民担任。"第 16 条规定："自治州州长由朝鲜族公民担任。在副州长、秘书长、局长、委员会主任等政府组成人员中，朝鲜族成员可以超过半数。"《湘西土家族苗族自治州自治条例》第 10 条规定："自治州人民代表大会常务委员会的组成人员中，土家族和苗族的公民应当超过半数。自治州人民代表大会常务委员会主任或者副主任中应当有土家族、苗族的公民。"《楚雄彝族自治州自治条例》第 20 条规定："自治州州长由彝族公民担任。彝族和其他少数民族公民在政府组成人员中不少于三分之一。自治州的自治机关所属工作部门的工作人员参照前款比例，逐步配备彝族和其他少数民族干部。"

对立法自治权的规定主要体现在：一是各民族自治地方的人民代表大会有权依照当地民族政治、经济、文化特点和实际需要制定自治条例和单行条例。二是自治条例和单行条例可以依照当地民族的特点，对法律和行政法规的规定做出变通规定。三是各民族自治地方的人民代表大会有权对自治条例和单行条例进行解释。如《楚雄彝族自治州自治条例》第 15 条规定："自治州自治条例和单行条例的制定和修改，由自治州人民代表大会全体代表过半数通过，报云南省人民代表大会常务委员会批准后生效。"

　　由于历史的原因，我国大多数少数民族都生活在边远、贫困的地区，行使经济自治权，发展民族自治地方经济就成为各少数民族自治地方自治机关工作的重中之重，也是民族自治地方自治条例规定的核心内容。各民族自治地方自治条例对经济自治权的规定主要体现在制定民族自治地方宏观经济政策，制定经济发展规划和产业政策，开展对外贸易。如《红河哈尼族彝族自治州自治条例》第26条规定："自治州的自治机关坚持从实际出发，制定经济建设的方针政策，充分发挥有色金属、煤炭和其他矿产资源，热带、亚热带作物资源，山林草场资源，水能资源和大中型企业的优势。积极发展坝区经济，加速山区、边远地区的开发和建设，发展社会生产力，逐步提高各族人民的物质生活水平。"《海北藏族自治州自治条例》第38条规定："自治州的自治机关重视旅游业的发展，加大对旅游业基础设施建设，加强本地区民族风情、民俗、历史文化遗产和自然景观的保护和合理开发，逐步把旅游业培育成为新兴产业。对自治州境内的旅游资源实行依法保护、依法开发、依法管理。"《连南瑶族自治县自治条例》第37条规定："自治县进一步扩大发展外向型经济，鼓励发展优势产品出口和劳务合作，对自治县经济发展急需的技术、设备，在进口管理上享受国家给予自治县的优惠照顾。属国家控制发展的利用外资项目和涉及许可证配额的进出口货物，按照上级国家机关的规定享受优惠照顾。"

　　民族自治地方的财政是一级地方财政，是国家财政的组成部分，财政自治权是我国民族自治地方自治机关一项重要的自治权力，是振兴民族经济，推动民族自治地方发展的关键，因此也是民族自治地方自治条例规定的重要内容之一。如《马边彝族自治县自治条例》第42条规定："自治县在全国统一的财政体制下，通过国家实行的规范的财政转移支付制度，应当享受一般性财政转移支付、专项财政转移支付、民族优惠政策财政转移支付和国家、省、市确定的其他方式财政转移支付的照顾。同时享受省、市对自治县共享收入全部返还的照顾。自治机关在执行财政预算过程中，由于企业、事业单位隶属关系的改变和遭受严重自然灾害等原因，使财政减收增支时，报请上级国家机关增大转移支付补助的力度。"《果洛藏族自治州自治条例》第 30 条第 2 款规定："上级国家机关和经济组织在本州兴办企业，要给自治州返还一部分利税。返还比例由双方根据国家规定的原则协商确定，返还给自治州的部分，不列为自治州的财政包干基数，不抵减上级补贴，作为自治州发展经济建设的专项资金，由自治州自行安排使用。"

教育、科学、文化、体育、卫生事业等自治权也是民族自治地方自治权的重要内容，因而在民族自治地方自治条例中也有所体现。如《湘西土家族苗族自治州自治条例》第 35 条规定："自治州的自治机关对居住分散的乡村采取多种形式办学，对特别贫困的少数民族地区，设立以助学金和寄宿制为主的公办民族小学和民族中学。改善中小学教育设施和环境。当地财政困难的，报请上级财政给予补助。自治州的自治机关对开办少数民族学生为主的学校，汉语教学有困难的地方可以同时采用本民族语言进行教学，并积极推广全国通用的普通话和规范汉字。"第 36 条规定："设立在自治州内的高等院校和中等专业学校，对特别贫困的地区实行定向、定额招生的办法，对本州少数民族考生适当放宽录取标准和条件。"《马边彝族自治县自治条例》第 54 条第 2~4 款规定："自治机关保护历史文物、名胜古迹，收集、整理各民族文化遗产。加强档案的管理和利用，重视地方志的编纂工作。自治机关应当积极扶持少数民族文字出版物的编译和出版工作。自治机关自主地管理自治县的体育事业,继承和发展民族传统体育项目,发掘和培养各民族的体育人才……"《耿马傣族佤族自治县自治条例》第 47 条第 3 款规定:"自治县的自治机关重视傣医、佤医和其他民族传统医药的发掘、整理和应用。"

第四,对民族自治地方民族关系的规范。这类规范是指协调和处理本自治区域民族关系的规范,包括处理自治民族与非自治民族关系的规范,自治机关与民族群众的关系规范等。如《道真仡佬族苗族自治县自治条例》第 54 条规定:"自治县的自治机关保障本地方各民族都有使用和发展自己语言文字的自由,都有保持或者改革自己的风俗习惯的自由,尊重各民族的传统节日。自治县的自治机关教育各族的干部和群众互相信任,互相学习,互相帮助,互相尊重风俗习惯,维护各民族的团结,共同建设民族自治地方。"《双江拉祜族佤族布朗族傣族自治县自治条例》第 57 条规定:"自治县的自治机关保障各民族公民有互相通婚的自由。对子女的族别,可随父或者随母。"

(2) 自治条例规范的内容缺陷。"法律的生命在于它的实施。法律的现实合理性是衡量法律优劣的一个重要尺度。"① 如前所述,通观我国各民族自治地方现有的自治条例,往往是《民族区域自治法》的"翻版",不仅章节、体例依照《民族区域自治法》编排,连具体内容也是简单转抄,缺乏对自治地方政治、经济、文化发展及少数民族权力和利益保障的针对性、特色性和可操作性的规定。并且,各民族自治地方现行的自治条例大部分是在 20 世纪八九十年代制定的,基本都带有计划经济体制的痕迹,即便是在社会主义市场经济体制确立后制定或者修改

---

① 黄文艺、杨亚非:《立法学》,吉林大学出版社,2002,第 284 页。

过的自治条例也是如此。

第一，我国《宪法》，尤其是《民族区域自治法》已经对民族自治地方的各项自治权作了政策性和原则性规定，民族自治地方的自治条例应以此为依据，对各项自治权的行使范围、方式、责任等做出明确具体规定。但多数自治条例仅对人事自治权、教育文化自治权作了具体规定，缺乏对经济发展、财政、税收、金融、资源开发、民族贸易、生态与环境保护等自治权的具体规定。对于民族关系问题大多数自治条例只是简单重复《宪法》和《民族区域自治法》中关于处理民族关系的基本原则和规定。对于宗教信仰问题，绝大多数自治条例的规定，仅限于对《宪法》第36条关于宗教信仰自由内容的简单重复。而经济方面的自治权、民族关系以及宗教信仰问题恰恰是民族自治地方区别于非民族自治地方的特殊问题，自治条例所要调整和解决的也正是这些具有民族和地方特点的问题。

第二，民族区域自治制度涉及中央与民族自治地方的权限与利益分配，在我国的《宪法》《民族区域自治法》《立法法》中应明确中央与民族自治地方两者之间的权限范围，自治条例应以其为依据对民族自治地方的各项自治权加以具体地规定。然而，在国家上述立法中，对中央与民族自治地方的权限与利益分配时，过分强调国家在民族自治地方的权力与利益的确认及保护，由此导致自治条例中缺少对少数民族自治权及权益保护的实际内容。例如，民族自治地方的自然资源非常丰富，对自然资源的开发利用和生态环境的保护是民族自治地方可持续发展的基础，但大部分自治条例中缺乏对于民族自治地方的自然资源所有权、收益权、补偿权以及生态环境保护利益补偿机制等方面的明确规定，这种状况严重阻碍了民族自治地方经济社会的发展。

第三，自治条例中缺乏法律责任及救济途径的规定。有权利必有责任和救济,这是法治的基本准则。但由于我国民族区域自治法中对于中央国家机关和非民族自治地方的国家机关侵犯民族自治地方的自治权,或上级国家机关不履行对民族自治地方的法定职责应否承担法律责任,民族自治地方可以通过何种途径获得法律救济等均未做出规定,而各民族自治地方的自治条例也未对此做出任何规定,使自治权形同虚设,自治条例本身也就失去了应有的法律意义和功能。

(3)自治条例规范内容的调整。针对自治条例在内容上的缺失,各民族自治地方在制定或修改自治条例过程中,应加强自治条例内容的民族性、自治性和可操作性,并充实以下内容。

第一,在民族性方面,主要加强解决实行民族区域自治少数民族的民族事务,也包括其他非自治少数民族的民族事务方面的规定。具体内容包括:一是加强保持各少数民族传统文化的传承和发展,实现各民族的平等和共同繁荣方面的规定。二是加强促进民族自治地方经济、文化和社会事业的发展,合理开发和利用民族自治地方的自然资源,加强环境保护,保持生态平衡方面的规定。三是加强提高民族自治地方的少数民族公民的生活水平、素质和能力方面的规定。总之,自治条例对自治权进行细化时应尽量体现少数民族,尤其是要体现实行区域自治的少数民族的权力和利益,使其能够真正当家做主,既保障当地民族的传统文化和特点,又实现当地民族各项事业的进步和发展。

第二,强调对民族自治地方权力和利益的保护。民族自治地方的自治条例应该对《宪法》《民族区域自治法》《立法法》规定的民族自治地方立法的变通权有所体现。各民族自治地方制定和修改自治条例,应在法律允许的范围内积极行使立法变通权,对我国现行政治、经济、文化教育等方面的立法中不适合本区域的内容依法做出变通性的规定,并根据当地民族的实际情况和需求，对现行法律中没有规范的内容进行大胆的创设，努力争取在财政转移支付、税收返还、建设项目审批、基本建设配套资金、资源和生态补偿、"四费"（建设用地有偿使用费、矿产资源补偿费、水资源费和排污费）返还等与民族自治地方经济发展密切相关的问题上，制定出具有含金量和可操作性的法律规范，以推动本民族自治地方的经济发展。

第三，健全自治条例中法律责任规范及法律救济制度。法律规范应由"法定条件""行为模式""法律制裁"等要素组成，缺失"法律制裁"内容的法律规范很难在实施过程中真正落实。我国各民族自治地方现行的自治条例中基本没有法律责任及法律救济方面的规定，为了保证自治条例的宗旨和具体内容得到落实，必须在自治条例中明确规定侵犯自治权行为的法律责任及追究与救济途径。自治条例中关于法律责任的规定，应包括承担法律责任的主体、法律责任的追究主体、承担法律责任的方式等内容；关于法律救济的规定，应包括法律救济的主体、程序、受理主体及裁决方式。

3. 自治条例立法技术层面分析

从立法技术上说，自治条例基本上是参照《宪法》和《民族区域自治法》进行"套改"，而《民族区域自治法》中关于自治权的规定缺乏操作性问题，也同样被"套改"入地方自治条例之中。从文本分析来看，以下几个方面值得我们深入研究和探讨。

（1）一些条款的规定政策性色彩过浓，缺乏操作性，或是混同了法和道德的界限，无法有效实行。如《西双版纳傣族自治州自治条例》第4条规定："自治州的自治机关团结带领全州各族人民，在中国共产党领导下，以马克思列宁主义、毛泽东思想、邓小平理论和'三个代表'重要思想为指导，以经济建设为中心,坚持改革开放,坚持人民民主专政,坚持科学发展观,自力更生、艰苦奋斗,加快社会主义现代化建设步伐,推进物质文明、政治文明、精神文明协调发展,把自治州建设成为经济发展、文化繁荣、民族团结、社会和谐、边疆安定、人民生活富裕的民族自治地方。"《红河哈尼族彝族自治州自治条例》第 13 条规定:"自治州的自治机关加强社会主义精神文明建设。对自治州内各族人民进行爱国主义、集体主义、共产主义和民族政策的教育,提倡爱祖国、爱人民、爱劳动、爱科学、爱社会主义的公德,培养有理想、有道德、有文化、有纪律的公民,倡导科学、文明、健康的生活方式。"这些都是政策性、宣传性的语言,怎样才是"推进"物质文明、政治文明、精神文明"协调发展"?这里的"推进"是指什么?什么行为才是"推进"的行为?"协调发展",怎样才是"协调"?衡量是否协调的标准是什么?再如,"提倡爱祖国、爱人民、爱劳动、爱科学、爱社会主义的公德,培养有理想、有道德、有文化、有纪律的公民,倡导科学、文明、健康的生活方式",这是道德要求。法律是规范人们行为的标准,人们面对法律规范只能有"行"与"不行"的选择,"行"就是遵守法律规范,是守法行为,保障你的权益;"不行"就构成违法行为,法律将强制你按照法律规范行为,同时还要视违法造成的后果承担法律责任。在法律条款中出现"提倡"的字眼是不妥的,"提倡"是一个选择性的词汇,是鼓励去做什么。而法律要求是你必须去做什么,法律是在行为中划一条是与非的界限,越过去就是越轨行为,是违法的,要制裁你,然后强制你退回去。因此,这样的条款从设立起就是无法实施的,可以说,一开始就是无效条款。自治条例中类似的条款很多,这里就不一一列举了。

(2) 一些条款的规定不明确、不具体,过于笼统、抽象、原则，或是模棱两可、模糊不清、弹性过大，使人难以准确把握。如《延边朝鲜族自治州自治条例》第 20 条规定："自治州自治机关重视各民族干部的培养使用，采取各种措施从朝鲜族和其他少数民族中大量培养各级干部和科学技术、经营管理等各类专业人才，充分发挥他们的作用，并且注意培养和使用少数民族妇女干部和各类专业技术人才。"细读条款，就可以发现，虽然立法意图非常明确，是要积极培养少数民族干部和各类专业人才。然而，这样的表述作为政府文件是可以这样行文的，但作为法律条款这样表述就过于笼统、抽象、原则了，规定也弹性过大，使人难以准确把握。何为"重视"？何为"各种措施"？何为"大量"？何为"充分发挥"？怎样才能达到"注意培养"？凡此种种，在实施时都无法把握"度"，或因人的理解不同而执行的力度不同。再如第 32 条第 2 款规定："自治州自治机关要采取有力措施，依法保护珍贵野生动植物，禁止非法猎取和采集。"那么，什么是"有力措施"？措施达到什么程度才能算是"有力"？这些都是模棱两可、模糊不清的规定，怎么才能区分自治机关的作为与不作为？没有作为与不作为的界限，条款规定等于没有任何实质意义，是条"死法"。同样，《湘西土家族苗族自治州自治条例》第 20 条规定："自治州的自治机关根据法律规定和本州经济发展的特点，合理调整生产关系和经济结构，发展社会主义市场经济。"这里什么是"合理"？怎样做才"合理"？这些都是太原则的规定，这样的行文，在国务院的"政府工作报告"中可以这样写，在省人民政府的"工作报告"中也可以这样写，是说明政府工作的方向和目标。但放入自治条例中，作为法律条款，就不能这样了，这样规定是无法实施的，也无法判断自治机关的行为是合法的还是违法的。因为，无法判断"合理"与"不合理"、"基本合理"与"稍微不合理"的度。

类似这样的条款，在自治条例中是举不胜举的。

（3）一些条款的规定不完整、不严谨，只有行为模式，没有后果模式，无法追究法律责任，因而无法施行。所谓只有行为模式，没有后果模式，是指条款都是积极的规定，即"应该做……""应加在……""给予适当照顾"等，这些条款是规范你应该做什么。但法律的要义不仅是要告诉你做什么，还要告诉你不这样行为要承担什么责任，即消极的规定才是法律存在的本质意义。所以，自治州自治条例的条款几乎没有责任条款，即消极的条款。换言之，自治机关不这样行为，不会承担任何责任。

造成这些现象的原因很多，一是政策因素的影响，如处在转型社会时期我国基层政治生态环境状况；长期形成的惯性与习惯；管理事务、调节矛盾起支配作用的是政策，法律的作用居于次要地位；人们对立法的需求和监督没有那么迫切，对条文规定的内容没有那么关心，认为法规规定是否具体关系不大，主要还是靠政策，法律在社会中的作用不如政策显现，这种认识也必然反映到立法工作中来。二是经济因素的制约，立法时的心态是：要制定一部"全能的自治条例"。制定自治条例是自治县人民代表大会唯一具有的立法权，立法尽量扩大所涉及的范围，而调整的事项又很复杂，在众多矛盾与问题中发展是主要问题，发展中经济问题是主要矛盾，几乎所有的立法事项都需要资金支持、物资保障，由于经济实力根本无法满足这些要求，只好作一些原则性的规定，如"要加大经费投入，支持事业发展"等。如果不顾客观条件，即使规定了在实践中也难以落实，所以在条例中只能规定得模糊些、不确定些，这样既可留有余地，又使自由裁量权大一点。此外，还有诸如部门保护主义倾向的干扰、调研论证不充分的原因，当然也有自治立法水平不高的原因。立法技术不稳定、不成熟是地方性立法的一个通病。以上这些问题是自治条例实施过程中存在的主要问题,解决它也不是一朝一夕就可以完成的,需要一个过程,需要整个政治生态环境与立法环境的改变。

(二)单行条例立法质量分析

1. 单行条例的文本结构分析

单行条例由于是一种比自治条例更具有灵活性、具体性的自治立法形式,它是组织机关对民族自治地方政治、经济、文化、社会生活等某些方面的专项自治立法,因此其与自治条例文本结构是不同的。自治条例以《民族区域自治法》的框架为指引,各民族自治地方可以复制《民族区域自治法》的基本文本框架;而单行条例没有固定的文本框架可以参照;而且在单行条例的文本结构上,由于不同的调整内容,不同的单行条例会采取不同的文本结构,不像自治条例那样,八章式是主要形式。譬如,2008年5月批准的《凉山彝族自治州水资源管理条例》的基本结构是:总则—水资源规划—水资源开发利用—水资源、水域和水工程保护—水资源配置—水事纠纷的处理和执法监督—法律责任—附则。总共八章,章节的安排紧紧围绕水资源管理而设置。而《天祝藏族自治县矿产资源管理条例》的基本结构则是:条例共27个条款,不分章节。总体上看,单行条例的文本结构更体现出是民族自治地方在进行立法,而不像自治条例那样是为完成立法任务而"套改"民族区域自治法。

2. 单行条例的内容要件分析

(1)单行条例规范的主要内容。如前所述,我国各民族自治地方已制定了489个单行条例,其内容较丰富,涉及领域也非常广泛。从单行条例的文本内容来看,大部分是属于行政机关涉权性质的规范,在哪些领域、哪些行业或哪些项目是由哪些部门管理,管理的主要事项也多是设置行政审批权和行政处罚权的规范。从这个意义上归类,自治州的单行条例基本上是属于行政法

的范畴,规范的是政府行政部门与相对人的关系。归纳起来,主要有以下16类:

第一,语言文字类。涉及语言文字内容的单行条例有《延边朝鲜族自治州朝鲜语文工作条例》《凉山彝族自治州彝族语言文字工作条例》《海西藏族自治州藏语文工作条例》《阜新蒙古族自治县蒙古语文工作条例》《马边彝族自治县彝族语言文字工作条例》等。该类单行条例的主要内容包括:在语文工作政策方面,明确规定自治州、自治县的自治机关应坚持各民族语言文字平等原则,保障各民族公民在政治、经济、文化等一切社会活动中都有使用和发展自己语言文字自由,使民族语言文字为巩固和发展平等、团结、互助的社会主义民族关系,推进社会主义物质文明和精神文明服务;在语言使用方面,要求本地方各级国家机关、企事业单位、社会团体、个人在执行职务或在社会各项事业中广泛使用本民族的语言文字;在语言文字规范和研究方面,规定有计划地进行少数民族语言文字的规范和研究工作,促进少数民族语言文字的不断发展;此外,在少数民族语言文字工作的机构、管理、队伍建设、奖惩等方面也做出较详细的规定。

第二,教育类。涉及教育内容的单行条例有《海南藏族自治州民族教育工作条例》《恩施土家族苗族自治州义务教育条例》《楚雄彝族自治州民族教育条例》《黔西南布依族苗族自治州教育条例》《化隆回族自治县普及义务教育暂行条例》《峨边彝族自治县义务教育实施办法》等。该类单行条例的主要内容包括:在方针上,强调教育必须坚持社会主义办学方向,为社会主义现代化建设服务,培养德、智、体全面发展的社会主义事业建设者和接班人;在管理体制上,实行地方政府负责,分级办学、分级管理,教育行政部门主管,民族工作主管部门和其他有关部门配合的体制;在教育结构上,包括基础教育、职业技术教育、成人教育、高等教育；在办学形式上，鼓励和提倡企事业单位、个人和其他社会力量在当地人民政府的统一领导下兴办学校、捐资助学，逐步形成以政府办学为主与社会各界参与办学相结合的体制；在教育设施上，应当努力改善民族教育的办学条件，增加对民族教育的经费，建立师资培训制度，实行教师资格制度，中、小学推行教师聘任制。

第三，非公有制经济保护类。涉及非公有制经济保护内容的单行条例有《临夏回族自治州非公有制经济保护条例》《延边朝鲜族自治州促进个体私营经济发展条例》《红河哈尼族彝族自治州发展个体工商户和私营企业条例》《沿河土家族自治县非公有制经济发展保护条例》、《务川仡佬族苗族自治县非公有制经济发展保护条例》等。该类单行条例的主要内容包括：明确规定了非公有制企业和经营者的合法权益受法律保护，鼓励和支持非公有制企业和经营者以多种方式生产经营，积极参与市场竞争；在发展个体私营经济方面，州、县各级人民政府应统筹规划，制定优惠政策、改善经营环境引导开拓市场，大力扶持个体工商户和私营企业发展生产，扩大经营规模，提高管理水平和产品质量，并按各自职责对其活动进行指导、扶持、帮助和监督管理；鼓励支持私营企业以承包、租赁、购买等方式兼并国有、集体企业和组建企业集团，鼓励支持个体工商户和私营企业参与各种经济类型的企业投资、入股；个体工商户和私营企业依法享有的自有资产所有权，登记名称专用权，自主生产、经营权，劳动用工权，申请贷款等权利受法律保护，任何单位和个人不得歧视、干预、侵犯。

第四，矿产资源类。涉及矿产资源内容的单行条例有《延边朝鲜族自治州矿产资源管理条例》《阿坝藏族羌族自治州矿产资源管理条例》《红河哈尼彝族自治州矿产资源管理条例》《丰宁满族自治县矿产资源管理条例》《阜新蒙古族自治县矿产资源管理条例》等。该类单行条例的主要内容包括：在矿产资源所有权方面，明确规定地表或者地下矿产资源的国家所有权，不因其所依附的土地所有权或者使用权的不同而改变；在矿产资源的勘察、开采方面，实行许可证制度，实行统一规划、合理布局、综合利用、有效保护的方针，坚持谁开发、谁保护、谁破坏、谁赔偿，谁污染、谁治理的原则；在矿产品的经营方面，要求从事矿产品经销活动的单位和个人持矿产品经营许可证到当地工商行政管理部门申办营业执照，矿产品运输实行准运证制度；在奖励、惩处方面列举了详细的情形，并规定了一些救济制度。

第五，森林、草原保护类。涉及森林、草原内容的单行条例有《海北藏族自治州森林管护条例》《红河哈尼族彝族自治州林业管理条例》《甘南藏族自治州草原管理办法》《甘南藏族自治州草原防护条例》《互助土族自治县森林管理条例》《阜新蒙古族自治县森林保护条例》《肃北蒙古族自治县草原管理办法》等。该类单行条例主要内容包括：在森林、林业管护方面，各级人民政府实行以"营林为基础，普遍护林，大力造林，采育结合，永续利用"的方针，坚持生态效益、社会效益和经济效益并重的原则，实行林业建设的任期目标责任制，建立护林防火组织和护林制度，落实防火责任制；在草原管理方面，规定了自治州、自治县内草原属于全民所有（由法律规定属于集体所有的除外），使用草原必须领取由县级以上人民政府核发的草原使用证，并规定了管理、保护、建设和利用草原的权利和义务；国家、集体依法需要征用、使用草原时，必须支付草原补偿费和牧民安置补助费；在草原防火工作方面，实行预防为主，防消结合方针，实行各级人民政府行政领导和部门（单位）领导责任，建立防火工作联防制度、草原防火责任制，制定防火公约，并规定草原重点防火期。

第六，水资源保护类。涉及水资源保护内容的单行条例有《海西蒙古族自治州水资源管理条例》《文山壮族苗族自治州水资源管理条例》《红河哈尼族彝族自治州水资源管理条例》《景宁畲族自治县水资源管理条例》《凉山彝族自治州邛海保护条例》等。该类单行条例的主要内容包括：在水资源管理方面，规定水资源属于国家所有；要求开发、利用、节约和保护水资源与防治水害，坚持"计划、合理、科学"的原则；实行取水许可证制度、水资源有偿使用制度，用水定额和超定额累进加价制度；在江河、湖泊管理方面，自治州、自治县人民政府应当坚持"统一规划、防治结合、保护有限、合理开发"的方针，按照生态效益、社会效益和经济效益相统一的原则，加强保护与开发；污染防治实行浓度控制和污染物排放总量控制制度，跨区域河流的水质保护，实行分段负责制；鼓励和支持国内外的经济实体和各种社会力量参与江湖的开发，谁投资、谁收益。

第七，野生动物保护类。涉及野生动物保护内容的单行条例有《玉树藏族自治州野生动物资源保护管理条例》《甘南藏族自治州保护野生动物若干规定》《西双版纳傣族自治州野生动物保护条例》《海西蒙古族藏族自治州野生动物保护条例》等。该类单行条例的主要内容包括：在政策方针上，实行全民管护、休养繁殖、恢复资源、合理利用的方针；在野生动物保护工作中，实行责任制，规定在非禁猎区每年3月1日至10月31日为禁猎期，11月1日到次年2月底，可以持证猎捕非禁猎的野生动物；各自治州、自治县人民政府应建立健全野生动物保护基金制度。

第八，旅游管理类。涉及旅游管理内容的单行条例有《西双版纳傣族自治州旅游业管理条例》《巴音郭楞蒙古自治州旅游资源管理条例》《丰宁满族自治县旅游业管理条例》《鄂伦春自治旗旅游条例》《杜尔伯特蒙古族自治县旅游管理条例》等。该类单行条例的主要内容包括：在旅游管理方面，实行行业管理，由自治州、自治县旅游行政主管部门负责，旅游景区实行定级制度，旅游团队接待实行定点管理；在旅游资源开发与保护方面，必须坚持严格保护、统一规划、合理开发、可持续发展的原则，应当鼓励国外组织和个人投资开发旅游资源，任何单位和个人都有义务保护旅游资源；规定旅游经营者应依法取得相应的资格证书，持证上岗，应公开服务项目和收费标准，必须建立安全管理责任制；自治州、自治县的旅游行政主管部门应当建立健全旅游投诉制度。

第九，生态环境保护类。涉及生态环境保护内容的单行条例有《果洛藏族自治州生态环境保护条例》《湘西土家族苗族自治州生态环境保护若干规定》《恩施土家族苗族自治州水土保持条例》《鄂伦春自治旗环境保护条例》《普洱哈尼族彝族自治县环境污染防治条例》等。该类单行条例的主要内容包括：在生态环境保护中，必须坚持统一规划，合理布局，预防为主，防治结合的原则；自治州、自治县（旗）境内进行经济建设和资源开发，实行先评价后开发、谁开发谁保护、谁受益谁补偿、谁污染谁治理、谁破坏谁恢复的制度；在环境保护中，规定建设对环境有影响的项目，必须执行环境影响报告书或环境影响报告表的审批制度，必须执行防治污染设施与主体工程同时设计、同时施工、同时投产使用的制度；排放污染物的单位和个人必须缴纳超标排污费和排污费；在水土保持条例中，规定了自治州、自治县人民政府水行政主管部门的主要职责，在实施管理中应编制水土保持规划，应当建立领导任期内的水土保持目标责任制，应当组织植树造林，采取封山育林、育草，修建梯田，承包治理等措施进行预防和治理。

第十，科学技术类。涉及科学技术内容的单行条例有《恩施土家族苗族自治州科学技术进步保障条例》《黔南布依族苗族自治州科学技术进步条例》《镇宁布依族苗族自治县科学进步条例》等。该类单行条例的主要内容包括：在政策方针方面，自治州、自治县要坚持经济建设和社会发展依靠科学技术、"科学技术"工作面向经济建设和社会发展的基本方针，以应用型研究和实用技术推广为重点，鼓励和支持科学技术创新；在具体工作中，各级政府应制定科学技术发展规划，加快科学成果的引进、推广和应用，实行科学技术进步目标责任制；对各项科学技术经费的使用，应建立严格的管理和审计制度，保证专款专用。

第十一，城镇市容和环境卫生管理类。涉及城镇市容和环境卫生管理内容的单行条例有《西双版纳傣族自治州城镇市容和环境卫生管理条例》《海北藏族自治州城镇市容和环境卫生管理条例》《文山壮族苗族自治州城镇规划管理条例》等。该类单行条例的主要内容包括：在原则上，实行统一领导、统一规划、分区负责、专业人员管理与群众管理相结合的原则；在管理上，实行目标责任制，政府对在市容和环卫工作中取得显著成绩的单位和个人，给予表彰和奖励；州、县人民政府可以参照国家规定的城市容貌标准制定本地的城市容貌标准；环境卫生设施应当合理布点安放，定期维修、更新，保持整洁完好；环境卫生的清扫保洁实行区域分区责任制。

第十二，计划生育类。涉及计划生育内容的单行条例有《恩施土家族苗族自治州人口与计划生育条例》《甘孜藏族自治州计划生育办法》《长阳土家族自治县计划生育条例》《宽城满族自治县计划生育条例》等。该类单行条例的主要内容包括：在制度方针上，实行主要领导负责的目标管理责任制度，坚持宣传教育为主、避孕为主、经常性工作为主的方针；在计划生育服务上，鼓励和支持计划生育新技术、新药具的研究、应用和推广，依靠科技进步，提供优质服务；在奖励与社会保障方面，建立计划生育奖励专项资金，对自愿终身只生育一个子女的夫妻给予优待政策。

第十三，土地管理类。涉及土地管理内容的单行条例有《甘南藏族自治州土地管理办法》《延边朝鲜族自治州牧业用地管理条例》《湘西土家族苗族自治州国土资源开发保护条例》《丰宁满族自治县土地开发利用保护条例》等。该类单行条例的主要内容包括：在土地使用上，依法实行土地有偿使用制度和土地使用权出让、转让制度。对土地用途实行土地用途管制制度，按照土地利用总体规划，严格限制农用地转为建设用地，控制建设用地的总量，对耕地、林地、草地实行重点保护；在土地的所有权和使用权方面，明确规定了土地属于国家所有和集体所有，并列举了土地属于国家所有和集体的情形；依法实行土地所有权、使用权和土地使用权出租、抵押等其他权利登记发证制度；在土地的利用和保护方面，要求建立土地储备制度，实行退耕还林还草；在建设用地管理方面，根据国家建设和地方建设需要，依法实行土地征用制度和土地征用补偿制度；在开发国土资源方面，要求必须从实际出发，坚持开发和保护并重；要求编制国土规划，进行科学考察和论证，依法取得资源开发权。开发风景名胜资源实行统一领导，分级管理，分步建设。

第十四，社会治安综合治理类。涉及社会治安综合治理内容的单行条例有《甘南藏族自治州社会治安综合管理条例》《海西蒙古族藏族自治州社会治安综合管理条例》《西双版纳傣族自治州社会治安综合管理条例》等。该类单行条例的主要内容包括：在方针原则上，社会治安综合治理应贯彻打防并举、标本兼治、重在治本的方针，坚持专门工作与群众路线相结合的工作方法，坚持"谁主管、谁负责"的原则和条块结合、以块为主的属地管理原则；在具体实施上，实行目标管理责任制，各地区、各部门、各单位、必须制定社会治安综合治理工作目标，层层签订社会治安治理责任书，落实目标责任；实行领导责任制，按行政区域、部门、单位建立，正职领导为第一责任人，分管领导为主管责任人；实行一票否决制，并制定奖惩考核办法。

第十五，家畜管理类。涉及家畜管理内容的单行条例有《海北藏族自治州家禽防疫管理条例》《海北藏族自治州畜牧业基础设施管护条例》《果洛藏族自治州保护和发展生产母畜条例》《果洛藏族自治州畜禽防疫条例》《甘南藏族自治州家畜家禽防疫条例》等。该类单行条例的主要内容包括：在保护和发展生产母畜方面，州、县人民政府应制定发展生产母畜和后备母畜的具体措施，并逐级落实到乡、村、组、户。禁止任何单位和个人出售、收购、宰杀生产母畜和后备母畜；在畜禽防疫方面，应坚持预防为主、防治结合的方针，实行统一的监督管理制度、毗邻地区联防制度和计划免疫制度，常规畜禽防疫费实行谁筹谁有，分组记账，定向使用，不得挪用；在畜牧业基础设施管护方面，分别规定了国家、集体投资兴建的公共畜牧业基础设施，按草场承包范围由村（牧）民委员会负责管理和维护，也可随草场承包关系由草原承包者管理和维护，牧户投资兴建的畜牧业基础设施，由牧户负责管理和维护。

第十六，农业农村类。涉及农业农村内容的单行条例有《红河哈尼族彝族自治州农村合作医疗条例》《恩施土家族苗族自治州农作物种子管理条例》《延边朝鲜族自治州农民负担管理条例》《长阳土家族自治县农村合作医疗条例》《长阳土家族自治县农村合作经济承包合同管理条例》等。该类单行条例的主要内容包括：在农村合作医疗条例中，规定了必须坚持民办公助、自愿量力、因地制宜、科学管理、民主监督等原则，实行政府任期目标责任制，对合作医疗资金管理实行专账户和审计制度，并对乡村医生的聘任、医疗基础设施的建设、药品的安全管理等作了规定；在农作物种子管理方面，对种子资源的管理、品种选育与审定、种子生产、经营等方面作了相关规定，特别是严格规定了种子生产、经营要实行许可证制度，要建立生产、经营档案；在减轻农牧民负担方面，规定了各级人民政府不得以任何借口和方式搞摊派，加重农牧民的经济负担，国家需要订购农副产品应合理定价，公平交易，任何单位和个人不得截留或挪用向农牧民发放提供的补贴、专项资金、救济款以及优惠供应生产、生活资料等。

另外，还有其他类，如《延边朝鲜族自治州未成年人保护条例》《延边朝鲜族自治州酒类专卖管理条例》《甘南藏族自治州食盐加碘防治碘缺乏病管理办法》《玉树藏族自治州藏医药管理条例》《宽城满族自治县殡葬管理条例》《印江土家族苗族自治县法制宣传教育条例》等。

（2）单行条例规范的内容缺陷。通过以上的梳理，我们可以发现，目前制定的单行条例所规范的内容存在不少的缺陷，尤其是单行条例的内容未能充分体现民族特点和地方特点。

第一，自然资源与生态环境保护中缺失对少数民族利益的特殊保护。随着西部大开发的进行，对各种自然资源的合理开发利用与生态环境的保护无疑是开发建设的重中之重，但是目前这方面的立法保护还不够。我国少数民族自治地区地域辽阔、资源丰富，随着经济的发展，对资源的大量开发利用，民族自治地方出现了诸如对自然资源的无序和破坏性开采，草原沙漠化，农牧民土地草原流失，传统生产、生活方式丧失等严重的资源利用与生态环境问题。[①] 特别是资源开发利用与当地少数民族资源利益补偿问题，在单行条例立法中没有体现出来，缺少对少数民族利益的特殊保护。

第二，单行条例的内容大多局限于在义务教育、民族语言文字、土地与草原管理、野生动植物保护等领域，缺少规范民族自治地方经济建设、财政税收金融、少数民族文化保护与发展、少数民族人才队伍培养、对外交流合作、传统医药发展等内容。已有的单行条例内容过于偏重保护，强调限制的条款多，而着眼于改革、发展和体现市场经济特点的内容少，这在一定程度上削弱了民族自治地方对经济自治权的行使，无"法"为民族自治地方市场经济的发展提供保障，严重制约了各民族的社会发展与进步。

第三，在民族自治地方自治立法实践中，在立法项目上，盲目比照国家法律、行政法规，重复选题；在具体内容上，大量照抄照搬国家法律、行政法规的条款，重复国家法律、行政法规的规定等现象大量存在。以环境保护方面的单行条例为例，大多数单行条例的相关内容既没有结合本地方实际对《中华人民共和国环境保护法》做出细化规定，也没有对其做出变通或者补充性规定，即缺乏民族特点和地方特点。这种状况不仅无法满足民族自治地方经济社会发展对单行条例的需求，也造成了立法资源的极大浪费。

（3）单行条例规范的内容调整。针对单行条例内容规范的缺陷，民族自治地方应该逐步扩大单行条例的调整范围，增加单行条例中对少数民族利益和地方利益保护的内容，充实单行条例

[①] 吉雅：《民族区域自治法配套立法略论》，《中央民族大学学报》（哲学社会科学版）2007年第6期。

的民族性和自治性的内容,及时修改与更新不适应实际情况的内容。

第一,加强经济方面单行条例的立法工作。正如邓小平同志所说,"实行民族区域自治,不把经济搞好,那个自治就是空的,一系列的经济问题不解决,就会出乱子"[①]。所以,经济方面的工作应当成为单行条例关注的重点。在云南省制定的 79 个单行条例中,资源保护一项占据了压倒性的优势,共有 40 个,仅风景名胜保护就有 7 个,而关于经济贸易方面仅有 1992 年颁布的《德宏傣族景颇族自治州边境经济贸易管理条例》和 1999 年颁布的《红河哈尼族彝族自治州发展个体工商户和私营企业条例》2 个。在西部大开发的背景下,包括云南省在内的西部各省份都把经济建设放在了工作的首位,但是,这一点在代表民族自治地方自治权的单行条例中并没有反映出来。目前,各民族自治地方应根据本民族本地方经济发展的需要和实际制定有关管理财政、金融、税收及对外贸易等方面的单行条例,细化经济自治权,为促进民族自治地方的经济发展提供法律保障。比如制定循环经济促进条例,引导和保障民族自治地方工业企业走以节能降耗、清洁生产、保护环境、综合利用资源和循环利用资源主要内容的可持续发展道路。

第二,制定资源开发及对民族自治地方补偿条例,建立资源生态利益补偿机制,保障民族自治地方和少数民族可持续发展的权益,避免对民族地区本已脆弱的生态环境造成新的更大的破坏。要明确和细化《民族区域自治法》关于资源和生态补偿的规定,依法规范全社会开发和利用资源、保护和建设生态环境的行为,建立资源开发和生态保护补偿机制,按照谁开发谁补偿、

[①] 《邓小平文选》(第 1 卷),人民出版社,1989,第 167 页。

谁受益谁补偿的原则,明确补偿范围、标准和程序,落实补偿政策,提高现有补偿标准等,使民族自治地方输出资源得到应有的利益补偿。

第三,修改或制定优先发展民族教育条例。民族教育事业对于提高少数民族的素质,促进民族自治地方各项事业的发展至关重要。因此,文化教育方面的立法工作不能忽视。依法实施科教兴国战略,培育西部地区自我发展的良性机制,是西部发展的关键所在。目前,云南少数民族地区的教育长期处于落后地位,存在着大量的失学现象,师资不足和教育设施跟不上等问题,而有关民族教育的单行条例却只有3部。民族自治地方应该通过单行条例立法,加强原本十分薄弱的文化教育方面的立法工作。

第四,制定民族文化保护条例。保护和发展少数民族文化,对于提高少数民族的科学文化素质,增强少数民族经济社会发展后劲,加快民族地区全面建设小康社会,具有重大而深远的意义。各民族自治地方应当就自治机关自主发展具有民族形式和民族特点的文学、艺术、新闻出版、广播、电视等民族文化事业,组织、支持有关单位和部门收集、整理、翻译和出版少数民族历史文化书籍,调查、搜集、研究、整理少数民族濒危语言文字,保护和合理开发民族文化资源,抢救和保护民族历史文化遗产,加强文化基础设施建设,开展与其他地方及国外的教育、科学技术、文化艺术、卫生、体育方面的交流和协作等各项保持民族文化自治权的具体内容、程序、责任及救济途径做出明确规定,①保障少数民族传统文化得以传承和发展。

---

① 吉雅:《民族区域自治法配套立法略论》,《中央民族大学学报》(哲学社会科学版)2007年第6期。

第五，制定少数民族人才队伍培养条例。少数民族人才队伍的建设对民族自治地方的经济社会发展、民族团结和社会稳定具有重要意义。各民族自治地方根据本地方的实际需求应制定和完善党政干部人才、专业技术人才和企业经营管理人才培养条例、人才引进办法等，全面提高少数民族人才队伍素质，为民族地区经济社会发展服务。据此，单行条例应体现出在录用公务员、招聘专业人才时对少数民族公民的配备比例、在同等条件下优先招聘和录用，设立专项民族教育和民族干部培训基金，采取选送学习、专业培训、挂职锻炼、轮岗交流等措施做出明确规定，充分体现民族自治地方的民族性。

第六，制定民族关系和宗教关系方面单行条例。民族自治地方的一般社会关系、民族关系及宗教关系交织在一起，它比一般地方的社会关系更为复杂和敏感，对各民族公民行使民主权利的保障就显得格外的重要。因此，在处理民族自治地方各民族的关系上，最重要的原则就是坚持民族平等，尊重各民族的差异性。即各民族自治地方在制定此方面单行条例时，应当充分认识到本地方内各民族间不同的社会结构传统、多元的民族文化特征，在不同需求的基础上，制定出满足各民族群众需要的调整民族关系和宗教关系的单行条例。

3. 单行条例的立法技术分析

从已有的单行条例文本分析来看，现行的单行条例中存在大量的权限模糊，立法语言不规范，条文结构不合理等问题，政策性立法的情况仍然大量存在。

（1）单行条例的政策化倾向明显。单行条例是民族自治地方根据本地区特点、符合本民族实际情况而就某一方面制定的自治法规，有着特殊的价值。它既是中国法制体系的重要组成部分，又是对国家统一法制的重要补充。中国是多民族国家结构、多元民族文化，社会经济发展状况不平衡，不可能使用统一的法规、不加区别地去规范、调整，单行条例是填补这一缺陷的工具，单行条例是依照当地民族的政治、经济和文化的特点来制定的。但是，单行条例的政策化倾向十分明显，如《凉山彝族自治州水资源管理条例》中关于"水资源规划""水资源开发利用""水域和水利工程保护""水资源配置""水事纠纷的处理和执法监督""法律责任"所规定的原则和方式，都是《中华人民共和国水法》《中华人民共和国水污染防治法》《四川省〈中华人民共和国水法〉实施办法》等法律、法规、地方性法规明确规定的，也具有操作性。而单行条例对这些法规的条款也没有做出变通规定，只是重复这些内容，将法律、法规的内容作为自治州落实的政策性规定。这种现象是所有单行条例的"通病"。

（2）立法语言不规范。一些条款的规定不明确、不具体，过于笼统、抽象、原则，或是模棱两可、模糊不清、弹性过大，使人难以准确把握。如《天祝藏族自治县矿产资源管理条例》第3条第2款规定："自治县鼓励县外、省外、国外各种经济组织和个人依法在自治县投资兴办矿山企业，共同开发利用矿产资源，自治县为其提供方便，给予优惠。"第12条规定："采矿权人必须采取合理的开采顺序、科学的开采方法和选矿工艺。矿山企业应采用先进技术，提高开采回采率和选矿回收率，降低采矿贫化率，节约矿产资源。"第24条规定："国家工作人员违反矿产资源法规和本条例，超越职权批准采矿或颁发采矿许可证的，由其所在单位或上级主管部门给予行政处分，所发采矿许可证无效。因玩忽职守、徇私舞弊，致使矿产资源造成破坏，后果严重的，依法追究刑事责任。"上述条款中什么是"鼓励"？"自治县为其提供方便，给予优惠"的具体方法是什么？"优惠"又是什么？什么是"合理的"开采顺序与"科学的"开采方法和选矿工艺？什么是后果"严重"？这里的"合理""科学""严重"都是形容词，是表示人或事物性质和状态的。在条款里使用，是要给出判断合理与不合理、科学与非科学、严重与不严重界限的，没有界限怎么去判断某种现象是合理的、科学的、严重的？不能做出正确的判断，怎么能去规范、去管理？不能行使规范、管理的功能，立法的意义何在呢？单行条例中诸如此类的问题很多，这也是所有单行条例中的"通病"。

（3）法律关系界定科学性不够。制定任何一部单行条例，除了基本原则问题之外，都需要对该单行条例的法律关系问题进行科学的设计，全面衡量整个法律关系的结构，准确规范法律关系主体、客体及权利义务。如《凉山彝族自治州水资源管理条例》第3条规定："水资源属于国家所有。自治州人民政府依照法律规定管理和保护本行政区域内的水资源，按照统一规划原则，实行取水许可制度和水资源有偿使用制度。自治州、县（市）水行政主管部门按照分级管理权限，负责本行政区域内水资源的统一管理和监督，负责职权范围内的取水许可制度和水资源有偿使用制度的组织实施。自治州、县（市）人民政府有关部门按照职责分工，负责本行政区域内水资源的开发、利用、节约和保护的有关工作。"这里出现了两个主体，即国家、自治州、自治县（市）的人民政府和自治州、自治县（市）的水行政主管部门"，水资源的权属管理部门与开发利用部门职责不明，由于权属管理部门与开发利用部门职责不明，水资源统一管理的有机整体被人为分割，导致部门之间职能交叉和职能错位的现象并存。实践证明，"多龙管水"的体制已经严重束缚了生产力的发展。这种体制导致水管理政出多门、分而管之，造成水资源不合理的开发、配置、低效利用和人为浪费。这样的管理体制，既不利于水资源的优化配置、高效利用、有效保护，也不利于水资源的综合治理、综合开发，发挥其综合功能和综合效益，更不利于资源和经济的协调发展。因此，这一单行条例在法律关系的主体上就没有界定清楚，而且其中很多权利义务的内容也界定不准确，这样一来，在实际生活中就难以有效规范水资源的开发与利用行为。其实，这样的问题，也是所有单行条例存在的一个"通病"。

因此，针对现行的单行条例中存在大量的权限模糊，立法语言不规范，条文结构不合理，法律关系规范不清楚，政策性立法的情况仍然大量存在的问题，应该尽快实现自治机关一般行政职权与自治职权的分离，改变政策性立法，科学设定条文结构，清晰界定法律关系，规范立法语言，以科学严谨为原则，对单行条例进行一次整理。

（三）变通或补充规定质量分析

1. 变通或补充规定的文本结构分析

从现行变通立法的名称上看，以"若干变通办法"为名的1件，以"×××变通执行×××意见"为名的1件，以"变通条例"为名的1件，以"条例"为名的1件，以"办法"为名的2件，以"规定"为名的1件，以"细则"为名的1件，以"决议"为名的1件，以"决定"为名的1件，以自治条例的变通条款表现的1件，其他的都是以"变通规定"或"补充规定"为名。尽管这些变通立法的名称各异，但从法律形式上看来，除了以自治条例的变通条款表现的1件外，其他的皆为单行条例，即这些变通补充立法是以单行条例作为其表现形式的。① 因此，和前面所论述的单行条例文本结构的特点相似，有关变通或补充

---

① 张殿军、王静：《我国民族区域自治地方变通立法实证分析》，《创新》2010年第6期。

规定方面的单行条例也没有固定的文本框架可以参照,不同的调整内容,不同的变通或补充规定会采取不同的文本结构。

笔者认为,对目前将变通或补充规定与自治条例和单行条例并列为民族自治地方立法形式的习惯做法应尽快加以纠正。因为,不同法的形式由不同国家机关或主体产生,立法者不能产生不属于自己权限范围的法的形式;法的不同表现形式表现法的不同效力等级,具有不同的位阶;不同法的形式适合于调整不同社会关系,不同法的形式具有不同的技术特点。因此确立法律变通的形式,有助于解决什么样的机关有权进行变通立法;明确法律变通的效力,有助于立法机关运用特定立法技术进行立法变通。为进一步完善民族自治立法,建议今后民族自治地方对法律和行政法规变通和补充的名称按照其内容,统一为"×××变通条例"或"×××补充条例"。自治州、自治县对地方性法规变通或补充的,不再冠以"变通"或"补充"的名称,建议统一为"×××实施办法"。

2. 变通或补充规定的内容分析

(1) 变通或补充规定的基本内容

变通或补充规定,虽然有《立法法》第 66 条的笼统授权,但主要还是法律的具体条款授权,所以,变通或补充规定的内容与法律的授权宽窄有关。目前,主要有 13 部法律授权民族自治地方进行变通或补充规定,涉及选举、婚姻、计划生育、继承、收养、义务教育、土地管理、草原、森林、妇女权益保障、动物防疫、禁毒、水土保持、野生动物保护等方面的内容。

《中华人民共和国全国人民代表大会和地方各级人民代表大会选举法》(以下简称《选举法》)变通规定的内容,主要是对民族自治地方的人民代表大会选举上一级人大代表过程中候选人名额的比例做出了与选举法不同的规定。如《凉山彝族自治州施行〈中华人民共和国全国代表大会和地方各级人民代表大会选举法〉的变通规定》规定：自治州、县、自治县、市的人民代表大会选举上一级人民代表大会候选人的名额，可以多于应选代表名额的 1/5 至 1/2；由选民直接选举的代表候选人的名额，可以多于应选代表名额的 1/2 至 1 倍。未作变通的，均按《选举法》的规定施行。

对《婚姻法》变通规定的主要内容为，各民族自治地方考虑到少数民族地方普遍存在的早婚情况，将结婚年龄均降低到男不能早于 20 周岁，女不能早于 18 周岁；各民族自治地方对三代以内旁系血亲结婚的问题作了不同的规定。如《新疆维吾尔自治区执行〈中华人民共和国婚姻法〉的补充规定》《宁夏回族自治区执行〈中华人民共和国婚姻法〉的补充规定》《四川省甘孜藏族自治州施行〈中华人民共和国婚姻法〉的补充规定》均禁止三代以内旁系血亲结婚，但《内蒙古自治区执行〈中华人民共和国婚姻法〉的补充规定》仅是大力提倡三代以内旁系血亲不结婚。针对少数民族地方普遍存在的订婚仪式、宗教婚姻仪式等现象，变通规定对这一情况也做出规定，如《互助土族自治县施行〈中华人民共和国婚姻法〉的补充规定》《新疆维吾尔自治区执行〈中华人民共和国婚姻法〉的补充规定》等，均明确规定订婚不是结婚的法定程序，禁止以宗教仪式代替结婚登记等内容。

在继承方面，《峨边彝族自治县施行〈中华人民共和国继承法〉的补充规定》《阿坝藏族羌族自治州施行〈中华人民共和国继承法〉的变通规定》等，主要内容是继承开始的先后，按照法定继承办理；有遗嘱的，按照遗嘱继承或者遗赠办理；有遗赠扶养协议的按照协议办理；没有遗嘱、遗赠和扶养协议的，经继承人协商同意，也可以按照少数民族习惯继承。对于继承顺序的规定为丧偶儿媳对公、婆，丧偶女婿对岳父、岳母尽了主要赡养义务的，作为第一顺序继承人；孙子女与祖父母，外孙子女与外祖父母，相互尽了主要扶养义务的，互相作为第一顺序继承人；收养子女必须依法办理收养手续。对实施补充规定之前形成的事实上的收养关系，当地公民公认并具有乡（镇）以上人民政府证明的，应当予以承认。提倡公证遗嘱，有条件的公民应当采用自书、代书或者录音遗嘱。

在计划生育方面，如《甘肃省甘南藏族自治州实施〈甘肃省实施计划生育条例〉的变通规定》中规定提倡一对夫妻生育一个子女，允许生育第二个子女，控制生育第三个子女；夫妻双方是国家干部、职工或者其他非农业人口，符合条件，要求生育第二个子女的，可按计划予以批准；夫妻双方或一方为农牧民要求生育第二、第三个子女的，可按计划予以批准；国家干部、职工、其他非农业人口，符合本规定第4条，需要生育第二个子女的和生育两个孩子的农牧民，生育间隔期必须在3年以上。

在义务教育方面，《阿坝藏族羌族自治州实施〈四川省义务教育条例〉的补充规定》规定了城镇和农村儿童入学年龄，对在牧区和高山村寨工作的教师实行优惠政策；自治州内根据实际坚持双语教学"并存、并重、并举"的原则；坚持"教育与宗教相分离"的原则；任何组织或个人不得在学校传播宗教，不得利用宗教妨碍义务教育的事实；实施义务教育的经费来源；对适龄儿童、少年的父母或者其他监护人拒绝送子女或者被监护人入学接受义务教育所采取的措施。

在土地管理方面，如四川省人民代表大会常务委员会在1990~1993，批准了阿坝藏族羌族自治州、甘孜藏族自治州、凉山彝族自治州、峨边彝族自治县施行《四川省土地管理实施办法》的变通规定和补充规定。这也是民族自治地方对地方性法规的变通或补充规定。变通或补充的主要问题，是有关土地使用方面的权利与义务。如《四川省土地管理实施办法》第12条规定了建设用地，正式划拨后6个月未破土动工的，视作荒芜土地，造成荒芜土地的单位或者个人应当缴纳荒芜费。甘孜藏族自治州针对本地高寒山区情况，变通为在某些地区1年、10个月、8个月未破土动工的，视作荒芜土地，收缴荒芜费，等等。

在草原管理方面，如甘孜藏族自治州实施《四川省〈中华人民共和国草原法〉实施细则》的补充规定，《黔西南布依族苗族自治州执行〈中华人民共和国森林法〉的变通规定》，其主要内容为开展全民义务植树活动，每年1月或7月为本州义务植树月；依法负有植树义务的公民，每人每年义务植树5株；在土地权属清楚的前提下，造林实行谁造谁有，允许继承和转让；允许拍卖荒山、荒坡、荒滩、荒沟的土地使用权进行林业开发，但必须签订拍卖合同，明确权利、义务和土地使用年限；土地使用年限最长不得超过70年；依法取得的林木所有权和林地使用权，允许转让、出租、抵押和参股经营；禁止采伐和经营州内古树和珍惜树木，确因病、虫、枯损或其他原因需要采伐的，须报经县以上人民政府林业主管部门审批；各级林业、工商等部门按照国家和省规定的收费项目收费时，应遵循有关法律、法规对民族自治地方经济利益给予更多照顾的规定，适当降低收费标准。

在动物防疫方面，凉山彝族自治州实施《四川省〈中华人民共和国动物防疫法〉实施办法》的补充规定针对本地方的实际情况，对计划免疫工作、动物防疫的要求、动物屠宰检疫、处罚标准做出了规定。在禁毒方面，凉山彝族自治州实施《四川省禁毒条例》补充规定中对禁毒宣传教育、强制戒毒、毒品犯罪处罚等做出了具体规定。在水土保持方面，长阳土家族自治县实施《中华人民共和国水土保持法》的补充规定针对水土流失的具体情况，规定了禁止和控制破坏水土保持行为的具体种类、水土保持专项资金的来源、行政处罚标准等内容。在野生动物保护方面，木里藏族自治县实施《四川省〈中华人民共和国野生动物保护法〉实施办法》的补充规定中，规定了禁止捕猎的方法、猎捕证的办理和交回、处罚标准等内容。

(2) 变通或补充规定的内容缺陷

第一，立法内容缺乏民族特点和地方特点。主要体现在，各民族自治地方制定的变通规定内容大同小异，如有关婚姻法的变通规定主要是将《婚姻法》规定的最低年龄降低了两岁，规定结婚年龄男不能早于20周岁，女不能早于18周岁。有关计划生育的变通规定主要是允许生育两个子女，符合条件的可生育第三个子女，各民族自治地方的这类变通规定从内容和表述方式都大体相同。缺乏体现各民族自治地方生产生活方式以及经济、文化社会发展特殊需要的变通规定。例如，在蒙古族人口聚居的地区，经常发生一家的牲畜到另一家的草场上吃草的情况，草场实行承包责任制后，每家牧户都用围栏围住了自家承包的草场，近些年来，草场退化又比较严重，发生上述情况必定会使牧户的经济利益受到损害。国家法律所确立的民事侵权责任规定并不能很好地解决这类纠纷，虽然《民法通则》第151条已经授权民族自治地方的人民代表大会结合当地民族的特点进行变通或补充，但目前民族自治地方并没有相关的变通立法。同时，变通规定缺少对各项自治权的具体化，尤其是缺乏对经济自治权的规定，如少数民族地区大多资源丰富，但对于资源和生态补偿法律机制的变通规定却不健全，不但资源开发得不到应有的补偿，而且造成民族自治地方税源的流失。

第二，变通或补充规定的立法实践滞后，变通或补充规定的内容十分有限。由于民族自治地方在进行自治立法的过程中没有充分认识到自治立法是在社会主义民主政治框架下中央与地方权力划分的体现，是实现自治权的重要方式，未能有效地区分自治立法与地方性法规应起到的作用，导致自治立法缺乏民族特色和地方特色，也使民族区域自治的特惠性无法很好地体现，在立法过程中存在着"等、靠、要"的思想，缺乏主动性，没有充分依据《立法法》第66条的规定，积极主动地对法律和行政法规当中不适合民族自治地方具体实际情况的法律条款进行变通或补充规定。因此，虽然有《立法法》第66条的规定，但民族自治地方更多都是在法律有明确授权的前提下才进行变通或补充立法。

第三，立法内容不能满足民族自治地方经济建设和社会发展的需要。在新的历史时期，搞好民族工作，增强民族团结的核心问题是积极创造条件，加快发展少数民族和民族地区的经济文化等各项事业，促进各民族的共同繁荣。目前民族自治地方变通规定的内容主要涉及婚姻生育、土地管理、森林、义务教育、动物防疫、禁毒、水土保持等领域，其中有关实施《婚姻法》的变通规定数量最多。加强民族法制建设，主要目的在于保障少数民族的自治权益，实现民族平等，促进民族团结和共同繁荣。只有不断发展少数民族地区的经济建设事业，缩小与发达地区的差距，才有可能实现各民族的实质平等。而我国现有的民族自治地方变通规定未能全面地体现少数民族的特点，缺乏保护少数民族利益，促进民族自治地区经济发展的变通或补充规定，更缺乏对公司企业、金融、财政、资源、税收等方面内容的变通或补充规定。

（3）变通或补充规定内容的完善

第一，加强经济建设和保护生态环境方面的立法工作。解决民族问题的首要方面，就是要加快民族自治地方的经济发展，不断缩小民族自治地方与发达地区的差异，实现民族间的实质平等。民族自治地方生态环境的恶化，直接影响其经济的发展，可以说在民族自治地方，经济发展和生态环境是一个问题的两个方面，相辅相成，缺一不可。在今后一个较长的阶段，民族自治地方的变通规定应当将重点放在经济建设和保护生态环境两个方面，加快经济发展的同时注意保护生态环境。民族自治地方拥有丰富的自然资源，其在经济建设过程中很大程度上还要依赖资源优势。所以，民族自治地方自然资源的利益分配机制就成为一个至关重要的问题，如果资源权属模糊不明确，利益分配机制不合理，就会影响到民族自治地方经济建设事业的进一步发展。我国仅有几个民族自治地方制定了水土保持、森林、草原、野生动物保护等方面的变通或补充规定，而且其立法内容也远未达到合理开发自然资源，保护生态环境的要求。民族自治地方应充分利用立法变通权针对本地区的实际情况，制定相应的自然资源开发和生态环境保护方面的变通或补充规定，建立起平等、互利、明晰的利益分配机制，以保障生活在当地的各民族人民的生存利益，实现保护生态环境和加快经济发展并举。

第二，变通或补充规定要进一步强化民族特点和地方特点。看一部民族地方立法质量的高低，除了看它是否与宪法、法律和行政法规相抵触外，还要看它是否体现民族特点与地方特色，是否符合民族自治地方的实际情况。民族自治地方立法如果离开了民族特点就成了无源之水、无本之木。所以，民族自治地方的变通或补充规定应在宪法的框架下，充分体现民族性、自治性、地方性的特点。突出民族特点和地方特色，着眼于国家立法不能解决的民族自治地方的特殊问题，是民族自治地方立法的生命力所在。变通规定和补充规定是国家立法的拾遗补阙，以求实、管用、简明为原则，适应市场经济变化节奏快、解决应急问题的特点，是民族立法的生机、活力和优势所在。要注意克服"大而全""小而全"的现象，坚持"少而精"的原则，使单行条例和变通或补充规定起草快、审议快、出台快。实践证明，变通或补充规定的民族性、地方性特点越突出，其实用性就越强，越能解决本地的实际问题，执行效果就越好，质量也就越高。

第三，充分利用《立法法》第 66 条的笼统授权，积极主动地依法变通。国家法律与民族特点存在冲突是不可避免的，但国家法律与民族特点冲突的解决不是放弃前者而适应后者，也不是以牺牲后者为代价来保持前者的威严和地位，而是找出两者共同点、结合处，即在不与宪法和法律的原则精神相抵触的前提下，充分照顾少数民族的文化特点，从而求得解决两者冲突的有效方法。[1] 立法变通正是解决两者冲突的有效方法。立法变通的目的在于解决和处理国家法律与民族特点的冲突，尤其与民族传统文化和习俗的冲突，保证国家法律在民族自治地方的正确实施。因此，只有通过民族自治地方立法变通权保护和发展少数民族的传统文化、风俗习惯、宗教信仰，使得制度创新从互补的方向上展开，才有可能使国家立法渐进性地得到民族自治地方各少数民族的广泛认同和遵守。因此，民族自治地方不能仅仅依据有限的法律条款的具体授权进行变通或补充规定，而应该充分利用《立法法》第 66 条的笼统授权，对本地方的经济、文化、社会等各个领域中关系到本民族本地方的内部事务以及民生问题的层面积极主动地依法变通，逐步扩展变通规定的数量，有效提高变通规定的质量，从而改变自治立法体系建构的封闭状态，推进民族自治地方的现代法治建设。

---

[1] 胡启忠：《论民族地区的法律变通》，《西南民族学院学报》（哲学社会科学版）2002 年第 2 期。

3. 变通或补充规定的立法技术层面分析

和自治体例及单行条例的立法技术相比，民族自治地方变通或补充规定政策性立法的倾向相对较少，立法主要是为了有效贯彻执行法律或行政法规，所以其变通或补充规定要比较具体和具有一定的可操作性。但是，一些变通立法缺乏地方特色与民族特色，没有更多地考虑和顾及当地的生产生活习俗，为变通而变通的现象较为突出。变通或补充规定主要是对法律行政法规的修改变化或补充，但一些变通立法却不惜笔墨重复法律的原则和内容，照抄法律条文，立法语言不规范，针对性不强，立法质量不高。如西藏自治区对于《婚姻法》变通规定的修订则存在着技术性差错，该法于2004年根据修正的《婚姻法》进行了相应的修改，但是，其变通条例的依据部分仍然是"根据《中华人民共和国婚姻法》第三十六条的规定"，而《婚姻法》关于变通的规定是修改后的第50条，变通条例却没有据此进行修改。因此，不断提高变通或补充规定的立法技术水平也是提高变通或补充规定需要解决的一个大问题。

第二节　民族自治地方自治立法的适用

自治立法生产出来，不是为了观赏，更不是为了收藏，目的在于让这些自治立法能够真正规范和调整民族自治地方生产生活等方面的社会关系。这就需要考察生产出来的自治立法适用的有效性。虽然立法自治水平高低的衡量标准主要是自治立法机关进行自治立法时意思表示是否真实，立法行动是否自主，但无论自治立法机关在立法时意志怎么样自主，行动怎么样自由，甚至是自治立法产品也十分优质，如果其生产出来的自治立法产品不能付诸实施，那自治立法机关的立法自治也就会大打折扣，自己生产的自治立法产品无人问津,那还生产这种自治立法产品干什么?通过对立法自治实现的自治立法适用有效性的分析,我们可以在一定程度上观察立法自治的真正实现程度。

一 自治立法适用的功能及意义

法律适用有广义和狭义之分。广义的法律适用是指国家机关及其工作人员、社会团体和公民实现法律规范的活动,这种意义上的法律适用一般被称为法的实施。狭义的法律适用是指国家机关及其工作人员依照其职权范围把法律规范应用于具体事项的活动,特指拥有司法权的机关及司法人员依照法定方式把法律规范应用于具体案件的活动。本文采用广义的法律适用概念。相应的,本文所称的自治立法适用就是指国家机关及其工作人员、社会团体和公民实现自治性法律规范的活动,因此本文所称的自治立法适用也叫自治立法的实施。

立法和实施是法制的两个基本环节,立法是实施的前提,而法律一旦制定,实施问题就随之而产生。法要产生其应有的效果,制定出来后必须使法律得到很好的实施。列宁指出:法律"如果不被忠实地执行,很可能完全变成儿戏而得到完全相反的结果"[1]。民族法制建设和国家法制建设一样,没有立法,法律的实施无从谈起;但法律制定之后,如果不很好地实施,其消极作用比无法可依的负效应还要大。这是因为法律将因不能或无法实施而丧失其权威性,随之而来的是违法行为就可能有恃无恐。

民族自治地方自治立法不能只为立法而立法,其目的应当是为了实施,在实施中发挥自治立法的作用。即通过对自治法律法规的正确实施,保障少数民族的平等权利和自治权利,促进少数

---

[1] 《列宁全集》(第30卷),人民出版社,1985,第173页。

民族和民族地区的经济、文化发展，以建立平等、团结、互助的民族关系和与之相适应的和谐的社会秩序。民族自治地方自治立法实施，与一般法律的实施一样，主要包括两个方面的内容：一方面要求国家机关（特别是自治机关和上级国家机关）及其公职人员应当严格地执行民族自治立法，切实保障民族自治立法在现实中的贯彻实施；另一方面要求民族自治地方一切国家机关、社会组织和公民都必须遵守自治立法。但自治立法的实施是一个十分复杂的过程，许多因素都会对自治立法的实施产生影响。因此，自治立法的制定，必须考虑其实施的可能性和有效性。

然而，自治立法普遍存在重制定、轻实施、缺少监督的现象。大部分民族自治地方花费了大量的人力、财力，制定出了自治法规就算完事大吉，至于实施效果如何，鲜有人问津。制定出来的地方法规得不到有效实施，使民族法规保障民族自治地方经济社会发展成为空谈，严重挫伤了民族自治地方制定民族法规的积极性。以《云南省红河哈尼族彝族自治州民族教育条例》（1999年7月29日）为例，该条例颁布至今已近13年。该《条例》第9条规定，大学专科及其以上毕业生在边疆县和内地边远山区任教的，在当地工作满20年以上者，按年工资总额给予一次性住房补助。第10条规定，对在边疆县和内地边远山区工作的教师实行艰苦地区补贴等。但是，由于红河州地方财政困难等原因，致使该条例的上述条款无法实现。这也是全国其他自治州、自治县在自治法规实施中普遍存在的问题。

因此，强化自治立法的适用意义重大。一方面只有自治立法真正被适用，才能够发挥好自治立法保障民族自治地方经济社会发展的应有功能。另一方面自治立法真正被有效适用了，就可以提高民族自治地方立法自治机关制定自治立法的积极性和主动性，行使好《宪法》《民族区域自治法》《立法法》赋予的立法自治权，进一步制定出足够而良好的自治立法，从而进一步提高民族自治地方立法自治的水平。

二 自治立法的适用范围

1. 自治立法适用的地域范围

一般来说，自治法规仅限于本行政区域内有效，不具有域外效力，这是由自治法规立法主体的立法权限所规定的，同时也是自治法规地方性特点的体现。比如《道真仡佬族苗族自治县水资源管理条例》第 4 条明确规定："凡在本县境内规划、开发、利用、保护、管理水资源，防治水害，必须遵守本条例。"《五峰土家族自治县乡村管理条例》第 2 条规定："本条例适用于自治县境内乡村公路的建设、养护和管理。"我国学术界也有人认为，由于自治条例效力等级高于一般性地方法规，具有国家法律的属性，因此其适用范围可以超出本自治地方之外。[1] 这里必须强调的是：自治条例具有法律性，是仅就其效力等级而言，之所以如此，是因为自治条例虽然可以变通法律和行政法规，但不能就此简单地推出自治条例也具有国家法律的适用范围。自治条例的效力等级确实高于一般性地方法规，但它仍属于地方立法的范畴，作为地方立法其当然只能适用于本地方。[2] 我国《宪法》《立法法》《民族区域自治法》都规定，自治条例是民族自治地方的自治机关依照当地民族的政治、经济和文化特点制定的。显然，依照当地特点制定的自治条例，当然只能在当地适用，在本民族自治地方范围之外不发生任何法律效力。对此我国行政诉讼

---

[1] 刘惊海、施文正：《我国民族区域自治法律制度的完善》，载《民族区域自治新论》，民族出版社，2002，第 317 页。

[2] 康亚坤、马洪雨、梁亚民：《中国民族区域自治地方立法研究》，民族出版社，2007，第 87 页。

法等基本法律，对自治条例的适用范围也有明确规定。

2. 自治立法适用的对象范围

自治立法适用的对象是指自治法规对什么人有效，即适用对象问题。这里讲的人是一个法律术语，是指自然人、法人和其他组织。具体可以分为三种情况：一种情况是凡居住（或注册地）在民族自治地方区域内的自然人、法人和其他组织均是自治法规的适用对象，自治法规对其均有管辖效力。比如《松桃苗族自治县非公有制经济方针保护条例》第3条规定："在本自治县行政区域内的单位和个人应当遵守本条例。"《云南省德宏傣族景颇族自治州自治条例》第76条规定："自治州内的一切国家机关和武装力量，各政党组织和社会团体，各企业事业组织和各民族公民都必须遵守和执行本条例。"另一种情况是上级国家机关或其他地方驻民族自治地方的机构，以及进入民族自治地方的非本地公民，都要受自治法规的管辖。第三种情况是凡是归民族自治地方管辖的单位和个人，即使不在本民族自治地方，也适用该自治法规。如《湖北省五峰土家族自治县自治条例》第12条规定："自治县内的一切国家机关、武装力量、政党组织、社会团体、企事业单位和各民族公民，都必须遵守本条例。自治县在本行政区域外设立的机构应当遵守本条例。对违反本条例的行为，必须予以追究。"因此自治法规对人的法律效力，基本上是以属地主义为基础，以属人主义、保护主义为补充。即对居住、派驻、进入民族自治地方行政区域范围内的一切自然人、法人和其他组织均适用自治法规；在某些问题上，对驻民族自治地方的上级国家机关的派出机构和外国人将区别对待。

关于自治法规的对人的适用范围，我国有部分学者认为自治条例能规范和约束上级国家机关的行为。有人从自治条例的效力等级和法律性得出自治条例可以约束和规范上级国家机关的行为;① 还有学者认为"拟制自治法规时,可以规范上级国家机关及其职能部门的某些特定行为,这是自治法规与地方法规的重大不同之处。也正是因为如此,自治法规才必须经上级国家机关批准。也就是说,自治法规不像地方法规那样仅限于适用制定机关本行政区域内的主体的行为。它还可以对拟制机关的上级机关,尤其是上级行政机关的特别行为进行规范,甚至还可以对拟制机关所在的民族自治地方之外的地方的行为规定特别规范"②。从自治条例的制定来看,上级国家机关与自治地方的关系是不可避免的问题,不出现规定上级国家机关行为的条款是很难做到的。这种观点似乎也为一些地方所接受。例如,《广西壮族自治区自治条例(草案)》规定,"由于国家财政体制的变更、国家政策统一调整以及发生重大自然灾害等原因,导致自治区财政发生减收或增支时,由上级国家机关给予专项补助"(第60条)、"自治区境内的中央直属企业上缴中央财政及其主管部门的收入,由上级财政部门全额返还自治区……"(第66条)对广西来讲,过去由于经济落后以及战争环境的影响,国家对广西的投入远远低于全国平均水平,这是广西经济发展相对缓慢的一个重要原因,做这样的规定是可以理解的,但这样的规定是否可行却是有疑问的,因为这和我国的政治体制有冲突。③

可以说"自治条例适用于上级国家机关"的观点在理论和实践中是根本站不住脚的,这只是我国部分学者的一厢情愿。在

---

① 吴宗金、敖俊德:《中国民族立法理论与实践》,中国民主法制出版社,1998,390页。
② 刘惊海、施文正:《我国民族区域自治法律制度的完善》,载《民族区域自治新论》,民族出版社,2002,第317页。
③ 张文山:《通往自治的桥梁:自治条例与单行条例研究》,中央民族大学出版社,2009,第116页。

理论上，这一结论明显将中央和地方、上级与下级的关系颠倒，与我国的政治体制和立法体制相悖。我国是单一制国家，实行民族区域自治制度的基本前提是国家的统一，各自治地方与中央是地方和中央的关系，各自治机关同时也是一级地方国家机关，具有两重性，与其他非自治地方一样，都必须服从中央的统一集中领导。对此我国宪法和民族区域自治法都有明确的规定，《宪法》第110条明确规定："地方各级人民政府对上一级国家行政机关负责并报告工作。全国地方各级人民政府都是国务院统一领导下的国家行政机关，都服从国务院。"《民族区域自治法》第15条也重申了宪法的这一精神，即"民族自治地方的人民政府对本级人民代表大会和上一级国家行政机关负责并报告工作，在本级人民代表大会闭会期间，对本级人民代表大会常务委员会负责并报告工作。各民族自治地方的人民政府都是国务院统一领导下的国家行政机关，都服从国务院。"

宪法赋予自治机关制定自治条例、依法变通法律和行政法规的目的是行使和落实自治权，而不是规范和约束上级国家机关，可以说，自治法规对上级国家机关行为的约束和规范本身就是一种违法行为，对此必须要有清醒的认识。《民族区域自治法》第7条明确规定："民族自治地方的自治机关要把国家的整体利益放在首位，积极完成上级国家机关交给的各项任务。"其第8条规定："上级国家机关的决议、决定、命令和指示，如有不适合民族自治地方实际情况的，自治机关可以报经上级国家机关批准，变通执行或者停止执行；该上级国家机关应当在收到报告之日起60日内给予答复。"有很多学者就是以第8条规定来说明自治法规可以约束上级国家机关的行为，实际上这只是自治地方行使自治权的一种方式，根本谈不上对上级国家机关行为的约束和规范，只能说是民族自治地方向上级国家机关行使的一种比较有力的建议权。至于自治条例要报上级国家权力机关批准,是因为自治条例可以变通法律和行政法规,由于事关重大,法律明确规定由全国人民代表大会常务委员会或省、自治区、直辖市的人大常委会审查批准,以保障国家法制的统一,这完全符合我国的立法体制。[1] 当然,根据宪法和有关法律规定,上级国家机关对业已生效的自治条例有保障其实施的职责,但这与自治条例不能规范和约束上级国家机关并不矛盾。在实践中,自治法规要经过全国人民代表大会常务委员会或省、自治区、直辖市的人大常委会审查批准,试想,如果自治法规对上级国家机关的行为也做了规范和约束,那么这样的法规又何必让全国人民代表大会常务委员会或省、自治区、直辖市的人大常委会批准呢?实际上这是不可能批准的,其实施的可能性也几乎是不存在的。因此,自治条例可以规定和约束上级国家机关的观点是难以操作的。

三 行政管理中的自治立法适用

民族自治地方行政机关一般情形下是宪法所规定的具体负责民族自治地方行政管理事务、组织公共机构开展公共服务职能、实施立法机关所制定的法律的国家机关。民族自治地方行政机关是具体执行国家公共管理权力的机构,特别是负责具体执行中央立法机关和民族自治地方立法机关所制定的法律的机构,因此行政管理活动主要就是在适用立法机关制定的法律,也就是说,在行政管理活动中主要涉及法律适用,如何"依法行政"。可以说,民族自治地方行政机关的行政管理活动,本质上就是在适用立法机关制定的法律。立法机关制定的法律当然也包括了民族自治地方自治立法机关所制定的自治立法,因此民族自治地方行政

---

[1] 张文山等:《自治权理论与自治条例研究》,法律出版社,2005,第180页。

机关行政管理活动中,必然要涉及如何适用自治立法的问题。

但是,自治立法包括了自治条例、单行条例、变通或补充规定,这三种形式的自治立法所规范的内容是有差别的。就单行条例、变通或补充规定而言,更多的是属于行政法的范畴,而且更多的是属于行政行为方面的行政法,如有关草原管理方面的变通或补充规定、有关教育方面的自治条例,这些作为行政行为法的自治立法,民族自治地方的行政机关应该直接适用,不按照这些自治立法进行行政管理,行政机关就是违法,就没有适用好自治立法,就不是依法行政,而是违法行政,所以单行条例、变通或补充规定可以作为民族自治地方行政机关进行行政管理活动的直接依据,民族自治地方行政机关在进行行政管理时,就必须要依据自治立法的相关规定作为自身行使行政权力的依据。

然而,自治立法中的自治条例能否作为民族自治地方行政机关进行行政管理的直接依据,自治条例是否具有直接适用性,这就相对复杂了。自治条例被人们俗称民族自治地方的"小宪法",它所调整的是民族自治地方政治、救济、文化等方面的关系,是一种相对特殊的自治立法,它的主要法律功能并不是为某一个国家机关、公民或社会组织行为直接设定行为规则,而是为民族自治地方设定的一种"规则的规则"。

《宪法》第 116 条规定:"民族自治地方的人民代表大会有权依照当地民族的政治、经济和文化的特点,制定自治条例和单行条例。"《民族区域自治法》第 19 条全文照抄了《宪法》这一规定。但《民族区域自治法》第 15 条第 3 款却规定:"民族自治地方的自治机关的组织和工作,根据宪法和法律,由民族自治地方的自治条例或者单行条例规定"。从《宪法》第 116 条和《民族区域自治法》第 19 条的规定来看,对自治条例的立法内容是一个概括性的规定,即"有权依照当地民族的政治、经济和文化的特点，制定自治条例和单行条例"；而《民族区域自治法》第15条第3款添加的又是一项具体的规定，即"民族自治地方的自治机关的组织和工作，根据宪法和法律，由民族自治地方的自治条例或单行条例规定"。这样自治条例的内容就必然成为一个由组织条例加上由《民族区域自治法》中有关自治权条款细化的条文而构成的框架。很多自治条例都是由很多关于自治机关及人民法院和人民检察院的组织条款，再加上对《民族区域自治法》中关于自治权条款的细化的条款组成。

自治条例的"小宪法"抑或"组织法"的特性使自治条例在行政管理当中的直接适用性变得不是很好操作。从法理上看，民族自治地方自治条例在行政领域的适用，不仅在于民族自治地方行政机关依据自治条例的规定来行使行政职权，还表现在民族自治地方行政机关根据自治条例的目的和原则来行使那些在自治条例中并没有明确赋予行政机关行使的权力，如民族自治地方政府可以依据其自治条例当中的"自主管理本地方经济建设"而在经济建设中采取自治条例当中没有明确规定的很多措施，这些措施虽然没有自治条例的明确规定，但不能说行政机关此时就没有依法行政，也不能说自治条例此时没有在行政管理活动中得到适用。

可见，自治立法在行政管理活动中的适用要分情况而定，对于单行条例、变通或补充规定，可以作为民族自治地方行政机关进行行政管理活动的直接依据，衡量民族自治地方行政机关是否适用了单行条例、变通或补充规定，直接依据其法律条文就可以进行判断。对于自治条例而言，自治条例所调整的社会关系除了存在于自治条例条文的规定之中，还以观念和价值形态存在于人们的日常生活当中，这是两个相互联系的方面，也就是说，自治条例的规范指引作用既可以在自治条例规范中体现出来，又可以在自治条例的基本原则中体现出来。仅仅以落实自治条例规范的规定来适用自治条例,这种要求是不到位的,自治条例实施的后果也不可能如人所愿。

在民族自治地方行政管理活动中,关于自治立法的适用,单行条例、变通或补充规定在行政管理活动中相对得到了较好的适用,而存在的主要问题就是在对自治条例的适用方面,局限于要依据自治条例的具体规定进行行政。由于自治条例规范相对宏观,不具有单行条例、变通或补充规定那样的可操作性,自治条例在行政管理活动中直接被适用的可能性相对较小,使行政机关很少依据自治条例的价值和原则来适用自治条例,导致自治条例在行政管理活动中没有得到很好的适用。因此,如何进一步鼓励行政机关依据自治条例的价值和原则来适用自治条例,这是提高自治立法在行政管理活动中适用程度的一个关键问题。

四 司法审判中的自治立法适用

司法审判中自治立法的适用,顾名思义,就是由司法机关运用自治立法作为司法审判的法律依据,根据自治立法的规定来审理案件,并做出相应的判决。自治立法在司法审判中的适用与自治立法在行政管理活动中的适用其功能是相似的,就是要求司法机关将自治立法作为自身行为的法律依据。司法审判具有被动性,如果没有产生争议的当事人的申诉,那么,司法审判机关就不可能主动去运用自治立法来审理案件。

在我国,关于宪法及宪法性法律在司法审判中的适用性问题,十多年前就有学者专门对此进行了论述,特别是在 2000~2005 年期间,社会各界纷纷对宪法司法化问题加以评论,一时间形成了"宪法司法化"的热潮。虽然在实践当中也有地方人民法院在司法审判中援引宪法作为判案的法律依据的做法,但在目前,法律和法规还是没有肯定宪法是否可以在司法审判中作为判案的法律依据,尤其是最高人民法院自身对宪法是否可以适用于刑事、民事和行政案件的审判仍然没有明确的司法态度。因此,总体来看,在我国,《宪法》或宪法性法律是非司法化的。《民族区域自治法》《立法法》都是宪法性法律,在司法审判中很少被法院作为判案的直接法律依据。民族自治地方的自治立法中,一种重要的形式就是自治条例,有人称其为民族自治地方的"小宪法",既然是"小宪法",它是不是也不能司法化?是不是法院也不能够把自治条例作为审判案件的直接依据?答案当然是否定的。

在行政诉讼中,《中华人民共和国行政诉讼法》(以下简称《行政诉讼法》)第52条规定:"人民法院审理行政案件,以法律和行政法规、地方性法规为依据。地方性法规适用于本行政区域内发生的行政案件。人民法院审理民族自治地方的行政案件,以该民族自治地方的自治条例和单行条例为依据。"可见,作为自治立法,自治条例和单行条例是可以作为审理行政案件的依据的。根据《行政诉讼法》第53条的规定,政府规章和部门规章都只是"参照",而自治条例和单行条例是"依据",可见,在《行政诉讼法》中,自治条例和单行条例的适用是肯定的。不过,需要注意的是,虽然《行政诉讼法》第52条没有规定可以依据"变通或补充规定",但在事实上很多变通或补充规定都是以单行条例的形式出现的,而变通或补充规定本身就是对法律和行政法规的依法变通或补充,即使不以单行条例的形式出现,变通或补充规定也应该可以作为行政案件审理的依据。

在民商事诉讼中,《中华人民共和国民事诉讼法》(以下简称《民事诉讼法》）本身就没有规定要以那种法律作为审判的依据，因为民事纠纷多种多样，但每一种民事纠纷几乎都有相关民事法律的规定，已有的民商事实体法几乎为人们的日常生活提供了足够的法律规范，因此法院在审理民商事案件时，其直接的法律依据就是这些具体的法律，除非是行政附带民事诉讼，否则几乎不会涉及行政法规、政府规章、部门规章等的适用问题。但是，由于很多部民商事实体性法律，如《婚姻法》《继承法》都赋予了民族自治地方变通或补充规定的权利，而且《民事诉讼法》第17条也规定："民族自治地方的人民代表大会根据宪法和本法的原则，结合当地民族的具体情况，可以制定变通或者补充的规定。自治区的规定，报全国人民代表大会常务委员会批准；自治州、自治县的规定，报省或者自治区的人民代表大会常务委员会批准，并报全国人民代表大会常务委员会备案。"再加上《立法法》第81条规定："自治条例和单行条例依法对法律、行政法规、地方性法规作变通规定的，在本自治地方适用自治条例和单行条例的规定。"因此，根据这些规定，民族自治地方司法机关在审理民商事案件的时候，如果其审判所依据的法律依据被民族自治地方变通或补充规定过，则应该优先适用民族自治地方的变通或补充规定，甚至是民事诉讼的程序变通或补充规定过的，也要优先适用民族自治地方的变通或补充规定。

在刑事诉讼中，《中华人民共和国刑事诉讼法》（以下简称《刑事诉讼法》）也没有规定要以哪一部法律作为审判的依据，但在我国的法律规范中，与行政法、民商事法不同，刑事性法律就只有《中华人民共和国刑法》（以下简称《刑法》）一部实体性法律，虽然这部法律也有几个修正案，但是刑事实体法的法律十分单一和确定，因此法院在审理刑事诉讼案件时，其审理的依据就是《刑法》。虽然我国《刑法》第 90 条规定："民族自治地方不能全部适用本法规定的,可以由自治区或省的人民代表大会根据当地民族的政治、经济和文化的特点和本法规定的基本原则,制定变通或者补充的规定,报请全国人民代表大会常务委员会批准施行。"但是,根据《立法法》第 8 条的规定,"犯罪和刑法"只能制定法律,行政法规、地方性法规、自治条例、单行条例都不能制定有关"犯罪和刑法"的法律性文件,当然在犯罪和刑法领域,更不可能赋予民族自治地方变通或补充规定的权力。因此,在实际上,民族自治地方目前还没有任何一个有关刑法方面的自治条例、单行条例、变通或补充规定。可见,法院在审理刑事案件的过程中,不可能适用自治立法,而且《刑事诉讼法》也没有授权民族自治地方变通或补充刑事诉讼程序,所以即使是诉讼程序也必须按照《刑事诉讼法》的统一规定进行。当然,也有例外,那就是在刑事附带民事诉讼中,如果附带的民事诉讼部分涉及民族自治地方的自治立法的内容,此时自治立法也具有适用性,应该优先适用自治立法。

由此可见,目前在司法实践中,地方各级人民法院根据审判案件的具体需要,在行政诉讼、民事诉讼中,如果涉及自治条例或单行条例规范的内容,在本地区就要适用自治立法。但是在刑事诉讼中,除了刑事附带民事诉讼中的附带民事诉讼部分可以适用自治立法外,单纯的刑事诉讼,无论是诉讼程序还是审理案件的依据,都不可能涉及自治立法的适用。

五 一切国家机关、社会组织和公民对自治立法的遵守

自治立法适用是将自治立法作为判断人们行为是非对错的标准。从理论上来看,民族自治地方任何组织和个人都可以运用自

治立法来作为判断行为是非对错的标准，都存在自治立法适用问题。自治立法要在具体的实际生活中真正得到实施，既需要享有自治立法规定的特定职权的国家机关、组织和个人要正确地适用自治立法来实施自治立法上所规定的自治立法职权，同时也需要所有的社会组织和公民个人能够自觉地运用自治立法的规定来约束自己的行为。

但是，我国历史上是一个习惯于以"人治"为主的国家，新中国成立特别是党的十一届三中全会以来，法制建设才步入正轨。这种状况导致我国法制化起步晚、基础差，民族自治地方的法制基础更是薄弱。在我国少数民族的主要聚居区，大部分少数民族的经济结构、生产方式、文化知识都还相当落后，人们的守法、维权等法律意识极为淡薄。直到今天，在某些少数民族地区迷信和野蛮的禁忌还扮演着天然法律的角色。一些少数民族群众对于权利被侵害往往不是诉诸法律，而是忍受或者是设法私了。民族自治地方的少数民族依照"习惯"自行处理法律问题还是一种普遍现象。

因此，民族自治地方自治机关在当前一方面要认真做好国家机关、企事业单位公职人员的法律教育工作；另一方面更要加强对民族自治地方群众的普法宣传教育活动。要从本地区社会主义现代化建设的实际需要出发，通过制定富有地方特色和民族特点的自治条例、单行条例和其他法规，有针对性地解决本地区改革开放和发展社会主义市场经济过程中出现的具体问题和特殊问题。立法如果离开民族自治地方的具体特点，只是一味地抄来抄去或者照搬国家的法律规定，那么民族自治地方立法就丧失了其本身的价值，必然难以发挥其应有的作用。民族自治地方立法必须坚持实事求是，一切从当地实际出发的原则，突出各民族政治、经济、文化特点。譬如，《民族区域自治法》对实施《宪法》规定的民族区域自治制度作了具体规定，但是对于各民族自治地方来说，许多规定还过于原则和笼统，执行起来缺乏可操作性。这就需要通过突出民族特点的地方立法活动，使上述这些问题得到切实地解决。

第三节 民族自治地方自治立法的监督

自治立法的监督，是地方立法相对分权的必然产物，是民族自治地方立法自治权有效运作的基本保障。研究自治立法的监督制度，对于健全自治立法制度，提高自治立法质量具有重大的现实意义。况且，在我国统一主权国家范围内，无论何种类型的地方自治，都只是中央授权的产物，对各种地方自治进行必要的监督，这是化解大国统一性政治与地方性政治之间张力的必然要求，立法自治也不例外。

一 自治立法监督的界定及特征

（一）自治立法监督何以必要

对立法权实施有效的控制是宪政国家的基本要求，自治立法的监督制度是宪政理论中权力制约的一个具体表现。既包含横向的权力之间的制约，也包含纵向的中央与地方的权力控制。

1. 横向的权力之间制约的客观要求

传统宪政理论要求权力制约，即为保障公民的基本权利，国家权力的各部分之间相互分立与制衡。立法监督是制约政治国家立法权力的基本途径，也是加强国家法制统一的必然要求，其法理基础来源于权力制约的原理。各国立法实践表明，立法分权与立法监督是一国立法制度的鸟之双翼、车之两轮，无论何种结构形式的国家，也无论何种分权程度的国家，为了确保一国立法的统一与和谐，都高度重视立法监督机制的建立及其运作。① 在我国民族自治立法中，"宪法和法律赋予了民族自治地方在制定自治条例和单行条例时比地方性法规有更多的灵活性、自主性，授予的权力越大，相应的监督力度也应该越大，这样才能使权力与权力之间保持制约与平衡"②。同时，由于"民族区域自治立法权担负着完善甚至是支撑民族自治区域制度的重要使命，与此相适应，民族区域自治立法机关也成为民族区域自治制度的主要承载者；对这样一个机关及其行为施以必要的监督自然是民族区域自治立法监督的内涵所在"③。

2. 纵向的中央与地方的权力控制的基本需要

对民族区域地方自治立法的监督是中央与地方纵向权力制约关系的一个方面。在我国国家结构形式内，民族区域自治，是在统一的国家内，在国家的统一领导下，各少数民族聚居的地方建立民族自治地方，实行区域自治，设立自治机关，行使自治权。民族区域自治必须在中央的统一领导下进行，民族区域自治必须坚持国家法制的统一，是在国家法律体系内进行的民族自治地区的民主法制建设；而且民族自治地方的法制建设的权限来自于中央的授予，中央通过法律法规授予民族自治地方立法自治权，民族自治地方的立法不得违背宪法和法律的原则。当然，民族区域自治的另一个重要方面是保证少数民族人民群众的权益，保障少数民族地区人民群众的人民民主政治制度的顺利进行。具体到民族自治地方自治立法方面，民族自治地方有权依照当地民族的政

---

① 吴斌：《宪政视野中的民族区域自治地方立法监督》，《民族研究》2007年第3期。
② 吴高盛：《立法法条文释义》，人民法院出版社，2000，第118页。
③ 秦前红、姜琦：《论我国民族区域自治的立法监督》，《浙江学刊》2003年第6期。

治、经济和文化制定自治条例和单行条例,可以依据本地实际情况,关于贯彻执行国家的法律、法规、上级国家的决议、命令、指示、决定等,可以朝着适合民族自治地方实际情况的方向做出变通规定。为维护国家法制统一,中央对民族自治地方自治立法控制的重要手段就是实行立法监督,而立法监督的尺度及监督制度的设置都应以中央与地方权力划分的理论为指导。"在制定民族自治地方法规的过程中,既要充分发挥民族自治地方立法的积极性,用法律形式来确保民族区域自治权利的实现,维护少数民族的合法权利和利益,同时也要防止忽视国家利益甚至违反宪法和法律的现象发生。"[1] 中央的主要目标是把握全局利益,追求整个社会公共利益的完整和最大化,而民族自治地方在不损害整个社会公共利益和中央全局利益的前提下,通过自身的行为谋求地方局部利益的最大化。

(二)自治立法监督的含义

对于立法监督的含义,我国学界共有四种看法:一是立法机关监督说,认为立法监督就是立法机关实施的监督;二是认为立法监督就是运用立法手段对执法、司法等方面的监督;三是主张立法监督就是权力机关对制定法律规范性文件的权力进行监察和督导的一种专门活动;四是将立法监督看成是由特定主体在自己的监督权限范围内,依据一定的程序对立法活动的监督。[2] 笔者认为,这几种观点均有所偏失,根据近代人民主权的理论,公民权利对国家权力的制约成为权力制约的重要一方面,所以立法监督不仅包括国家机关的监督,更重要的是人民的监督。而且立法

---

[1] 宋才发、王红曼、熊坤新、彭谦:《中国民族法学体系通论》,中央民族大学出版社,2005,第255页。
[2] 谭洁:《完善我国立法监督制度的思考》,《广西民族学院学报》(哲学社会科学版)2003年第5期。

监督不同于行政监督、司法监督等方面，其主要是立法监督主体对立法主体的立法活动及立法内容合宪性的监督与控制。

综上所述，对立法监督比较全面的定义可表述为：立法监督主体在监督权限范围内，运用各种监督方式依据一定的程序行使监督权，对有立法权的国家机关制定、认可、修改、废除、解释规范性法律文件的行为或过程实施的合宪性、合法性、适当性的审查和控制，以达到对立法权的监督和制约。其中，立法监督主体既包括国家机关，也包括公民。相应地，民族自治地方自治立法监督即为监督主体对民族自治地方立法机关制定的各类自治法规是否违反宪法、法律、行政法规的基本原则以及是否相互矛盾，进行审查和控制的活动。

（三）自治立法监督的特征

民族自治地方自治法监督作为我国立法监督的重要组成部分，具有不同于其他地方性立法监督的特征，主要表现在以下几方面。

1. 监督主体的法定性与广泛性

自治立法监督的主体具有法定性，即只有特定的主体才有民族区域自治的立法监督权，且立法监督权来自宪法和有关法律的授权。自治立法监督主体也具有广泛性的特点，国家机关、社会团体和公民个人都应享有监督立法的权力。立法监督主体的广泛程度，标志着一个国家立法生活乃至整个政治生活的民主化程度，不仅国家机关享有对自治立法的监督权，人民群众也应享有对自治立法的监督权。我国《宪法》第41条规定，"中华人民共和国公民对于任何国家机关和国家工作人员，有提出批评和建议的权利……"确立了人民群众作为立法监督主体的法律地位。

2. 监督对象的特定性

根据我国《宪法》和相关法律的规定，民族自治地方的人民代表大会有权依照当地民族的政治、经济和文化的特点,制定自治条例和单行条例,民族自治地方自治机关依据本地实际情况,可以依法对国家的法律、法规、上级的决议、命令、指示、决定等,做出变通规定。由于自治条例、单行条例、变通规定是民族自治地方自治法规的主要形式,因而自治条例、单行条例、变通规定都是民族自治地方自治立法监督的监督对象。

3. 监督内容的特定性

自治立法监督的内容主要有两方面,即对立法自治权行使的合法性和合理性的审查,合法性审查是对立法自治权行使是否遵守宪法、法律、法规规定的监督和审查,合理性审查是对立法自治权的行使及立法内容是否符合立法目的、是否适度的审查。关于自治立法监督的具体内容,包括对立法自治权限的监督、对自治立法内容的监督、对自治立法程序和立法技术运用的监督等方面。

4. 监督程序的严格性

自治立法监督程序是对自治立法进行监督所必须遵循的方式、步骤及时限。对民族自治地方自治立法的监督程序,既包括对自治立法准备阶段,即立法项目确定、立法建议采纳及立法决策的监督程序;也包括对自治法规制定过程的监督程序。根据我国《宪法》《立法法》《民族区域自治法》的有关规定,我国民族区域自治立法的监督程序主要有批准程序、备案程序、审查程序、改变和撤销程序等。

(四)我国关于民族区域自治立法的监督的相关法律规定

我国关于民族区域自治立法的监督的有关法律规定主要体现在《宪法》《民族区域自治法》《立法法》《国务院实施〈中华人民共和国民族区域自治法〉若干规定》《中华人民共和国各级人民代表大会常务委员会监督法》等几个法律规范中。其中,

《宪法》第 116 条规定："自治区的自治条例和单行条例，报全国人民代表大会常务委员会批准后生效。自治州、自治县的自治条例和单行条例，报省或自治区的人民代表大会常务委员会批准后生效，并报全国人民代表大会常务委员会备案。"《立法法》第 66 条规定："民族自治地方的人民代表大会有权依照当地的政治、经济、文化的特点，制定自治条例和单行条例。自治区的自治条例和单行条例，报全国人民代表大会常务委员会批准后生效。自治州、自治县的自治条例和单行条例，报省、自治区、直辖市的人民代表大会常务委员会批准后生效。"《立法法》第 88 条第 1 款规定："全国人民代表大会有权改变或者撤销它的常务委员会制定的不适当的法律，有权撤销全国人民代表大会常务委员会批准的违背宪法和本法第 66 条第 2 款规定的自治条例和单行条例。"《立法法》第 89 条规定："自治州、自治县制定的自治条例和单行条例，由省、自治区、直辖市的人民代表大会常务委员会报全国人民代表大会常务委员会和国务院备案。"《民族区域自治法》第 19 条规定："自治区的自治条例和单行条例，报全国人民代表大会常务委员会批准后生效。自治州、自治县的自治条例和单行条例报省、自治区、直辖市的人民代表大会常务委员会批准后生效，并报全国人民代表大会常务委员会和国务院备案。"从以上规定可以看出，我国对民族自治地方自治立法监督权力由全国人民代表大会及其常务委员会行使，省、自治区、直辖市人民代表大会常务委员会也在一定范围内行使立法监督权。

二 自治立法监督的主体

民族自治地方自治立法的监督主体是指依法享有立法监督权，有权对自治立法实施监督的法律主体。根据自治立法监督主体的监督权是否具有国家权力性,可以将自治立法监督主体分为国家权力性监督主体和非国家权力性监督主体。

(一)国家权力性监督主体

国家权力性监督主体是指享有自治立法监督权的国家机关,主要是指国家权力机关。作为国家最高权力机关,全国人民代表大会是地位最高、最具权威的自治立法的监督主体。根据《立法法》的规定,全国人大有权撤销全国人大常委会批准的违背《宪法》的自治条例和单行条例,也有权撤销其常委会批准的违反《立法法》第66条有关规定的变通规定。作为全国人大的常设机关——全国人民代表大会常务委员会也是自治立法的监督主体。根据《宪法》和《立法法》的规定,民族自治区的人民代表大会制定的自治条例和单行条例,要报全国人民代表大会常务委员会批准后生效。自治州、自治县制定的自治条例和单行条例,须由省、自治区、直辖市的人民代表大会常务委员会批准,并报全国人民代表大会常务委员会备案。全国人大常委会还有权撤销由省级人大常委会批准的违反《宪法》和《立法法》第66条第2款规定的自治条例和单行条例。作为地方国家权力机关的常设机构——省、自治区、直辖市人大常委会也享有对自治立法的监督权,自治州、自治县的自治条例和单行条例报省、自治区、直辖市的人民代表大会常务委员会批准后生效。

(二)非国家权力性监督主体

非国家权力性监督主体主要是指国家机关以外的政党、政协、社会团体、公民个人和新闻媒体。社会主义民主政治强调公民权利对国家权力的制约,法律应当充分体现人民的意志和利益,国家权力来源于公民权利,公民权利制约国家权力,而对立法权的可监督性是现代法治的基本要求。立法监督制度既是监督主体人民性的要求,也是监督目的控权性表现;既是人民民主内涵的外在形式，也是实现人民民主权利的法律保障。[①] 因此，公民和各种组织都有权对立法进行监督，民族自治地方自治立法的监督也不例外，应赋予公民和其他组织广泛的监督权利。

《立法法》第90条规定："前款规定以外的其他国家机关和社会团体、企业事业组织以及公民认为行政法规、地方性法规、自治条例和单行条例同宪法或者法律相抵触的，可以向全国人民代表大会常务委员会书面提出进行审查的建议，由常务委员会工作机构进行研究，必要时，送有关的专门委员会进行审查、提出意见。"从该条规定可以看出，我国现行立法赋予非国家权力性监督主体以建议的方式监督自治条例和单行条例的权利，但此种方式的监督是一种事后监督，仅在自治法规颁布后才能行使监督权利，不利于非国家权力性监督主体及时进行对自治条例和单行条例的监督。针对这种情况，理论界提出了建立立法听证制度的建议。笔者认为，在民族自治地方的自治立法活动中建立听证制度实为必要，以立法听证的事前监督和公民建议的事后监督相结合，建立有效的社会监督机制。而且，广泛征求民族自治地方社会各界和人民群众的意见，更能保证自治立法符合当地的政治、经济和文化特点，使自治立法更能体现民族自治地方各族人民的共同意志和利益。就提高立法质量而言，自治立法听证有利于专家学者参与到立法中，为立法提供智力支持的同时对立法进行监督。

三 自治立法监督的种类和方式

一个国家多样化的立法监督种类和方式是立法监督制度有效实施的重要保障。按照不同的标准对自治立法监督可以有不同的

[①] 孙季萍、汤唯：《我国立法监督制度刍议》，《法学论坛》2001年第3期。

分类。根据立法监督主体实施立法监督时立法文件是否已经生效为标准,可以分为事前监督与事后监督。根据对自治立法监督的环节不同,可以分为对自治立法过程的监督和对自治立法结果的监督。按照监督主体的不同,可以分为国家权力性监督和非国家权力性监督。我国目前关于自治立法监督的方式主要有批准、备案、审查、撤销等方式,其中以批准和备案两种监督方式为主,辅之以审查和撤销等方式。

(一) 批准

批准是指立法主体将已经通过的法律草案报请立法监督机关,由立法监督机关对其进行审查并决定其是否生效的立法监督方式。[①] 我国自治立法的批准制度主要涉及两方面内容,一是自治区的自治条例和单行条例报全国人民代表大会常务委员会批准后生效;二是自治州、自治县的自治条例和单行条例,报省或自治区的人民代表大会常务委员会批准后生效,并报全国人民代表大会常务委员会备案。

对于自治立法的批准制度,是对自治立法的一种制约,即自治立法主体将其制定的自治法规报请全国人大常委会或省级人大常委会,由全国人大常委会或省级人大常委会审查自治法规是否生效的立法监督方式,全国人大常委会或省级人大常委会有权决定自治法规的生效情况,有权决定批准或者不批准这些自治法规。自治立法监督主体在对自治立法实施批准行为时,主要对自治法规的内容是否与宪法、法律相抵触,是否符合当地民族的政治、经济、文化的特点进行审查。

(二) 备案

法的备案是指法律法规经特定机关制定出来以后,在一定

---

① 周旺生:《立法研究》(第 1 卷),法律出版社,2000,第 413 页。

期限内报送国家有关机关存档备案的一种制度。自治立法的备案制度区别于其批准的主要特点是,备案制度监督的对象是已经发生法律效力的自治法规,而批准制度监督的对象是尚未发生法律效力的自治法规。根据我国宪法、法律的规定,经省、自治区人大常委会批准的自治州、自治县人大制定的自治条例和单行条例应当报全国人大常委会和国务院备案。通过备案制度,对已经发生法律效力的自治法规进行监督,有利于监督主体对自治法规的事后弥补缺漏,是自治立法监督中重要的环节。

(三) 审查

审查是指有权机关对已经制定生效的自治法规进行的一种事后监督方式,是确定自治法规是否适当的活动。我国《立法法》第 90 条和第 91 条规定:"国务院、中央军事委员会、最高人民法院、最高人民检察院和各省、自治区、直辖市的人民代表大会常务委员会认为……自治条例和单行条例同宪法或者法律相抵触的,可以向全国人民代表大会常务委员会书面提出进行审查的要求,由常务委员会工作机构分送有关的专门委员会进行审查、提出意见。前款规定以外的其他国家机关和社会团体、企业事业组织以及公民认为……自治条例和单行条例同宪法或者法律相抵触的,可以向全国人民代表大会常务委员会书面提出进行审查的建议,由常务委员会工作机构进行研究,必要时,送有关的专门委员会进行审查、提出意见。""全国人民代表大会专门委员会在审查中认为……自治条例和单行条例同宪法或者法律相抵触的,可以向制定机关提出书面审查意见;也可以由法律委员会与有关的专门委员会召开联合审查会议,要求制定机关到会说明情况,再向制定机关提出书面审查意见。……全国人民代表大会法律委员会和有关的专门委员会审查认为……自治条例和单行条例同宪法或者法律相抵触而制定机关不予修改的,可以向委员长会议提出书面审查意见和予以撤销的议案,由委员长会议决定是否提请常务委员会会议审议决定。"从上述规定可以看出,对自治立法审查有两种方式,一是由法定机关提起审查要求;二是由公民和社会团体提起审查建议,且全国人民代表大会常务委员会享有对自治法规审查结果的审议决定权。

(四) 改变和撤销

改变和撤销是指具有监督权的国家机关对不符合法律规定或不适当的自治法规予以变更或宣布无效的监督方式。我国《立法法》第87条和第88条规定了改变或者撤销不适当立法的情形和主体,对于自治立法监督方面,规定全国人民代表大会有权改变或者撤销全国人大常委会批准的违背宪法和有关法律规定的自治条例和单行条例,全国人民代表大会常务委员会有权撤销省、自治区、直辖市的人民代表大会常务委员会批准的违背宪法和有关法律的规定的自治条例和单行条例。

四 自治立法监督中存在的问题及对策

在我国关于民族自治地方自治立法多年来的实践中,基本形成了以《宪法》《民族区域自治法》《立法法》为核心的民族区域自治法体制,民族自治地方制定的自治法规数量较多,涉及内容非常广泛,建立有效的自治立法监督机制有利于保障国家法制的统一性和民族自治地方进行自治立法的积极性。如前所述,根据《宪法》《民族区域自治法》《立法法》等相关法律的规定,我国已建立了关于自治立法的监督制度,但是相对于自治立法的发展,现行自治立法监督制度仍相对滞后,同时也存在许多缺陷与不足,有待解决和完善。我国实行的是以人民代表大会为中心的立法监督模式,在现行体制下,要完善我国民族自治地方自治立法监督制度，还应立足于这一基本框架模式。① 而且，对自治立法的监督还应以我国中央与地方权力关系的基本理论为指导，保障国家立法统一性的同时，发挥民族自治地方自治立法的积极性与自主性。

（一）自治立法监督主体存在的问题及对策

立法监督主体的设定是否合理是决定立法监督制度能否良好运行的重要因素。我国现行民族自治立法监督制度关于自治立法监督主体的规定存在着立法矛盾，并且有的监督主体的存在缺乏立法依据。

根据《宪法》的规定，自治区的自治条例和单行条例，报全国人民代表大会常务委员会批准生效。自治州、自治县的自治条例和单行条例，报省、自治区或直辖市的人民代表大会常务委员会批准后生效，并报全国人民代表大会常务委员会备案，这表明宪法确立的自治条例和单行条例的监督主体是全国人大常委会和省、自治区或直辖市的人大常委会。根据《立法法》第 66 条规定："自治区的自治条例和单行条例，报全国人民代表大会常务委员会批准后生效。自治州、自治县的自治条例和单行条例，报省、自治区、直辖市的人民代表大会常务委员会批准后生效。自治条例和单行条例可以依照当地民族的特点，对法律和行政法规的规定做出变通规定，但不得违背法律或者行政法规的基本原则，不得对宪法和民族区域自治法的规定以及其他有关法律、行政法规专门就民族自治地方所做的规定做出变通规定。"《立法法》第 89 条第 3 项规定："自治州、自治县制定的自治条例和单行条例，由省、自治区、直辖市的人民

---

① 吴斌：《宪政视野中的民族区域自治地方立法监督》，《民族研究》2007 年第 3 期。

代表大会常务委员会报全国人民代表大会常务委员会和国务院备案。"从中可以看出，关于自治州、自治县的自治条例和单行条例，《宪法》规定由省、直辖市或自治区人大常委会批准，并报全国人大常委会备案；而《立法法》却对自治州、自治县制定的自治条例和单行条例的批准省去了报全国人大常委会的备案程序，在第89条又增加了国务院为备案主体；在《民族区域自治法》第19条中的相关规定却变成了"报省、自治区、直辖市的人民代表大会常务委员会批准后生效，并报全国人民代表大会常务委员会和国务院备案"，也将国务院列为自治州、自治县的自治条例和单行条例的备案主体。由此看出，我国目前规定自治立法监督的法律规范相互之间存在矛盾的情形，使自治立法监督在实际运行过程中易产生混乱。根据"违宪的法律无效"这一原则，《立法法》和《民族区域自治法》中将国务院列为民族自治立法的监督主体的规定是违宪的，即国务院不能成为自治州、自治县制定的自治条例和单行条例的监督主体。① 但是，将国务院列为监督主体也是有其合理意义的。根据我国《立法法》规定，自治条例和单行条例可以依照当地民族的特点，对行政法规的规定做出变通规定。国务院成为符合宪法意义上的民族区域自治立法监督主体的情况是，民族自治地方人大或人民政府，依法或依照特别授权对国务院制定的行政法规进行了变通规定。② 可以看出，当自治立法机关对国务院制定的行政法规进行变通规定时，国务院成为自治立法的监督主体有其合理性。③ 如要确立国务院的立法监督的主体地位，可以通过修改

---

① 杨道波：《自治条例立法研究》，人民出版社，2008，第194页。
② 秦前红、姜琦：《论我国民族区域自治的立法监督》，《浙江学刊》2003年第6期。
③ 吉雅：《民族区域自治地方自治立法研究》，法律出版社，2010，第149页。

宪法的方式进行。

有的学者认为关于立法监督，建议设立专门的立法监督委员会，由全国人大直接领导，全国人大闭会期间，由全国人大常委会领导，从事专门的立法监督工作，凡报送备案的法律、法规、条例等均由立法监督委员会具体负责审查。因此，自治立法的监督权也由立法监督委员会行使。由专门设立的立法监督委员会行使立法监督权具有其一定的积极意义，如可以使立法监督专门化、独立化，可以集中行使立法监督权，有利于提高立法监督技术和水平，推进立法监督的有效运行。但是在我国现行体制中设立专门的立法监督委员会也存在一些需要考虑的问题。一是对专门立法监督委员会的定位问题，一方面强调其独立行使立法监督权；另一方面又强调其直属全国人大和全国人大常委会领导，其独立地位如何体现。而且，立法监督委员会直属于国家权力机关，由其监督由全民选举产生的国家权力机关制定的法律的合宪性，其监督权的公正性与正当性依据如何考虑。二是立法监督委员会的监督职能实质上是由其组成人员行使，这样使立法监督权由不是民选的人员来行使，其合理性与正当性在观念上得不到支持。任何立法监督制度的建立都受政治体制这一决定性因素的影响，考虑完善我国立法监督制度时一定要从我国国情和现行政治体制出发。三是国外立法案例的实践表明，建立立法监督委员会的体制并不是对所有国家都起到良好的效果，苏联和东欧各国以及韩国都曾建立过这样一个附属于最高立法机关的宪法委员会，可是并没有起到监督的作用，最终归于流产。综上，建立专门的立法监督机构是一个重大的工程，存在很多问题需要解决，也有很多理论问题需要论证。在现阶段考虑由专门立法监督机构行使对自治立法的监督权，未必是最好的方式。因此，考虑到自治立法监督机制的运行情况，相对于设立专门立法监督委员会，更有效的办法是通过立法对现行自治立法监督机制的程序予以完善。

（二）批准程序存在的问题及对策

批准程序作为一种特殊监督方式，在自治立法监督中确实存在一定的积极意义，主要表现在以下几方面。一是根据《宪法》和《民族区域自治法》的规定，民族自治地方有权自主管理、安排地方财政和经济建设，自主管理人事、科技、教育、文化等事业，比起地方性法规的制定权，立法自治权是一种更大的地方自治权，行使这些权力政策性强，立法由全国人大常委会或省级人大常委会批准，更有利于把握这些界限。二是在保障法制统一性方面，严格自治法规的审查批准程序，有助于维护社会主义法制的统一与权威，因为民族自治地方享有对法律、行政法规的立法变通权，这也涉及法制的统一性问题。所以，在自治立法机关制定自治条例和单行条例时，需要事前加以监控，设立批准制度是行之有效的方法。三是在保障立法质量方面，出于对立法活动高度的专业性、技术性等特点的考虑，立法活动需要站在全局利益考虑问题，超出地方和局部利益的局限，批准程序是上级机关把握下级机关立法质量的有效措施，能够切实提高自治条例和单行条例的制定水平和立法质量。

但是，关于自治立法的批准程序存在的合理性与正当性，在学界也早已存在质疑。"《宪法》和有关法律一方面赋予民族自治地方立法自治权，另一方面又设置批准制度。对这一特殊规定，立法者自然有其言之成理的考虑，但若以此牺牲法律的公正性，就值得思量，毕竟公正是法律的生命所在。实际上，批准制度的施行，虽然发挥了一定的监督作用，在一定程度上也稳定了中央与地方、上级国家机关与下级国家机关之间既存的权力关系和利益格局,但对其负面效应我们也不能视而不见。"① 笔者认为,批准程序存在的不合理原因主要有以下几方面。

1. 批准程序实质上是对民族自治地方自治立法的限制

我国现行对自治立法批准制度的存在,实质上破坏了民族自治地方立法自治权的完整性和自治性,也与《宪法》赋予的民族自治地方广泛的自治权的内容相违背。《宪法》规定,自治立法主体"在不违背宪法和法律的原则"的前提下,依据"当地民族的政治、经济和文化的特点"制定自治法规。从这一规定可以看出,自治立法的约束条件是"不违背宪法和法律的原则"和"依照当地民族的政治、经济和文化的特点"。"不违背宪法和法律的原则"这一条件就已经限制了自治立法主体在制定自治法规时应当"依照宪法、民族区域自治法和其他法律规定的权限行使自治权","作为担负解释宪法和法律、监督宪法实施职责的全国人大常委会,其'批准'的含义主要便是去审查自治条例中有无违宪和违反法律规定的内容,而不是去审查它是否切合当地民族的政治、经济和文化的特点"②,而自治法规违背宪法和法律的原则时即为违宪或违法,本身即不发生法律效力,在理论上不应存在"批准"或"不批准"的问题。而对是否符合"当地民族的政治、经济和文化的特点"这一条件的审议中,全国人大常委会并不一定真正了解民族自治地方的政治、经济和文化特点,从这一点来看,批准程序的存在是不合理的。

2. 批准程序破坏了《宪法》中确立的立法程序的统一性

根据《宪法》和《立法法》的规定,法律法规的"制定"

---

① 陈绍凡:《我国民族区域自治地方立法若干问题新探》,《民族研究》2005年第1期。
② 吴斌:《宪政视野中的民族区域自治地方立法监督》,《民族研究》2007年第3期。

包含有法律法规"生效"的内涵，排除了另外由权力机关批准的程序，而对自治法规规定必须经过批准才能生效，无疑"破坏了宪法自身的逻辑统一性，而且也违背了立法权的完整性的法理要求"①。取消对自治立法的批准程序有利于维护《宪法》本身的逻辑统一性。

3. 批准程序使自治方立法的过程过于烦琐、复杂

民族自治地方人大在报批自治法规案之前，基本上走完了立法的全过程。从实际立法过程来看，在自治法规报批之前，"为了使报批的自治法规能够在上级国家机关获得批准，一般在地方人大第一次会议审议后，上级人大常委会的法工委或其他工委就已经提前介入，征求各方面的意见，帮助做修改工作，以求为上级人大常委会的审议批准打下基础"②，这种提前介入模式也使批准程序发挥不了预设的监督作用。

综合来看，对自治立法的监督尺度直接关系着中央与民族自治地方权力的制约模式。在我国现行体制下合理的中央与民族自治地方权力的制约模式，其功能在于：在保障全国法制统一的前提下，充分实现民族自治地方的自治权。因此，笔者认为，应取消批准程序，强化并重新定位备案程序，即民族自治地方制度的自治条例由民族自治地方的人民代表大会审议通过后生效，单行条例由其常务委员会审议通过后生效。自治区的自治条例、单行条例报全国人民代表大会常委会备案，自治州、自治县的自治条例、单行条例报省、自治区或直辖市的人民代表大会常委会备案。

---

① 王允武、田钒平：《关于完善我国民族区域自治地方立法体制的思考》，《中南民族大学学报》（人文社会科学版）2004年第5期。
② 戴小明等：《民族法制问题探索》，民族出版社，2002，第95页。

(三) 备案制度存在的问题及对策

综上所述，撤销批准制度，备案审查制度即成为自治立法监督中的最重要的环节。不论在理论中还是在实践中，自治立法的备案制度尚存在不足，主要是备案制度是否仅是存档程序，备案是否涉及审查的程序等。有人认为，备案就是存档备查的过程，不需进行审查，在实际操作中，备案而不审查的现象也确实存在。主要原因在于对备案的性质存在误解，而且我国立法中有关备案审查制度的规定也不够明确。关于完善备案制度的具体对策，笔者认为主要有以下三个方面。

1. 重新定位备案制度的性质

明确备案与审查的关系对备案制度的性质定位至关重要。关于备案与审查的关系，学界主要有两种观点。一种观点认为，备案就是存档备查，相当于"知道了"，备案机关无须对报送备案的规范性文件进行主动审查；另一种观点认为，备案是审查的前置程序，备案与审查不可分。[1] 笔者认为，备案制度本身就有审查监督的含义，并非单纯的上报、登记、存档，而是一种事后监督机制，"接收备案的主体必须对报备的自治法规文件进行实质性审查，把备案看成是审查的前提和启动程序，这样才能避免被监督的立法主体懈于行使立法权，保证立法质量，充分行使备案监督的目的"。[2]

2. 改变烦琐的备案程序

根据我国《民族区域自治法》第 19 条规定，自治州和自治县的自治条例和单行条例报省、自治区、直辖市的人民代表大会

---

[1] 周旺生：《立法研究》（第 1 卷），法律出版社，2000，第 441 页。
[2] 吴斌：《宪政视野中的民族区域自治地方立法监督》，《民族研究》2007 年第 3 期。

常务委员会批准后生效,并报全国人民代表大会常务委员会和国务院备案,而自治区的自治条例和单行条例报全国人民代表大会常务委员会批准后即生效,不需要备案。可以从中看出的问题是,自治州和自治县的自治条例和单行条例虽然须经省、自治区、直辖市的人民代表大会常务委员会的批准,但最终还是由全国人大常委会和国务院进行备案,实质上是受全国人大常委会和国务院的监督,其间经历的省、自治区、直辖市人大常委会的监督程序存在是否烦赘的问题。此外,若要取消省、自治区、直辖市人大常委会的批准程序改为备案程序时,再经全国人大常委会和国务院的备案,存在双重备案程序是否必要的问题。综上所述,笔者建议,自治区的自治条例、单行条例报全国人民代表大会常委会备案,自治州、自治县的自治条例、单行条例报省、自治区或直辖市的人民代表大会常委会备案。这样并不意味自治州、自治县制定的自治条例和单行条例不受全国人大和全国人大常委会的监督,因为全国人大和全国人大常委会有改变和撤销违背宪法和法律的自治条例和单行条例的权力,所以自治州、自治县的自治条例和单行条例虽在备案环节只向省、自治区或直辖市人大常委会的备案,根据《立法法》第90条的规定,最终仍要受到全国人大及其常委会的监督。

3. 明确备案制度的具体程序设置

备案制度的具体程度设置就是对自治条例和单行条例的备案时间、备案的内容、备案审查的事项、备案审查的结果以及处理的规定等具体内容通过立法予以明确规定,以更好地实现备案制度的监督功能,促进自治立法质量的提高。

(四)正确理解改变与撤销制度

改变与撤销是备案审查的后续程序。关于自治法规的改变与撤销,根据我国《宪法》和《立法法》的规定,全国人民代表大会有权改变或撤销全国人大常委会批准的违背《宪法》和《立法法》规定的自治条例和单行条例，全国人大常委会有权改变或撤销省、自治区、直辖市的人民代表大会常务委员会批准的违背《宪法》和《立法法》规定的自治条例和单行条例。我国现行的改变与撤销自治立法的制度，主要在改变或撤销的条件方面存在不足，如《立法法》第 87 条规定了自治条例和单行条例被改变或撤销的条件与其他地方性法规的改变或撤销条件一样，忽视了自治立法的自治性和特殊性；而在第 88 条第 1 款、第 2 款中又规定了改变或撤销自治条例和单行条例的特殊条件。笔者认为，应针对自治立法的自治性和特殊性，正确理解《立法法》的上述规定，对自治条例和单行条例改变与撤销的条件应仅限于：违背《宪法》、法律和行政法规的基本原则，改变《宪法》和《民族区域自治法》的规定以及其他有关法律、行政法规专门就民族自治地方所做出的规定。

第五章 民族自治地方立法自治实践：现状与问题

民族区域自治制度既是一项法律制度，也是一项政治制度。前文所探讨的立法自治存在的法理基础和现实根据，在一定程度上揭示了立法自治之所以存在的原因，而所探讨的立法自治的政治价值，在一定程度上揭示了通过立法自治应该达到的至少是政治性的价值目标。为回应前文所论述的立法自治的政治价值，我们有必要分析通过立法自治的实践是否达到了应该达到的价值目标。立法自治的实践就是围绕自治立法的制定和实施展开的。通过前文的分析，我们知道，民族自治地方已经制定了一定数量的自治立法，而且这些自治立法在实践当中是可以适用的。但是，通过对自治立法的适用，到底取得了哪些成效，这还需要进一步归纳。因此，笔者拟通过对自治条例、单行条例、变通或补充规定的实施成效来考察立法自治实践取得的成效与存在的问题，分析立法自治的自治程度，探索制约立法自治水平的主要因素。

第一节 民族自治地方立法自治实践的基本成效

总体来看，民族自治地方的自治立法通过被适用而共同推进了立法自治价值目标的实现，但是，自治立法有自治条例、单行条例、变通或补充规定几种基本的形式,每种自治立法对立法自治政治价值的贡献大小或侧重点是不一样的,因此有必要分别剖析这几种形式的自治立法各自的实施成效。

一 自治条例的实施成效

民族区域自治法实施以来,各民族自治地方的人民代表大会结合当地民族的实际情况制定的自治条例,保障了其各项自治权的有效行使,极大地促进了民族自治地方政治、经济、文化等各项事业的发展,为民族自治地方的族际关系整合提供了重要的法制保证。

(一) 促进了民族自治地方法制建设的发展

除5个自治区外,自1984年《民族区域自治法》颁布以来,大部分民族自治地方根据《宪法》《民族区域自治法》《立法法》的相关规定,结合当地民族的实际情况,制定或修改了自治条例,保证了国家的民族区域自治制度和民族政策的贯彻落实,为民族自治地方自治权的实现提供了法制保障。同时,各民族自治地方自治条例的制定和修改,使我国基本形成了由《宪法》《民族区域自治法》《立法法》以及自治条例、单行条例组成的民族区域自治法律体系。

(二) 少数民族的民主政治权利进一步得到保障

在民主政治建设方面,民族自治地方自治条例的制定与实施,使少数民族的民主政治权利进一步得到保障。主要表现在,少数民族平等参与国家事务管理、自主管理本民族内部事务的权利得到实现,少数民族的风俗习惯、语言文字和宗教信仰得到尊重。在我国55个少数民族中,有44个民族实行了民族区域自治,共建有5个自治区、30个自治州、120个自治县(旗),使少数民族自主管理本地方、本民族内部事务的权利得到保障。

155个民族自治地方的自治区主席、自治州州长、自治县（旗）县长（旗长）全部由实行区域自治民族的少数民族公民担任；民族自治地方的各级党委、人大、政府、政协领导班子及其职能部门，都配有一定数量的民族干部。党和国家十分重视少数民族干部的培养和使用，155个民族自治地方的少数民族干部比例，普遍接近或超过少数民族人口占当地总人口的比例。各少数民族直接参与了国家事务的管理，在历届中共中央委员、全国人大代表、全国政协委员中，少数民族所占比例，都高于少数民族人口占全国总人口的比例。每个民族都有全国人大代表，人口在百万以上的少数民族都有本民族的全国人大常委会委员。目前，我国少数民族干部和各类专业人才总数达到290多万人，成为建设中国特色社会主义事业的骨干力量。并且，各级国家机关在制定政策、采取措施时，都能够认真落实相关规定，尊重少数民族的风俗习惯、语言文字和宗教信仰。目前，全国各民族自治地方和散居地区大多制定了清真食品管理办法，保障了清真食品的供应；对一些具有土葬习俗的少数民族，由国家划拨专用土地，建立了公墓，满足了特殊需求；对1855家民族特需用品定点企业实行了特殊扶持，保证了民族传统用品的供应。①

（三）为民族自治地方经济发展提供了重要的法制保障

在经济建设方面，民族自治地方自治条例的制定确立了具有当地民族特点的经济结构，突出本地区的地域优势和资源优势，为民族自治地方自然资源的合理开发利用、生态和自然环境的保护提供了法律保障。自治条例的实施，使得民族自治地方经济实

---

① 《全国人大常委会执法检查组关于检查〈中华人民共和国民族区域自治法〉实施情况的报告》，第十届全国人民代表大会常务委员会第二十五次会议，2006年12月27日。

力明显增强,基础设施普遍改善,生态环境建设受到重视,扶贫开发工作成效显著,对外开放和旅游业发展势头良好,有力地促进了民族自治地方经济的发展和少数民族群众生活的提高。"十一五"期间,我国民族地区的国内生产总值和财政收入每年均以两位数的速度增长,高于全国平均增速。截至2009年,我国少数民族八省区国内生产总值年均增长13.1%;少数民族八省区的农村绝对贫困人口从2001年的3070多万人下降到1450万人。"十一五"期间,我国政府出台的支持少数民族和民族地区发展的政策性文件就有14个。期间,国家共投入1670多亿元支持民族地区的公路和水路建设,投入专项资金150多亿元,用于改善民族地区的基层医疗卫生条件。① 以内蒙古自治区的经济发展为例,2009年全区生产总值9700亿元,同比增长17%左右;地方财政总收入1378.1亿元,同比增长24.5%;城镇居民人均可支配收入15849元,农牧民人均纯收入4938元,分别增长9.8%和6.1%。②

(四)促进了民族自治地方社会事业的发展

民族自治地区通过自治条例的制定与实施,民族自治地方的社会事业发展取得了长足的进步。自治条例通过对自治地方自主兴办民族学校,降低实行区域自治的少数民族公民的入学条件,同等条件下优先录用少数民族公民等内容的规定,使民族自治地方的教育事业得到了较大的发展,已初步形成了从初等教育到高等教育,社会主义内容与民族形式相结合,具有一定特点的民族教育体系,少数民族教师队伍不断壮大,大部分民族自治地方实

---

① 李天胜:《十一五期间少数民族地区发展速度高于全国平均水平》,中国国际广播电视网络台·国际在线,2010年11月17日。
② 《2010年内蒙古自治区人民政府政府工作报告》。

现了双语教育，培养了大量的少数民族人才。与此同时，自治条例的制定和实施也为民族自治地方的文化事业的发展、医疗卫生条件的改善、社会保障事业的推进提供了法制基础。

（五）促进了民族自治地方族际关系的和谐

自治条例的制定和实施对于解决民族关系问题，促进民族团结，增强民族自豪感，也发挥了巨大作用。大部分自治条例都对本民族的善良风俗习惯予以确认，同时将少数民族的传统节日通过自治条例法定化，以便增强少数民族的自豪感和凝聚力。同时，各级政府都把坚持民族平等、促进民族团结当成一项重要任务摆到议事日程，并广泛深入地开展了马克思主义民族观和党的民族政策教育，开展了民族团结进步创建活动，使"汉族离不开少数民族，少数民族离不开汉族，少数民族之间也相互离不开"的思想日益深入人心。国务院先后召开了4次全国民族团结进步表彰大会，共表彰了2476个民族团结进步模范集体和2518个模范个人，各省、自治区、直辖市也表彰了一大批民族团结进步先进集体和先进个人，为加强民族大团结和树立良好社会风尚起到了促进作用。[①] 自治机关在处理涉及民族关系问题时，根据有利于团结和共同发展的原则，与各民族的代表充分协商，尊重他们的意见，妥善解决各类纠纷，极大地促进了各民族自治地方平等、团结、互助、和谐的民族关系的形成与稳定。

二 单行条例的实施成效

如前所述，《民族区域自治法》实施以来，各民族自治地方

[①] 《全国人大常委会执法检查组关于检查〈中华人民共和国民族区域自治法〉实施情况的报告》，第十届全国人民代表大会常务委员会第二十五次会议，2006年12月27日。

结合本民族本地方实际情况，制定了大量的单行条例，形成调整民族自治地方特定领域社会关系的具体制度，使其权利义务内容更加具体，这对于保障民族自治地方各项自治权的有效行使，促进少数民族及地区的经济、文化和社会等领域各项事业的发展，发挥了积极而重大的作用。

（一）保障各项自治权的落实

"自治权是民族自治或民族自治共同体的核心，从民族政治的角度来看，任何的民族自治，都是民族共同体获得一定程度的自治权和自治权的行使，没有民族的自治权，就无所谓民族自治，也没有民族区域自治或民族地方自治。"① 各民族自治地方单行条例通过对各项自治权的具体化，保障了各项自治权在现实生活中的落实，进而巩固了我国民族区域自治制度。如《阿坝藏族羌族自治州矿产资源管理条例》《西双版纳傣族自治州森林资源保护条例》《文山壮族苗族自治州水资源管理条例》《湘西土家族苗族自治州环境保护若干规定》《延边朝鲜族自治州朝鲜语文工作条例》《延边朝鲜族自治州朝鲜族教育条例》等单行条例，分别针对民族自治地方享有的自然资源开发管理自治权、环境保护自治权、发展语言文字自治权以及民族教育自治权等各项自治权做出了详尽具体的规定，使民族区域自治制度得到进一步的贯彻落实。

（二）各民族自治地方经济发展迅速，少数民族生活质量大大提高

在经济方面，民族自治地方通过制定单行条例，在符合法律规定的前提下，规划了具有本地方特点和民族特色的经济发展蓝

---

① 王传发：《民族区域自治地方自治权流失的原因分析与对策思考》，《贵州民族研究》1997 年第 1 期。

图，突出了本地区的地域优势和资源优势，为保证民族自治地方丰富的自然资源合理开发利用，维护民族自治地方经济利益可持续发展，维持民族自治地方生态平衡及治理环境提供了法律保障，保证了民族自治地方的可持续性发展战略的顺利推行。对少数民族资源保护和环境保护起到了积极的推动作用，取得了十分显著的成效。如前所述，"十一五"期间，我国民族地区的国内生产总值和财政收入每年均以两位数的速度增长，高于全国平均增速。截至2009年，我国少数民族八省区国内生产总值年均增长13.1%；少数民族八省区的农村绝对贫困人口从2001年的3070多万人下降到1450万人。"十一五"期间，我国政府出台的支持少数民族和民族地区发展的政策性文件就有14个。期间，国家共投入1670多亿元人民币支持民族地区的公路和水路建设，投入专项资金150多亿元，用于改善民族地区的基层医疗卫生条件。[1]

（三）民族教育发展显著

通过民族教育及文化等方面单行条例的制定与实施，民族自治地方自治机关能够根据本民族和本地区特点，为实现少数民族尤其是实行区域自治的少数民族公民的受教育权以及提高各方面素质提供机会、创造条件，也为少数民族通过自身的努力参与民主生活和其他社会活动提供了基础性的制度保障。如民族自治地方的单行条例通过规定自治地方自主兴办民族学校，用少数民族语言和汉族语言等语言实行双语授课，降低实行自治的少数民族公民的入学条件，同等条件下优先保障少数民族公民获得学习机会等，提高民族自治地方少数民族公民受教育水平，促进了少数民族各方面素质的提高。"目前，民族地区已形成从幼儿教育到

---

[1] 李天胜：《十一五期间少数民族地区发展速度高于全国平均水平》，中国国际广播电视网络台·国际在线，2010年11月17日。

高等教育的完整体系,少数民族受教育年限显著延长。朝鲜、满、蒙古、哈萨克、锡伯等 14 个少数民族的受教育年限高于全国平均水平,55 个少数民族都有了本民族的大学生,有些少数民族还有了硕士、博士乃至院士。"①

(四) 少数民族文化得到传承与发展

单行条例通过对少数民族传统文化以及风俗习惯进行保护,使少数民族保持了各自特有的民族特色,为少数民族传统文化的保持和弘扬,以及我国的文化多元化和民族文化的繁荣提供了制度保障。据不完全统计,近年来仅抢救和整理散藏在民间的少数民族古籍就达 30 万种,并公开出版了其中的 5000 余部,如蒙古族的《江格尔》、柯尔克孜族的《玛纳斯》和藏族的《格萨尔王传》等。在挖掘、整理和保护的基础上,2005 年经我国申报,维吾尔族艺术木卡姆和蒙古族长调民歌,被联合国教科文组织宣布为"人类口头和非物质遗产代表作"。2006 年国务院审批公布的第一批国家级非物质文化遗产名录中,少数民族项目约占全部项目的 1/3。维、藏、蒙等少数民族语言广播电视节目译制制作能力和质量大幅提高,大部分民族地区能收听、收看到相应的民族语言广播电视节目,基本上实现了每村每月放映一场电影。②

(五) 族际关系不断走向和谐

自治条例对于解决民族关系问题,促进民族团结,增强少数民族的民族自豪感发挥了较大作用。大部分单行条例都对本民族

---

① 《全国人大常委会执法检查组关于检查〈中华人民共和国民族区域自治法〉实施情况的报告》,第十届全国人民代表大会常务委员会第二十五次会议,2006 年 12 月 27 日。

② 《全国人大常委会执法检查组关于检查〈中华人民共和国民族区域自治法〉实施情况的报告》,第十届全国人民代表大会常务委员会第二十五次会议,2006 年 12 月 27 日。

的善良风俗习惯予以确认,如《孟村回族自治县清真食品管理条例》的制定与实施,体现了对民族自治地方少数民族风俗习惯的尊重和保护,维护了民族团结和社会稳定。

(六) 完善了我国民族区域自治法律体系

自1984年《民族区域自治法》颁布后,我国各民族自治地方根据《宪法》《民族区域自治法》《立法法》,结合本民族本地方政治、经济、文化及社会发展的实际情况,积极制定单行条例或修改已制定的单行条例,保证了国家制定的有关民族区域自治制度的法律和民族政策的贯彻落实,为民族自治地方自治机关自治权的实现提供了法制保障。同时,单行条例的制定和实施也为我国民族区域自治法律体系的形成创造了条件。目前,我国已经基本形成了以《宪法》《民族区域自治法》《立法法》为依据,以相关法律、行政法规、自治条例及单行条例为主要内容的民族区域自治法律体系。

三 变通和补充规定的实施成效

变通和补充规定作为民族区域自治法律体系的重要组成部分,在保障国家法律、法规在本地方有效实施方面取得了较大的成效。

(一) 民族自治区域法律体系得到完善

自1980年以后,各类民族自治地方,包括各自治区、自治州、自治县都制定了适应本地方本民族政治、经济、文化等实际情况的变通和补充规定,内容涉及婚姻家庭继承、土地管理、草原管理、森林管理、计划生育、义务教育、野生动物保护、水土保持、禁毒等各个领域。这些变通和补充规定的颁布实施,不仅完善了我国民族区域自治法律体系,也使国家立法与民族自治地方实际情况结合,更好地促进了民族自治地方各项事业的发展。

(二) 为民族自治地方各项自治权行使提供了法律保障

民族自治地方的自治权涉及本地方本民族政治、经济、文化、社会生活等各个领域，各项自治权不仅需要《宪法》《民族区域自治法》明确规定，还需要民族自治地方的自治条例、单行条例、变通和补充规定等自治法规予以具体化。变通和补充规定从民族自治地方的政治、经济、文化等实际情况出发，对国家法律、法规进行有针对性的变通和补充，从各个方面维护并保障了民族自治地方各项自治权的有效行使。

(三) 有助于国家法律在民族自治地方的有效实施

如前所述，各民族的传统文化、风俗习惯是各民族历代长期传承的，各民族对本民族的传统文化、风俗习惯都有保持和改革的权利，而国家也有义务和责任尊重和保护各民族的传统文化、风俗习惯。因此，国家法律在民族自治地方实施的过程中，必须尊重少数民族的传统文化、风俗习惯，针对其合理且不违背国家法律基本原则的内容可以适当吸收，避免与之发生冲突。变通和补充规定很好地协调了国家法律与民族地区风俗习惯的关系。比如各民族自治地方在对《婚姻法》的变通或补充规定中考虑到少数民族地区普遍存在的早婚习惯，将少数民族的结婚年龄较《婚姻法》提前了两岁。一些民族自治地方对《继承法》的变通规定考虑到少数民族地区一直以来的继承习惯，允许按照民族习惯分割遗产。这些针对性、灵活性强的变通和补充规定不仅推动了国家法律在民族自治地方的有效实施，也推进了民族自治地方的法治化进程。

总之，通过制定和实施自治立法，民族自治地方立法自治取得了一定的成效，立法自治实践在一定程度上实现了立法自治的一些价值目标，保证了民族自治地方各项自治权得以行使，促进了族际政治的有效整合，实现了民族关系的顺利调整，少数民的民主政治权利进一步得到保障,健全了民族自治地方的法制体系,推动了民族自治地方法治的建设,促进了民族自治地方经济社会的发展,提升了民族自治地方的社会治理水平。

第二节　民族自治地方在立法自治中存在的问题

虽然通过制定和实施自治立法,民族自治地方立法自治取得了一定的成效,立法自治实践在一定程度上实现了立法自治的一些价值目标。但是,自治立法机关制定的自治法规无论从数量还是质量上看都还有很多差距,与立法自治制度设计的应有目标相比,自治立法实施效果也是有限的。而且,透过自治立法的制定与实施,我们可以发现,无论是从自治立法主体意思表示的真实性,还是自治立法主体立法行为的自主性来看,民族自治地方的立法自治水平还不是很高,其"自治"的程度还是相当有限的。

一　自治立法数量和质量不高

就自治立法的数量看,到目前为止,自治区一级的自治立法状况令人失望,自《民族区域自治法》实施28年以来,自治区自治立法的最终产出只有7个变通或补充规定;自治州、自治县总体立法数量也不多,没有制定自治条例和单行条例的自治州、自治县为数不少,30个自治州制定出了25件自治条例、233件单行条例,32件变通或补充规定,有5个自治州没有制定自治条例;平均每个自治州制定出7.8件单行条例;平均每个自治州制定1.1件变通或补充规定;120个自治县产出了112件自治条例、256件单行条例、36件变通或补充规定,有8个自治县没有制定自治条例,平均每个自治县制定2.1件单行条例,平均每个自治县仅有 0.3 件变通或补充规定。这么少的自治立法，显然难以反映民族自治地方千差万别的复杂情况。一般说来，每个地方出台的地方性法规都有几百件，而我国 155 个民族自治地方所有的自治性法规也才几百件，这种数量比的巨大反差，说明民族自治地方对立法自治权的重要意义认识不足，没有很好地行使自己的权利。

就自治立法的质量看，无论是自治条例或单行条例，还是变通或补充规定，其规范的内容都存在不少的缺陷，立法普遍存在此法抄他法、新法抄旧法，机械照搬、脱离地方实际，针对性不强、没有鲜明的地方特色等情况，不能体现"当地民族的政治、经济和文化的特点"，没有真正体现民族自治立法的地方性和民族性的特征。再加上立法技术有限等原因，所制定出来的自治立法质量不高，自治条例在外观结构上模仿《民族区域自治法》，在内容上追求"大而全"或"小而全"；所有自治立法的立法语言用词欠缺准确性，立法语言不能准确反映立法意图，有些条款规定不明确、不具体，过于笼统、抽象、原则，或是模棱两可、模糊不清、弹性过大，有的表述过于僵化和绝对化，法律条文的具体可操作性差；政治用语与法律术语混用，一些条款的政策性色彩过浓，或是混同了法与道德的界限，无法有效施行；一些条款的规定不完整、不严谨，只有行为模式，没有后果模式，无法追究法律责任，因而无法实施；一些民族自治地方的许多自治法规在制定之后多年不修订，陈旧老化现象严重，很多内容已经不符合时代特征，难以指导当前的经济社会生活。

二 自治立法的实施效果有限

虽然在理论上讲，自治立法无论是在民族自治地方的行政管理活动中，还是在地方各级人民法院的司法审判中，都可以被适用，而且民族自治地方的国家机关、社会组织和公民都有遵守自治立法的义务，自治立法的实施应该没有多大的障碍。但是，在现实生活当中，由于自治立法本身的立法质量不高，可操作性差，再加上受到行政机关依法行政的水平不高、公民法律意识淡薄和政治体制的影响，以及司法机关的不独立、自治立法实施监督机制的缺失等方面的原因，自治立法真正得以实施的程度是十分有限的。目前，在民族自治地方，重立法轻实施仍然是一个大问题。从自治立法的实施情况来看，与立法的积极性相比，对民族法制中的另一个重要环节，即法律的实施不够重视，对民族法制建设的认识仅停留在"有法可依"的层次上，而对立法完成后如何实施，如何实现立法的目的没有给予应有的重视。自治条例的实施应当注意避免出现这样的倾向。法律的权威性和实效性主要不在于法律数量的庞大和形式的完备，而在于已制定的法律全面得到实施。只有立法而不付诸实施或不切合实际，这是民族法制建设的形式主义。

正是因为只制定出数量和质量都有限的自治立法，再加上有限的自治立法实施，民族自治地方自治立法的实施效果与立法自治制度设计的价值目标还存在很大的差距。没有足够而良好的与《民族区域自治法》配套的自治立法，使《民族区域自治法》所规定的各项自治权仍然因为规定得过于笼统和原则而难以付诸实践，民族自治地方的各项自治权在很多方面仍然没有得到充分有效的行使；再加上有限的自治立法实施力度不够，使少数民族的民主政治权利也没有得到很好的保障，族际政治整合水平仍然不高，民族关系仍然因为各种利益的纠纷而存在冲突。因为没有足够而良好的与《民族区域自治法》配套的自治立法，单行条例、补充或变通规定与自治条例关系不明确，配合不默契，各做各的规定，各有各的依据，导致民族自治地方法规系统性不强，难以形成法规体系的合力，民族自治地方法治建设仍然滞后；民族自治地方政府依法行政水平仍然程度不高，民族自治地方的社会治理水平仍然较低；再加上有限的自治立法实施力度不够，民族自治地方经济社会的发展仍然因为缺乏良好的法制保障而发展缓慢。

三 立法自治的"自治"水平低

我们已经分析过民族自治地方在制定自治条例、单行条例、变通或补充规定的时候存在立法自治，但是并没有回答这种自治的程度有多高，这里我们就借助如前文所论述的，衡量某一领域是否存在自治以及自治程度高低主要是考察两个标准——"主体的自我性"和"行为的自主性"，也即是考察某个领域是否存在自治属性或自治程度的高低，从理论上说，也就是要考察这一领域所指向的主体是否意志自主，是否行动自由，来分析一下民族自治地方立法自治的程度。

（一）主体的自我性有限

从自治机关进行自治立法时的意志自主程度来看，其意志的自主程度是很有限的。一是《宪法》《民族区域自治法》《立法法》严格限定了自治立法的主体资格。譬如自治条例甚至单行条例的制定主体都是民族自治地方的人民代表大会，而民族自治地方人民代表大会的常务委员会没有制定自治条例和单行条例的主体资格。二是就自治立法所能规范的内容来看，自治条例、单行条例、变通或补充规定所能规范的内容是很有限度的。我国宪法和法律规定，自治条例和单行条例立法的根据是"依照当地民族的政治、经济和文化特点"。我国《宪法》第5条第3款规定："一切法律、行政法规和地方性法规都不得同宪法相抵触。"所以作为一种地方性法规，自治条例和单行条例要遵循不抵触原则。至于变通或补充规定制定权，虽然《立法法》第 66 条规定："自治条例和单行条例可以依照当地民族的特点，对法律和行政法规的规定做出变通规定"，但更多的是在法律有具体条款授权的前提下进行的，而且《立法法》第 66 条还明确规定，变通或补充规定不得违背法律或者行政法规的基本原则，不得对宪法和民族区域自治法的规定以及其他法律、行政法规专门就民族自治地方所做的规定做出变通规定。因此无论是从自治立法的主体资格上看，还是从自治立法的规范内容来看，自治立法机关意志的自主程度是很有限的。

（二）行为的自主性有限

从自治机关进行自治立法时的行动自由程度来看，其立法行动的自由程度也是很有限的。这突出表现在自治立法程序方面。一是《宪法》《民族区域自治法法》并没有对自治立法的立法程序做出统一的制式安排，这看起来似乎民族自治地方自治立法机关在进行自治立法时，行动应该是十分自由的，但正因为没有程序方面的制式规定，在立法自治的实践中存在大量非法定程序，如民族自治地方制定自治条例时，在进入法定程序前，对自治条例草案必须报党委逐级审批，自治区的自治条例还需征求国务院部委的意见，这恰恰使得民族自治地方自治立法机关立法行动的自由受到了莫名其妙的限制。二是《宪法》《民族区域自治法》《立法法》都无一例外地规定了民族自治地方立法自治机关的所有自治立法的批准或备案制度，而且规定获得上级机关的批准是自治立法生效的必要条件。若从自治立法监督的角度看，这也未尝不可，也有存在的必要性，但在实际的自治立法活动中，恰恰因为这种批准方可生效的监督制度，从程序上严格限定了民族自治地方自治立法机关的立法行动的自由，因为不自由，所以有些民族自治地方立法自治机关难以有所作为也就不足为奇了。

总的来看，虽然《宪法》《民族区域自治法》《立法法》赋予了民族自治地方的立法自治权，设定了民族自治地方的立法自治制度，但无论是从民族自治地方自治立法机关的意思表示的真实程度，还是从民族自治地方自治立法机关立法行动的自由程度来看，《宪法》《民族区域自治法》《立法法》采用有形或无形的方式严格限定了民族自治地方自治立法机关的立法行动自由，而且从自治立法的产出数量和质量上看，产出数量少，立法质量低，这也反过来从实践上印证了民族自治地方自治立法机关立法意思的不自主和行动上的不自由。因此，无论是从立法自治的制度设计逻辑，还是从立法自治的具体实践来看，民族自治地方自治立法机关的自治程度都不是很高的。

第三节　民族自治地方立法自治实践的限制因素

要提高立法自治水平，必须要探讨制约立法自治实践的制约因素。立法自治实践的限制因素很多，但可以肯定的是，立法自治的宏观环境是制约民族自治地方立法自治实践的最重要因素。除此之外，由于立法自治的实践主要就是围绕自治性法规的制定和实施而展开的，限制自治性法规的制定和实施的相关因素也是制约立法自治实践的重要因素。因此，我们准备在分析制约立法自治实践的社会主义民主政治因素的基础上，一并探讨自治立法的产出制约因素和自治立法的适用制约因素。

一　制约立法自治实践的环境

立法自治是与民族区域自治紧密相关的一个自治领域，立法自治程度的高低与民族区域自治程度的高低息息相关。而我国的民族区域自治制度是我国的一种地方制度。简单地说，就是"地方制度，即处理一个国家的中央与地方关系的制度"[①]。地方制度是一国宪法体系的重要组成部分。地方制度反映了一个国家地方政权的组织状况及其与公民的关系，与一国公民的日常生活有着密切的关系，公民往往是通过地方制度来了解一国的民主政治制度的。各个地方政府或地方国家机关是国家政权的细胞，直接影响着一国的民主政治制度建设。反过来，一国的民主政治环境又深深地决定着地方制度的基本走向。

"众所周知，现代宪政的理想是人民主权、法治国家。"[②] "从现代意义上讲，宪政具体表现为以宪法为前提，以民主政治为核心，以法治为基石，以限制国家权力保障公民权利为目的的政治形态或政治过程。"[③] 地方自治是社会主义民主政治的有机组成部分，"无论对任何一种宪法体制来说，都需要把地方自治和地方分权问题作为民主国家不可或缺的内容，予以明确定位"[④]。我国通过《宪法》《民族区域自治法》建立了民族区域自治制度，赋予了民族自治地方自治机关很多的自治权。自治权问题是民族区域自治的核心问题。"自治权是宪法赋予民族自治地方自治机关的法定权力，从某种意义上讲，民族自治地方自治机关能否依法行使自治权，是考核民族地区宪政实施真伪的试金石。"[⑤] 可是，民族区域自治制度的本质是一种单一制集权国家结构形式下的有限的"分权制"。[⑥] 中央政府与民族自治地方自

[①] 任进：《比较地方政府与制度》，北京大学出版社，2008，第1页。
[②] 季卫东：《宪政新论》（第2版），北京大学出版社，2005，第387页。
[③] 殷啸虎：《政治文明与宪政文明关系论纲》，《法律科学》2003年第2期。
[④] 〔日〕杉原泰雄：《宪法的历史》，社会科学文献出版社，2000，第187页。
[⑤] 黄元姗：《民族地区宪政研究》，民族出版社，2006，第83页。
[⑥] 张文山：《突破传统思维的瓶颈：民族区域自治法配套立法问题研究》，法律出版社，2007，第121页。

治机关是一种分权治理结构,民族自治地方自治机关自治权的有效行使,民族区域自治制度的真正落实,在于中央与民族自治地方在事权上的清晰划分。

本来,民族区域自治从本质上讲是分权体质下的地方自治,只不过自治的主体是实行自治的民族。然而,由于我们长期以来统一战线的理论思想,加之我国几千年形成的中央集权制度,在我们的政治哲学和价值选择中,就没有分权的理念和习惯,加之在革命战争年代形成的高度党、政、军集中统一领导的模式,以及极"左"思想流行时所提出"一元化领导"体制的催化,在相当一些人的头脑中根本不可能认识到民族区域自治的本质在于分权。虽然,民族区域自治"是国家的一项基本政治制度"写入了《民族区域自治法》,但我国地方分权的观念不强,再加上法治建设的滞后,使得很多人难以真正认识到民族区域自治制度的本质,要真正认识民族区域自治制度的本质,仍需一段时间。认识不到民族区域自治制度的地方分权性质,在制度设计的逻辑上就难以赋予民族自治地方多大的自治权力,更不可能让民族自治地方真正"自治"起来,作为自治权力之一的立法自治权也不可能多么广泛,立法自治也就不可能达到多高的自治程度。这是制约自治立法制定和实施的实质因素,也是立法自治实践水平不高的根源所在。

二 制约自治立法产出的因素

《民族区域自治法》实施28年以来,155个民族自治地方只生产出137件自治条例、489件单行条例、75件变通或补充规定,其自治立法产出数量是很少的,28年生产出701件自治法规,平均每年生产25件,如果只有一个自治立法机关,每年能够生产25件规范性法律文件也相当不错,但我国是155个民族自治地方，平摊下来，每个民族自治地方6年多的时间才生产出一个自治法规。我们就不得不思考，民族自治地方自治立法产出效率为何如此之低。笔者认为，除了经济条件、立法资源、立法技术等客观条件限制外，以下几点是制约自治立法产出的关键因素。

（一）立法自治观念缺失

虽然民族区域自治制度是我国的一项基本政治制度，但各级国家机关及其领导人员和工作人员普遍缺乏民族区域自治意识，认为自治立法更多的是为了完成一种政治任务，于是自治机关过多强调自治立法的政治功能，忽视自治条例在民族自治地方经济、文化、社会发展中的自治功能和法律功能。由于立法自治观念的缺失，民族自治地方自治机关自身的自治立法意识不强。自治机关自治立法意识不强，主要表现在以下两个方面。一种情况是不知，对立法自治权很陌生，很多民族自治地方的立法机关认为在当地实施国家法律、法规和地方性法规即可，自治条例、单行条例、变通或补充规定可有可无。另一种情况是不愿，即知晓其应当行使自治立法权，由于怕影响本地方或个人的切身利益，等待上级国家机关的指示，不愿意积极主动行使立法自治权。具体表现在制定自治法规时，照抄照搬、生搬硬套国家法律、法规的有关规定，重复地方性法规的规定，遇到敏感的实质性问题缩手缩脚，不能客观主张民族自治地方和少数民族的权益，造成自治立法民族性、自治性的缺失，难以为民族自治地方各项自治权的具体行使提供法制保障。

（二）自治立法主体过窄

自治条例是民族自治地方制定的综合性法律，其制定主体必须是民族自治地方的人民代表大会，这一点是应该没有争议的。但单行条例的制定主体也必须是人大，连人大常委会都没有制定权，这是导致单行条例立法效率低下的重要原因。我国《立法法》规定，单行条例的立法主体只能是民族自治地方的人民代表大会，其人大常委会无权制定单行条例。这种规定的目的在于树立单行条例的权威性，但在具体立法过程中容易出现时间的局限性。由于民族自治地方的人民代表大会每年只召开一次会议且会期短，需要议决的事项多，人大代表又具有兼职性，这种状况使人大代表基本没有时间和精力详细审阅单行条例的议案，导致单行条例的立法质量不高且效率较低。而民族自治地方人民代表大会常务委员会虽然每两个月定期开一次会，但却无权制定单行条例，致使很多拟定中的单行条例迟迟不能出台，无法适应民族自治地方政治、经济、文化及社会发展的需要，也不利于完善民族自治地方自治法规体系。

（三）批准程序不合理

一般而言，法律草案经表决通过后即成为法律。然而，《宪法》第116条、《民族区域自治法》第19条以及《立法法》第66条第1款均规定，民族自治地方的人民代表大会有权依照当地民族的政治、经济和文化的特点，制定自治条例和单行条例。自治区的自治条例和单行条例报全国人大常委会批准后生效。自治州、自治县的自治条例和单行条例，报省或自治区的人大常委会批准后生效，并报全国人大常委会和国务院备案。但上述规定未明确"批准"属于自治条例制定权，还是立法监督权。也就是说，自治条例和单行条例经民族自治地方人民代表大会表决通过后并不必然发生法律效力，而是经上级人大常委会批准后才生效。立法权从立法程序上讲包括提案权、审议权、表决权和公布权。完整的表决权包含了批准和不批准的意思。① 而在自治立法实践中，将批准权单独列出交由上级人大常委会行使，事实上形成了自治立法权的不完整性。笔者认为，基于自治条例的"小宪法"性质，将批准权单独列出交由上级人大常委会行使，有一定合理性，但单行条例都将批准权单独列出交由上级人大常委会行使实在没有必要。连单行条例都要将批准权单独列出交由上级人大常委会行使，这种状况不仅影响了民族自治地方自治条例的立法质量，而且也影响了民族自治地方立法的进程。

（四）非必经程序的障碍

在进行自治立法的过程中，自治立法机关的自治立法行为不但要经历法定的批准程序，还要经历一些非必经的程序。从逻辑上讲，非必经的就是非法定的，但在立法自治机关进行自治立法的过程中却是必须要经过的，否则就进入不了法定的程序。譬如，在制定自治条例的过程中，长期形成的立法惯例是，自治条例在没有进入审议程序前要向上级国家机关的有关部征询意见，这是《立法法》没有规定的程序，即非必经程序。但是，一般只有经过上级国家机关的有关部门原则上同意，才能正式进入立法程序。这些部门不是立法机关，没有立法批准权，部门意见仅是立法的参考意见，不是决定意见。"征询意见的实质就是预先审查，甚至是事先审批。"② 如果有些职能部门过多考虑部门利益，就增加了自治条例获得通过的难度。这样造成的结果似乎是：全国人大常委会对自治区自治条例仅有法律形式上的或程序意义上的批准权，而实际的批准权还是在国务院的一些职能部

---

① 王允武、田钒平：《中国少数民族地方自治立法研究》，四川人民出版社，2005，第78页。
② 张文山：《通往自治的桥梁：自治条例与单行条例研究》，中央民族大学出版社，2009，第109页。

门，特别是一些重要的经济部门与权力较大的部门。这一非法定程序，被视为每个自治区自治条例出台的关键步骤，这恰恰是各自治区自治条例难以出台的重要原因。

三 制约自治立法适用的因素

立法的目的就是要使所立之法得以适用，但法产生以后不会自动适用，法的适用是需要重视它的实施，它才会得以实施，也需要建立完善的实施机制，它才会得以有效的实施。很多民族自治地方自治立法目前存在重立法、轻实施的倾向，实施效果不理想。阻碍自治立法实施的因素也很多，但笔者认为，除了自治立法实施的政治体制环境的制约外，以下几点尤为关键的。

（一）自治法规因系统性不强而难以施行

任何一部法律的实施都不是孤立的，需要有其他相关法律辅助、配合才能有效实施。法律法规要有效发挥其对社会的规范引导功能，需要法规之间互补、协调，形成其自身完整的体系及功能的合力才能发挥作用。而如果法律法规之间相互冲突或者不协调，将会大大降低其对社会行为的指导价值。当前民族自治地方的法规体系还存在着诸多不协调的地方。民族自治地方的自治条例较为原则和抽象，针对性和可操作性不强，但是相关的配套规定数量极少，并且很不完善。单行条例与自治条例关系不明确，配合不默契，各做各的规定，各有各的依据，不能很好地将自治条例的内容付诸实施。在不少民族自治地方，由于自治条例的相关实施规定缺乏或不配套，自治条例中许多抽象的缺乏针对性的条款无法发挥其对本地方事务全方位的指导和约束作用。民族自治地方目前实施的单行条例中有很多涉及非常具体事项的内容，如环境保护、城市发展、旅游管理等，但单行条例对这些事项的规定却不够具体，过于空洞，相关部门也没有出台具体执行方案，导致单行条例在现实中无法实施。

(二) 立法技术水平不高致使自治立法难以实施

一些条款的规定政策性色彩过浓，缺乏操作性，或是混同了法和道德的界限，无法有效实行。如《红河哈尼族彝族自治州自治条例》第13条规定："自治州的自治机关加强社会主义精神文明建设。对自治州内各族人民进行爱国主义、集体主义、共产主义和民族政策的教育，提倡爱祖国、爱人民、爱劳动、爱科学、爱社会主义的公德，培养有理想、有道德、有文化、有纪律的公民，倡导科学、文明、健康的生活方式。"这些都是政策性、宣传性的语言，甚至是一种道德要求。法律是规范人们行为的标准，人们面对法律规范只能有"行"与"不行"的选择，"行"就是遵守法律规范，是守法行为，保障你的权益；"不行"就构成违法行为，法律将强制你按照法律规范自身的行为，同时还要视违法造成的后果承担法律责任。在法律条款中出现"提倡"的字眼是不妥的，"提倡"是一个选择性的词汇，是鼓励去做什么，而法律是要求必须去做什么。因此，这样的条款从设立起就是无法实施的，可以说，一开始就是无效条款。

一些条款的规定不明确、不具体，过于笼统、抽象、原则，或是模棱两可、模糊不清、弹性过大，使人难以准确把握。如《湘西土家族苗族自治州自治条例》第20条规定："自治州的自治机关根据法律规定和本州经济发展的特点，合理调整生产关系和经济结构，发展社会主义市场经济。"这里什么是"合理"？怎样做才"合理"？这些都是原则性的规定。《延边朝鲜族自治州自治条例》第32条第2款规定："自治州自治机关要采取有力措施，依法保护珍贵野生动植物，禁止非法猎取和采集"。那么，什么是"有力措施"？措施达到什么程度才能算是"有力"？这些都是模棱两可、模糊不清的规定，怎么才能区分自治机关的作为与不作为？没有作为与不作为的界限，条款的规定等于没有任何实质意义，是条"死法"，难以实施。

一些条款的规定不完整、不严谨，只有行为模式，没有后果模式，无法追究法律责任，因而无法施行。法律规范是一种特殊的、在逻辑上周全的规范，一个完整的法律规范在结构上由三个要素组成，即假定、处理和制裁。各要素之间在逻辑上所具有的这种因果性联系是法律能够切实有效地发挥社会整合作用的重要保证。① 由于法律条文的基本内容是法律规范，如果法律条文充满着没有"制裁"内容的所谓法律规范，则这些法律规范将因缺乏具体制裁性而丧失其对社会生活的调整作用。从而混同于道德规范或者一般性的倡议、号召等，这些"都不能称为严格意义上的规范"②。自治立法尤其是自治条例的条款几乎没有责任条款。在这种情况下，法律关系主体不按照条款去做，也不会承担任何责任。既然如此，各种法律关系主体就可能不会很好地按照自治立法所规定的行为模式去做。

（三）多元化法律实施监督机制未形成整体合力

建立和完善自治立法实施的监督机制问题是一个与制定自治立法同等重要的问题。法律实施监督机制是指监察督促法律适用和遵守主体是否切实贯彻实施法律的督察保障制度和体系。自治立法作为社会主义法律体系的重要组成部分，与法律的实施与监督机制的完善与否有着极大的关系。有效地实施自治立法，还有赖于良好的实施监督机制。当前，我国对法律的实施进行监督的形式呈多元化特点，具体有：国家机关的监督、人民政协的监督、其他社会组织的监督和人民群众的监督。这些监督形式都在

---

① 张云秀主：《法学概论》，北京大学出版社，2000，第279~280页。
② 张云秀主：《法学概论》，北京大学出版社，2000，第277页。

法律实施监督体系中起到各自的作用。虽然自治立法的实施同样也离不开这些形式的监督，但是也应当看到，这些监督形式在内容、范围、权限、方式和程序上都缺乏较为明确的规定，突出的问题是：层次多，配合少，未形成整体合力，缺少一个具有核心枢纽地位的监督机构和网状式的系统，对自治立法实施的监督处于瘫软状态。① 自治立法在实施过程中肯定会产生各种各样的矛盾和争议，妥善处理这些矛盾和争议是保证自治立法顺利实施的重要保障，然而在民族自治地方，还没有建立起自治立法实施争议的解决机制。由于监督不力，又没有建立起自治立法实施争议的解决机制，自治立法实施不到位也就不足为奇了。

---

① 张文山：《通往自治的桥梁：自治条例与单行条例研究》，中央民族大学出版社，2009，第121页。

第六章 民族自治地方立法自治水平的提升

立法自治有其存在的法理基础和现实根据，而且立法自治具有重大的政治价值。可无论从对立法自治的核心要素的理论分析，还是从对立法自治的实现形式的实践梳理来看，都无一例外地证明，目前的立法自治水平还很低。针对制约立法自治实践的相关因素，本章试图找寻立法自治水平提升的途径。

第一节 树立正确立法自治观念

没有任何制度能够离开特定价值观念而独立存在，立法自治制度也是如此。只有将正确的立法自治观念深植人心，才能培养支撑立法自治的文化和心理土壤。如果没有真正树立一种民族自治地方立法自治的观念，立法自治就不可能在民族自治的地方扎根，无论立法自治多么重要。

一 立法自治观念的缺失

树立正确的立法自治观念，是保障民族自治地方有效行使立法自治权的前提条件。然而，无论是民族自治地方自治机关本身，还是上级国家机关乃至中央国家机关，对立法自治的重要地位和作用都认识不足。

就民族自治地方自治机关来说,一方面由于民族自治地方在进行自治立法的过程中没有充分认识到自治立法是在我国社会主义民主政治框架下中央与地方权力划分的体现,是实现自治权的重要方式,在立法过程中存在着"等、靠、要"的思想,缺乏主动性,严重影响了自治立法的产出数量。另一方面由于未能有效地区分自治立法与地方性法规应起到的作用,导致有些民族自治地方,重视地方性法规的立法轻视自治性法规的立法。譬如,从应然角度说,自治区人民代表大会及其常务委员会对单行条例和地方性法规这两种立法形式都应予以重视,甚至在某种意义上应更加重视单行条例,因为这是民族自治地方所独有的立法自治权,然而现实中并非如此,从 5 个自治区自治立法的实践看,普遍存在着"重"地方性法规"轻"单行条例的现象,至今没有一个自治区制定单行条例就是证明,2004 年内蒙古自治区人大常委会制定的《内蒙古自治区蒙古语言文字工作条例》以地方性法规的形式颁布,就是一个典型的例子。在自治立法工作中,由于未能有效地区分自治立法与地方性法规应起到的作用,导致所制定出来的自治立法缺乏民族特色和地方特色。譬如,已有的单行条例自治色彩少,趋同于地方性法规,鲜有反映地方特色和民族特点的立法佳作,也使民族区域自治的特惠性无法很好地体现。这些都严重影响了自治立法的质量,阻碍了立法自治水平的提升。

就上级国家机关乃至中央国家机关来说,由于民族区域自治观念不强,对民族区域自治这一国家的基本政治制度的认识和重视程度不够,从而潜意识地不尊重民族自治地方的立法自治权。突出表现在:一些上级国家机关对民族自治地方自治机关的立法自治权缺乏应有的重视和尊重,对民族自治地方的立法自治的实践缺乏应有的关注和满足。在其制定的法律、法规、规章及规范性文件中普遍存在"一刀切"问题，考虑民族自治地方实际情况、民族特色和地方特色较少。民族区域自治的核心内容实际上就是自治权，这关系到上级国家机关放权的问题。由于不尊重民族自治地方的立法自治权，上级国家机关有些部门对于适度放权采取的是漠视或不置可否的态度。作为下级国家机关的民族自治地方，在制定自治立法时，就难以自作主张地在自治立法中平衡这些涉及上下级国家机关权限的事项范围。这就使得立法自治机关在进行自治立法的时候缩手缩脚、思前顾后，最终采取稳妥的"套改"或"模仿"方式完成了艰巨的自治立法任务。

由于民族自治地方自治机关立法自治观念的缺失，再加上上级国家机关乃至中央国家机关民族区域自治观念不强，已经严重制约了民族自治地方立法自治的实践。因此，立法自治观念革新是民族自治地方加强立法自治的重要组成部分，要提升立法自治水平，首先就是要树立正确的立法自治观念。

二 正确立法自治观念的探讨

民族自治地方立法自治来源于民族区域自治，立法自治权来源于民族区域自治权。树立正确的立法自治观念，关键就是要树立正确的民族区域自治观念。民族区域自治与新中国法制建设相伴而生，成为中国民主政治制度的有机构成部分，它创新了国家结构形式，丰富了中国特色民主政治理论。如何从民主政治的层面把握民族区域自治的意义，对我们树立正确的民族区域自治观念至关重要。

民族区域自治是以毛泽东为代表的中国共产党人为消除民族压迫和民族歧视，实现民族平等，确保民族团结、社会和谐和国家统一而探索得出的制度安排，是马克思主义民族学说同中国具体实践相结合的理性产物。在国家强调建设和谐社会、民主政治和法治国家以及人权保障、以人为本的现实背景下，社会主义民主政治所蕴含的和谐、宽容和平等的人文精神以及为保障人权而运用的民主和法治机制，是重构民族政治关系的价值归宿和必须依靠的基本手段，依靠法律手段来解决民族问题是人类的最佳选择。在全球民族分裂主义复兴和民族分裂活动高涨的现今世界，我们必须高度重视民族问题，坚持和完善作为中国民主政治有机组成部分的民族区域自治制度。社会主义市场经济体制的建立和发展、法治进程的推进，要求我们必须切实保障少数民族权益，发展和完善民族区域自治制度。

而坚持和完善民族区域自治制度，全面贯彻《民族区域自治法》，其核心问题就是民族自治地方的自治机关对自治权的充分行使和保障的问题。所以保障自治机关充分行使自治权，是民族区域自治法和其他有关法律的共同问题。国家保障民族自治地方的自治机关享有完整的自治权，是完善《民族区域自治法》的核心。没有完整现实的自治权，就无所谓民族区域自治制度。把自治机关的自治权与一般地方国家机关的职权等同看待；分割自治权，破坏自治权的完整性等行为在一定程度上说，就是一种违宪行为。因此，上级国家机关在行使权力的过程中，对民族自治地方的自治权应该予以必要的尊重和支持。

自治权十分广泛，要使这些广泛的自治权得以行使，离不开民族自治地方的自治立法。因为，虽然《宪法》《民族区域自治法》赋予了民族自治地方各种重要的自治权力，但是这些重要的权力都很原则、很笼统，只有通过法的形式进一步把其细化，才可能使这些权力的形式具有可操作性，从而才可能使这些自治权力更好地实现。自治立法是自治机关行使自治权的根本体现，自治立法可以通过细化自治权来保障自治权的实施。"从某种意义上说，自治机关自治权的行使首先表现为自治立法活动。"①因此，如前所述，自治权是民族区域自治制度的核心，而自治权这一核心的核心又是立法自治权。

可见，自治权能否得以实现，民族区域自治制度实践价值能否得以践行，关键还要看立法能否自治。只有立法得以自治，才意味着立法自治权能够得到有效的行使；立法自治权能够得到有效的行使，才意味着自治权能够得以实现，从而促进民族区域自治制度实践价值的真正践行。唯有立法自治搞好了，各种自治权才可能得以有效地运用和实现，才可能促进民族区域自治活动的层层展开，达到民族区域自治制度的制度设计目的。因此，没有立法自治，就没有科学的自治立法，没有科学的自治立法，就没有自治权的有效实现，没有自治权的有效实现，民族区域自治制度的实践价值就会大打折扣，正是在这个意义上，我们说立法自治是民族区域自治得以有效展开的关键。

因此，民族区域自治是国家的基本政治制度之一，而不是少数民族和民族自治地方自己的自治，贯彻实施这项制度是全国人民、各级国家机关和各民族自治地方的共同责任和义务。要在全国各族人民群众中牢固树立起民族区域自治观念，不能将民族区域自治仅作为一项民族政策，而应从法治、人权的高度来认识民族区域自治制度。立法自治是由宪法赋予民族自治地方自治机关的一种特定的法定权力，它是民族区域自治得以有效展开的关键，民族自治地方自治机关，要在社会主义民主政治的框架下，按照中央与民族自治地方的权力划分，发挥民族自治地方自治立

---

① 宋才发：《民族区域自治制度的发展与完善：自治区自治条例研究》，人民出版社，2008，第74页。

法的主动性,其他任何国家机关、社会团体和个人都应该予以必要的尊重,不能随意侵犯与破坏。

三 树立正确立法自治观念的途径

第一,强化民族自治地方自治机关的自治意识。自治立法是民族自治地方行使自治权的重要方式。如果自治机关忽视制定自治立法的这项工作,忽视通过立法形式行使自治权,其行使自治权就无从谈起。民族自治地方的自治立法机关,应当增强自治意识,积极扩展自我发展能力,不能仅将自治权等同于获得上级国家机关的帮助权,而热衷于请求上级的"优惠规定",忽视对本民族本地方问题的研究和解决,忽视自治性法规的制定。要改变以往偏重对一级地方政权机关的角色认识,改变长期以来形成的"等、靠、要"的"政策依赖"思想,转变自治机关"不愿""不善""不敢"运用自治立法行使自治权的观念,增强其依法行使自治立法权的积极性和主动性,特别是要正确认识自治立法与地方性法规的关系,切实把自治立法工作提上重要议事日程,为加快自治立法步伐,扫清思想障碍,创造适用自治立法的社会环境和法制环境。自治立法作为实现民族区域自治的重要方式,其立法主体应在充分考虑民族自治地方政治、经济和文化特点的基础上,真正体现和表达本民族本地方的自治利益和特殊要求,用好、用全、用活对法律法规的立法变通权,从而促进民族自治地方立法自治的发展。

第二,民族区域自治是国家的基本政治制度之一,而不是少数民族和民族自治地方自己的自治,贯彻实施这项制度是全国人民、各级国家机关和各民族自治地方的共同责任和义务。因此,上级国家机关及其工作人员要牢固树立起民族区域自治观念,不能将民族区域自治仅作为一项民族政策,而应从法治、人权的高度来认识民族区域自治制度。从民族自治地方自治权的保障应以政策保障为主、法律保障为辅的观念,转变为以法律保障为主、以政策保障为辅的观念,以切实尊重和保障民族自治地方各项自治权的行使。民族区域自治的核心是自治权,而直接影响自治权行使的一个重要因素是民族自治地方自治法规的数量与质量,因此上级国家机关及其工作人员对民族自治地方立法自治应该予以尊重和支持。

第三,民族区域自治制度不仅是民族自治地方实现自治的基本制度,更是国家的根本政治制度之一。民族自治地方自治机关要树立正确的立法自治观念,民族自治地方的其他非自治机关及普通公民也应具备民族区域自治制度的基本常识,尊重民族自治地方的各项自治权,充分认识到立法自治机关制定自治法规是"落实"《宪法》和《民族区域自治法》规定的民族自治地方应享有的自治权的基本手段,协助自治机关行使立法自治权,维护当地民族的合法权益,为支持、监督自治机关行使立法自治权提供社会基础。大力增强全民族的立法自治观念,不仅直接关系到民族区域自治制度的有效实施和自治法规的立法、执法水平,而且还直接关系到民族自治地方各项事业的发展和少数民族权益的保护。因此,进一步提高全社会对自治立法重要性的认识,这是保证民族自治地方不断提升其立法自治水平的重要的外部法律条件。

第二节 改善立法自治制度环境

民族自治地方立法自治权的充分行使,是民族区域自治制度有效展开的关键,然而在实践中,自治立法权行使不尽如人意,立法自治水平不高。导致这种状况的根本原因是现行政治体制下集权的政治理念和行政化的分权体制。因此,必须将行政化的中央与地方权力划分模式转变为立法化的中央与地方分权模式,进一步明确中央与民族自治地方权限,完善中央与民族自治地方畅通的利益表达机制,健全中央与地方权限争议的解决机制。

一 单一制国家结构下的立法自治

在立法权限划分体制中,中央与地方立法权限通常是一国政治制度中的重要内容,它往往与国家结构形式的关系更为密切一些。[①] 我国是单一制国家,需要一个稳定有力的中央政府,中央的立法职权和立法权威具有最高性,地方的立法权不容对中央立法权进行挑战,中央机关的立法职权相对于地方机关的立法职权而言,处于绝对的优势地位。在这种单一制国家结构下,地方国家机关的权力都是中央通过宪法或法律授权而产生的,作为民族区域自治权之一的自治立法权,也是通过授权而产生的,不是固有的立法权。围绕自治权的行使而产生的立法自治的特性与单一制国家结构紧密相连。在这种单一制国家结构形式下,地方立法自治不可能达到多高的自治程度,充其量也只是在《宪法》《民族区域自治法》《立法法》授权范围下的一种有限的立法自治。

二 立法自治的制度困境

自治立法权的行使关涉中央与地方关系,涉及中央与地方关系的理论定位及其在这一理论基础上所创设的两者之间实体权力的内容边界、利益输送的程序机制和解决争议的法律途径等制度群落。如果从这一思路入手,我们发现,自治立法困境的实质在于分权理念下地方自治的缺失,在于法治化的中央与地方关系的

[①] 曹海晶:《中外立法制度比较》,商务印书馆,2004,第144页。

缺失。要想解决自治立法，甚至是民族区域自治制度存在的问题，必须从根本上改变现有中央与地方权力配置的政治理念和制度格局。

我国现有的中央与地方权力配置的政治理念和制度格局是什么？就是现实民主政治体制下集权的政治理念和行政化的中央与地方分权体制。本来，民族区域自治制度的实质是中央与民族自治地方的适度分权以及民族自治地方的适当自主，但是中央集权式的国家结构形式却消解了民族区域自治制度的自治属性，使民族自治地方在事实上享有的地方事务管理权限与一般非民族自治地方并无太多不同，因此与民族区域自治制度相悖的集权政治理念和现实的行政化分权体制，在很大程度上制约了立法自治权的有效行使和民族区域自治制度的有效运行。

在国家政治实践中，中央集权的政治理念表现为一种行政化的中央与地方的权力划分模式。在这种模式中，我国宪法和有关宪法性法律文件对中央与地方的权力分配只作原则规定，地方所享有的职权主要通过权力在行政体系内的流动，由中央行政机关根据现实社会变迁适时进行规定和调节而形成。也就是说，中央政府的授权行为并不依赖于法律，而是依赖于行政上的措施和决定，因此地方政府的行政权在理论上可由中央政府随时收回。地方政府除了执行中央政府的法律、法规外，地方行政机关还必须对中央行政机关直接负责，接受中央行政机关对其的严格监督和管理，甚至中央行政机关对于地方事务具有最终的决定权。行政管理的高度集权性，往往使地方政府处于中央行政机关的高度控制之下，地方政府很难充分行使自治权。

行政化的分权体制表现出来的中央集权理念以及这种体制固有的随意性决定了中央与地方关系在制度上存在缺陷，即宪法和法律中缺少中央与地方实体权力的内容边界、利益输送的程序机制和解决争议的法律途径等规范内容,再加上中央政府集中垄断着国家权力,特别是经济管理、财税等实质性的行政权力,因此当民族自治地方反映利益要求的立法上报中央政府,要求让利放权的时候,难免出现"讨价还价"的情况,甚至中央政府各部门可以对民族自治地方的正当要求不置可否,这样一来,自治区自治条例和单行条例的出台就显得相当困难了。因此,尽管《宪法》《民族区域自治法》赋予了民族自治地方自治机关广泛的自治权,但实际自治权的大小,最终取决于中央政府的集权和放权。[1]

三 走出立法自治制度困境

从当代各国地方自治的实践来看,把中央和地方之间的关系法治化,以法治促进中央和地方关系的发展,是促进中央与地方关系不断良性发展的有效途径。就中国来说,以法制化的途径构建中央与地方间实体权力的内容边界、利益输送的程序机制和争议解决的法律途径等制度群落,是自治立法走出困境的重要途径。

第一,将行政性的中央与地方权力划分模式转变为立法化的中央与地方分权模式,促进地方自治。实行地方自治,是保障民族自治地方自治权,包括立法自治权充分行使的基础。欲实现地方自治,首要的是将行政性的中央与地方权力划分模式转变为立法化的中央与地方分权模式;而欲变革分权模式,最重要的是修改宪法和地方组织法或者制定专门的《中央与地方关系法》,以基本法律的形式将中央与民族自治地方的事权固定下来。事权分

---

[1] 潘弘祥:《自治立法的宪政困境及路径选择》,《中南民族大学学报》(人文社会科学版)2008年第3期。

配的基本原则是既要保证中央政府所代表的国家主权的完整统一性,又要保证民族自治地方所代表的地方利益的相对自主性。在这种法定的纵向分权体制下,民族自治地方自治权不再是中央的简单授权或权力下放,而是基于地方固有利益自主治理的要求,来源于宪法或基本法律的明确依据。换言之,中央与民族自治地方关系应该是基于制度化的权力分享,而不应该是双方在经济和政治利益上的讨价还价。当中央与民族自治地方权力边界确定以后,自治机关就可以在其权力范围内自主立法,而不需要中央政府的事前批准。当然,由于中国的民族自治地方是享有中央政府给予的更多自主权的行政区域,具有明显的单一制地方中代理型地方的特点。[①] 因此,实行地方自治,并非说不要中央权威,地方自治必须是在中央权威之下的地方自治,两者必须协调统一。

第二,建立中央与民族自治地方之间利益沟通的制度平台。中央和民族自治地方是不同的利益主体,中央政府追求的是全体公共利益的最大化,而民族自治地方政府所代表的地方利益具有区域性,因此地方利益与中央利益既具有一致性,又具有独立性。正因为有这种独立性,所以中央与民族自治地方利益也具有矛盾性的一面。这就产生了地方利益的表达问题,尤其是立法化的中央与地方分权模式确立之后,立法会成为地方利益表达最重要的载体,其地位显得尤为重要。这时候,必须建立公平的利益表达机制和利益协调机制,发展以交往理性为基础的,更加科学合理、民主开放的制度平台,增强中央与民族自治地方之间的信息对称性、政治信任感、利益关怀度和政策执行力,减少两者权

[①] 周平、方盛举、夏维勇:《中国民族自治地方政府》,人民出版社,2007,第24页。

力摩擦、利益冲突和资源争夺，克服以往基于讨价还价而形成的分殊化的让利分权机制所带来的负效应。笔者认为，全国人大可实行两院制，其中一院由省级地方各派一名代表组成，成为地方向中央表达利益要求的专门机关。无论是中央立法，还是自治条例，都应该由两院共同审议。

第三，健全中央与民族自治地方之间权限争议的解决机制。既然存在中央与地方分权，就有可能存在府级之间的权限纠纷，因此，在宪法对中央与民族自治地方的权力作了明确划分之后，处理中央与民族自治地方之间的权限争议制度应适时跟进。一是应设立权限争议处理主体。如我国可效法日本，设立国家与普通地方公共团体关系争议处理委员会和自治争议处理委员会等类似机构，解决府级之间的权限争议。二是明确争议处理范围。中央与地方争议处理的范围应主要包括中央对地方政府发出的许可、命令、撤销、纠正等行使公权力的行为以及行使公权力的国家不作为行为。这一受案范围的确立，使民族自治地方针对中央政府不批准立法、拖延或不答复立法案的争议有了可解决的途径。三是明确争议处理的程序和法律责任方式。

第三节　合理配置立法自治权

要提升民族自治地方立法自治水平，必须要合理配置立法自治权。只有自治立法机关明确立法自治的任务和目标，自治立法机关才可能尽心尽责地搞好自治立法，根据自己的立法权限制定出足够而良好的自治法规。同时，"立法权限范围是否确定，立法权是否受限制，也是衡量一个国家或政体是否实行民主制的一个标志"[1]。因

---

[1] 周旺生：《立法学》（第二版），法律出版社，2009，第206页。

此，合理配置立法自治权，也有助于监督自治立法机关的自治立法活动，防止自治立法机关专制擅权。然而，目前民族自治地方立法自治权在立法主体、立法内容、立法实现形式等方面都还需要进一步完善。

一 完善自治立法的立法主体

一切立法的基本问题和立法活动的基本侧面，都同立法主体相关联。[①] 立法权的归属、范围、行使都不可以离开立法主体而存在，立法主体是一切立法理论的实践者，是立法意图和目的的实现者，是立法技术采纳、运用的实践者。没有适当的立法主体，没有立法主体的适当努力，任何高明的立法理论、意识、意图、目的和技术，都只能搁置一边。适当的立法主体是提升民族自治地方立法自治水平的重要前提。

（一）维持自治条例立法主体范围

按照《宪法》《民族区域自治法》《立法法》的规定，民族自治地方各级人大，包括自治区、自治州、自治县（旗）的人大，都有权制定自治条例，但民族自治地方各级人大常委会，包括自治区、自治州、自治县（旗）的人大常委会，都无权制定自治条例。从自治条例是民族自治地方"小宪法"的性质出发，由于自治条例是对每个民族自治地方政治、经济、文化、社会等方面的综合规定，就像《宪法》只能由全国人民代表大会制定一样，把自治条例的制定权只赋予民族自治地方的人民代表大会，这样的规定应该是合理的。因此，对于《宪法》《民族区域自治法》《立法法》所规定的民族自治地方自治条例的立法主体范围，应该予以维持。

[①] 周旺生：《立法学》（第二版），法律出版社，2009，第170页。

（二）扩大单行条例的立法主体范围

按照《宪法》《民族区域自治法》《立法法》的规定，民族自治地方单行条例的立法主体范围与自治条例的立法主体范围没有区别。也就是说，只有自治区、自治州、自治县（旗）的人民代表大会有权制定单行条例，而自治区、自治州、自治县（旗）的人民代表大会常务委员会没有制定单行条例的权力。这样的规定，对自治条例的制定而言，是具有合理性的，但对于单行条例的制定来说，无论是从理论上，还是在实践中都是存在一定问题的。自治条例对于每个自治地方来说只能制定一部，而且因其具有民族自治地方"小宪法"的性质，因此要把制定权赋予民族自治地方的人民代表大会，这是保证自治条例的立法质量的需要。但是，单行条例对于每个自治地方来说可能需要制定很多部，繁重的单行条例立法任务如果还是由人民代表大会来完成，而人民代表大会开会次数十分有限，这无论从理论上还是从实践来说都是不太可能的，这就制约了单行条例制定的效率，从某种意义上讲，这是难以保证单行条例立法质量的。

因此，要提升立法自治水平，就要扩大民族自治地方单行条例的立法主体。单行条例的制定权不能仅赋予民族自治地方的人民代表大会，国家应通过立法赋予民族自治地方的人民代表大会常务委员会以单行条例的制定权。民族自治地方人民代表大会常务委员会也是国家权力机关的组成部分，是人民代表大会的常设机构，一般每两个月召开一次例会，在必要时可以召开临时会议。这可以保证人民代表大会常务委员会有时间制定好单行条例，同时由于人民代表大会常务委员会开会周期短，且开会的时间灵活易变，更利于及时制定或修改单行条例，以便民族自治地方能够更灵活高效地行使立法自治权。并且可以通过单行条例制定程序的规范化，包括起草主体的法定化、审议程序制度化、听证程序公开化等制度，确保民族自治地方人民代表大会常务委员会制定单行条例的质量。

（三）统一变通或补充规定的制定主体

民族自治地方的变通或补充规定是一种地方与中央的立法分权方式，在自治立法体系中具有重要意义。但是由于立法体制、实际操作以及观念认识上的缺失，目前有关变通或补充规定的立法尚存在一些亟待解决的问题。就变通或补充规定的制定权主体来看，本来按照《立法法》第66条的规定，民族自治地方的人民代表大会在制定自治条例和单行条例的时候，可以依照当地民族的特点，对法律和行政法规的规定做出变通规定。以此来看，变通或补充规定的制定权主体也只是民族自治地方的人民代表大会。但是在实践中，目前大概有13部法律又以具体的授权条款授权民族自治地方对其进行变通或补充规定，民族自治地方的自治机关更多的是依据这种法条具体授权而行使着变通或补充规定的制定权。

目前，这些法律授权的变通规定的制定主体不统一。如《刑法》规定的是自治区或省的人民代表大会，《收养法》规定的是民族自治地方人民代表大会及其常务委员会，而《继承法》《婚姻法》《民法通则》《民事诉讼法》《妇女权益保障法》规定的是民族自治地方的人民代表大会，《森林法》规定的是民族自治地方的自治机关，《传染病防治法》规定的是自治区的人大常委会。这就是说，根据这些具体授权，民族自治地方的人大、人大常委会、政府都可能有权制定变通或补充规定，有时，甚至是3个机关都同时有权对某部法律进行变通或补充规定，如对《森林法》的变通或补充规定，就可能出现人大可以制定变通或补充规定，人大常委会也可以制定变通或补充规定，甚至政府也可以制定变通或补充规定的现象。到底该由谁制定，还是3个机关都制定，这就模糊不清了，从而导致在实践中难以搞好变通或补充规定。

由于变通或补充规定主体不统一，甚至发生司法机关也可以制定变通或补充规定的现象，司法机关不属于自治机关，不享有变通实施法律、法规的自治权。因此，在司法过程中直接变通法律、法规是违法的。然而司法变通在实践中大量存在，违背了现行立法对民族自治地方立法变通权主体的规定。如在《刑法》与少数民族习俗的协调方面，许多民族自治地方采用的方法主要是司法变通或直接以政策为依据办案。民族自治地方的司法机关在贯彻执行刑法的过程中，依据当地少数民族的实际情况做出适当的变通处理，不能否认这种变通对维护少数民族地区安定团结有着积极作用，若在西双版纳地区的哈尼族婚后多年无子女或无子，丈夫便可纳妾，形成一夫多妻现象，如一概以重婚罪定罪处罚显然不适合。因此，对于这类违法行为，在司法实践中一般从宽处理。但是，这种做法于法无据，实质上是在刑法所确立的严格罪刑标准之外由司法机关另外确立了一套罪与非罪、罪轻与罪重的标准，违反了罪刑法定这一刑法基本原则。同时司法变通权也不具有正当性，违背了《宪法》关于民族自治地方立法变通权限的规定。

因此，要提升立法自治水平，就需要统一变通或补充规定的制定主体。笔者建议，将民族自治地方变通或补充规定的制定机关统一为民族自治地方的人大及其常委会。这样一方面民族自治地方人大常委会人数较少，素质较高，便于审议、讨论和通过法案，而且民族自治地方人大常委会每年至少举行 6 次会议，必要时也可以临时举行会议，可以提高变通立法的效率；另一方面可以改变民族自治地方变通规定的制定机关授权规定不一致的情况。以后，当某一部法律在进行条款式授权的时候，不能将变通或补充规定制定权笼统授权为"自治机关",由自治机关制定变通或补充规定的提法不科学,自治机关不仅包括民族自治地方的人大及其常委会,也包括民族自治地方的人民政府,而人民政府制定变通或补充规定于法无据。

二　完善自治立法的立法内容

立法内容是立法权限的核心。从目前我国民族自治地方自治立法的制定情况看,立法内容缺失、立法内容规定得不当、立法内容趋同,缺乏时代特点、地方特色和民族特色等方面的问题相当严重,这已经严重影响自治立法的质量和实施效果。民族自治地方自治立法内容亟须完善。

(一) 自治条例立法内容的完善

前文已经分析,《宪法》和《民族区域自治法》规定的自治权构成了自治条例立法内容范围确定的基本依据和框架。但是,我国《立法法》第66条第2款规定:"自治条例和单行条例可以依照当地民族的特点,对法律和行政法规的规定作出变通规定,但不得违背法律或者行政法规的基本原则,不得对宪法和民族区域自治法的规定以及其他有关法律、行政法规专门就民族自治地方作的规定作出变通规定。"《立法法》的这一规定,用一种授权的方式,授予民族自治地方的自治法规对法律、行政法规具体规定的变通权,从而使自治条例立法内容的权限范围有了很大的扩展。自治条例立法内容就不限于自治权的基本范围,而且也包括了很多法律和行政法规权限范围内的一些事项。看起来,自治条例立法内容的基本框架是确定的,但是,这一框架在实际操作中还有很多问题。

目前,自治条例立法内容在实践上存在的问题,主要有以下五个方面:一是自治条例立法内容与中央立法内容如何界定;二是自治条例立法内容与一般地方性立法内容如何界定；三是自治条例是否可以对地方性法规规定的内容进行变通；四是法律、行政法规没有明确授权且属于自治权范围的内容，自治条例立法可不可以进行变通；五是如何使自治条例立法内容的内部配置更具合理性。下面我们就尝试对这五个方面进行分析。

1. 自治条例立法内容与中央立法内容如何界定

根据我国《宪法》《地方组织法》《立法法》的法律规定，中央和地方、行政机关和权力机关之间的立法权限划分的基本框架已经初步形成。在中央和地方的权力机关与行政机关之间，其立法权限内容在《立法法》也做出了基本的界定，尽管这种分配目前仍比较模糊和笼统。在我国中央和地方之间，立法内容的划分方式采用的是列举规定中央的专属立法权，对于地方享有哪些事项的立法权，法律则个做具体规定。根据《立法法》第8条的规定，中央享有的专属立法事项包括：国家主权的事项；各级人民代表大会、人民政府、人民法院和人民检察院的产生、组织和职权；民族区域自治制度、特别行政区制度、基层群众自治制度；犯罪和刑罚；对公民政治权利的剥夺、限制人身自由的强制措施和处罚；对非国有财产的征收；民事基本制度；基本经济制度以及财政、税收、海关、金融和外贸的基本制度；诉讼和仲裁制度；必须由全国人民代表大会及其常务委员会制定法律的其他事项。涉及全国性的行政事项，则须由国务院及其相关部委以行政法规和部门规章的形式来规范。而一般地方则可以针对两方面内容进行地方立法：一是为执行中央法律，根据自身实际情况，其立法权限可以涵盖中央法律内容覆盖的范围；二是需要立法的纯地方性事务。

民族自治地方自治条例立法内容与中央立法内容的关系是一个相对比较复杂且无明确定论的问题。中央立法有没有专门的规范领域，存不存在地方自治立法不得涉及的内容，自治地方自治条例立法内容与民族区域自治法的立法内容是一种什么样的关系等，在目前的理论与实务界，基本上还没明确规定。这一现状，给我国民族自治地方自治条例立法带来的问题却是严重的。"目前，民族自治地方的自治条例立法之所以大量重复民族区域自治法的规定，除了受我国中央集权体制和大一统思想的影响以及缺乏对本地区民族实际情况的了解之外，其根本原因在于自治条例的立法内容范围与国家民族立法内容范围的边界不清。"①

该怎样对自治条例立法内容与中央立法内容进行界定呢？其实，自治条例立法内容与中央立法内容的关系不明确，说直了，它反映的是中央与民族自治地方的权益划分存在分歧。立法内容划分不清其实也就是中央与民族自治地方的权益划分不清。如前所述，民族区域自治的核心内容实质上就是自治权，这关系上级国家机关放权的问题。上级国家机关要想主动放权是比较困难的，特别是有关经济权益等方面的放权。在上级国家机关不想真正放权的前提下，无论《宪法》《民族区域自治法》《立法法》规定了民族自治地方有多少听起来是很诱人的自治权，民族自治地方也难以施行。既然自治条例纸面上的规定难以真正付诸实施，为应付"完成自治条例立法"的任务，各民族自治地方就采取"套改"民族区域自治法的做法，这样既不得罪上级国家机关，又从形式上完成了自治条例的立法任务。相反，如果在上级国家机关还没有准备真正放权的前提下，民族自治地方想把各种自治权具体化，想把自治条例制定得真的有地方特色和民族特色，那你的自治条例草案在征询上级机关意见时就基本上面临被否决的命运而进入不了正式审议程序，五大自治区自治条例的制

---

① 杨道波：《自治条例立法研究》，人民出版社，2008，第118页。

定历程就是"前车之鉴"。

因此，要解决自治条例立法内容与中央立法内容的关系不明确的问题，关键还在于上级国家机关要认识到该放权的就要依法放权，更重要的是上级国家机关放权要法制化，不能想放就放，不想放就不放。所以，像《国务院实施〈中华人民共和国民族区域自治法〉若干规定》这样的类似的行政法规就显得尤为重要了。尽管 2005 年的《国务院实施〈中华人民共和国民族区域自治法〉若干规定》很多规定弹性较大，但仍然可以与很多自治条例相媲美。所以，笔者认为，要解决地方与中央在立法内容关系不明确的问题上，需要涉及放权的相关部门都要制定具有可操作性的部门规章，而且全国人大常委会有权对这一系列制定规章的行政立法行为进行违宪审查。

2. 自治条例立法内容与一般地方性立法内容如何界定

民族自治地方作为一级地方政权，其立法权内容具有一定的特殊性。根据我国国家结构形式和政权形式的制度安排，我国民族自地方中的自治区一级享有双重立法权，即一般性地方立法权和自治法规立法权。按照现行法律规定，自治区有权制定地方性法规以及地方性规章，同时自治区人民代表大会也有权依照当地民族的政治、经济和文化特点制定自治条例与单行条例。在立法内容上，作为自治法规之核心的自治条例既要与中央立法内容明确划分，又要体现实现与该地区一般性地方立法相区别。这既是自治条例得以存在的证明，又是自治条例立法内容科学定位的关键。然而，民族自治地方对于制定自治条例态度普遍淡漠，甚至有一大部分民族自治地方喜欢用一般地方性立法来取代自治立法，为什么？其原因固然包括自治法规立法报批程序较为烦琐等，也与自治法规与一般性地方立法的内容范围划分不清有关。

那么，地方性一般立法与自治条例在内容上应如何界定呢？

《宪法》第 115 条规定："民族自治地方的自治机关行使宪法第三章第五节规定的地方国家机关的职权，同时依照宪法、民族区域自治法和其他法律规定的权限行使自治权。"《宪法》第 116 条规定："民族自治地方的人民代表大会有权依照当地民族的政治、经济和文化的特点，制定自治条例和单行条例。"《立法法》第 66 条也有同样的规定，同时该条第 2 款规定："自治条例和单行条例可以依照当地民族的特点，对法律和行政法规的规定作出变通规定。"而地方性一般立法的依据是，《宪法》第 100 条规定："省、直辖市的人民代表大会和它们的常务委员会，在不同宪法、法律、行政法规相抵触的前提下，可以制定地方性法规，报全国人民代表大会常务委员会备案。"《立法法》第 63 条规定："省、自治区、直辖市的人民代表大会及其常务委员会根据本行政区域的具体情况和实际需要，在不同宪法、法律、行政法规相抵触的前提下，可以制定地方性法规。"至于一般地方性法规的内容，《立法法》第 64 条规定："地方性法规可以就以下事项作出规定：为执行法律、行政法规的规定，需要根据本行政区域的实际情况作具体规定的事项；属于地方性事务需要制定地方性法规的事项。"

从以上规定来看，自治条例立法内容与地方性一般立法内容基本是可以区分的。无论从理论还是从实践看，自治条例立法内容与地方性一般立法是显然不同的两个领域。一般性地方立法的理论基础纯粹来源于中央和地方的分权理论；而自治条例立法则直接来源于民族区域自治理论，是民族区域自治权的必然产物和组成部分。民族自治地方的政权机关在履行一般地方职权职责之外，其作为自治机关的职权职责都源于自治权，都与自治权的组织和运行有关。因此，《宪法》和《民族区域自治法》规定的自治权构成自治条例立法内容范围确定的基本依据。无论是自治条例还是单行条例，其理论基础和立法权都来源于自治权。从法理上看，与民族区域自治权行使无关的事项不应由民族自治地方以自治条例和单行条例的方式来规范。相应的，只要是与民族区域自治权行使有关的事项都应该由民族自治地方以自治条例和单行条例的方式来规范，而不能以一般地方性法规来规范。而且，根据《立法法》第66条的规定，自治条例立法内容不限于自治权的基本范围，还包括了很多法律和行政法规权限范围内的一些事项。总之，只要是涉及自治权的行使，以及法律和行政法规需要在民族自治地方进行变通或补充规定的时候，就应该由自治条例来进行规范，而不应该由一般地方性法规来规范。

3. 自治条例是否可以对地方性法规规定的内容进行变通

关于这个问题，国家法至今没有明确的规定。我们只能从《立法法》中试图间接寻找答案。根据《立法法》第66条第2款的规定："自治条例和单行条例可以依照当地民族的特点，对法律和行政法规的规定作出变通规定。"需要注意的是，《立法法》第66条并没有说可以对地方性法规做出变通规定。因此，从这条的规定来看，自治条例是不可以对地方性法规规定的内容进行变通的。但是，笔者认为，自治条例不可以对地方性法规规定的内容进行变通，这只能是针对自治区一级可以这样说。针对自治州、自治县来说，其所在的省、自治区、直辖市的地方性法规如果需要根据本自治州、自治县的民族政治、经济、文化特点进行变通时，自治州、自治县应该是可以对省、自治区、直辖市的地方性法规规定的内容进行变通的。从理论上说，自治州、自治县的自治条例和单行条例对法律和行政法规都可以变通，怎么还不可以对法律位阶比法律和行政法规还要低的地方性法规进行变通呢？

4. 法律、行政法规没有明确授权且属于自治权范围的内容，自治条例立法是否可以进行变通

关于这个问题，不仅国家法没有明确的规定，而且在学界还存在相反的观点。① 这个问题的解决，关键在于我们如何看待自治条例立法中的变通立法权，自治条例立法中的变通立法权是职权性的还是授权性的。从立法法对民族自治地方自治条例立法的规定来看，自治条例立法中的变通权应当属于职权性的，而不属于授权性的。因此，对法律、行政法规的具体规定，即使法律、行政法规没有特别授权，自治条例立法也可以对其予以变通。需要注意的是，自治条例立法中的变通权与民族自治地方专门性的变通规定和补充规定制定权的属性是不一样的。民族自治地方变通规定和补充规定的制定权除了授权法的规定外，并无其他法律根据，所以，它应当属于授权性立法。然而，自治条例立法中的变通权与之不同，它属于职权性立法的范畴。既然是职权性立法，即使法律、行政法规没有特别授权，如果涉及自治权范围的内容，自治条例立法也可以对之予以变通。

5. 自治条例立法内容的内部配置更具合理性

自治条例立法内容的基本框架确定之后，自治条例立法内容就面临着内部的配置问题，即自治条例立法内容内部的各种规范如何合理设计与搭配。这就需要搞清自治条例立法内容的相应成分，以实现自治条例立法内容设计的理性化。对此，已有学者进行了较为深入的研究。总体来看，自治条例立法内容的内部配置应该遵循以下思路：首先，自治条例立法应当属于公法的范畴，其立法内容应当以国家和民族自治地方公共利益为利益追求目标，而不应该涉及过多的私人利益规范，自治条例立法应当以地

---

① 曹海晶：《中外立法制度比较》，商务印书馆，2004，第188页。

方民族特点为基础,以地方民族因素为核心,详细规范本自治地方自治权组织与运行的各个环节。其次,在公法框架内,自治条例立法既是组织法又是权利法,除了要完善组织法内容,如增加权力运行与行使方面的内容外,还要注意强化关注少数民族"公权利"的法律内容。再次,自治条例应该既包括实体性的内容,也包括程序性的内容,自治条例除了确认自治权行使主体、自治权内容、自治权保障机制等实体性内容外,还应当有适当的权力运作程序以及法律责任等程序性内容。最后,自治条例立法在总体上应当在合理配置自主性立法和实施性立法的基础上,进一步充实自主性立法内容、废除呆板的重复性的实施性内容。[1]

(二) 单行条例立法内容的完善

根据《宪法》《民族区域自治法》《立法法》的规定,自治条例和单行条例的立法主体是一致的,立法程序是相同的。但是,在内容上,两者有很大的区别,一方面自治条例是对民族自治地方进行制度性、体制性的规定,而单行条例则主要是对民族自治地方某一方面的社会关系进行规定。另一方面突出体现在自治条例和单行条例中的变通权的内容上。

拥有变通权是自治条例与单行条例的主要特征,也是区别于一般地方性法规的"分水岭"。但是,"相比自治条例而言,变通权的实现主要是体现在单行条例中"[2],虽然《立法法》规定,自治条例和单行条例可以依照当地民族的特点,对法律和行政法规的规定做出变通规定。但由于自治条例是对民族自治地方进行制度性、体制性的规定,其立法依据主要是《民族区域自治

---

[1] 杨道波:《自治条例立法研究》,人民出版社,2008,第 127~137 页。
[2] 张文山:《通往自治的桥梁:自治条例与单行条例研究》,中央民族大学出版社,2009,第 474 页。

法》，而《民族区域自治法》是自治条例的上位法，是不能变通的；同时，一个民族自治地方只能有一件自治条例，故其对法律、法规变通的空间很小。此外，在已颁布的137件自治州、自治县的自治条例中还仅仅发现有1件自治条例中有变通的条款。[①] 从这个意义上可以说，变通权的实现应该主要反映在单行条例中，这是由单行条例的性质决定的。变通权在单行条例中的实现也要从两个层面分析：一是自治区的单行条例，尽管到目前为止还没有颁布一件自治区的单行条例，然而从学理上说，自治区的单行条例变通的客体是法律、行政法规中那些不符合自治区民族特点、难以实施的条款。二是自治州、自治县的单行条例，这是单行条例最多、最活跃、最灵活的自治立法，它变通的客体既可以是法律、行政法规，也可以是地方性法规，变通的客体比自治区的单行条例变通的客体范围宽泛。

关于单行条例立法内容的完善。首先，涉及单行条例立法内容与中央立法内容如何界定的问题。与自治条例相比较，单行条例立法内容与中央立法内容比较好区分，原因是，单行条例主要是对民族自治地方某一方面的社会关系进行规定，其与中央立法权之间的冲突的概率相对较低，虽然也涉及民族自治地方与中央的权益划分，但两者的立法边界是相对清晰的，因此在实践中，除了自治区以外，单行条例获得批准的概率是很高的。其次，也涉及单行条例是否可以对地方性法规规定的内容进行变通，以及法律、行政法规没有明确授权且属于自治权范围的内容，单行条例立法可不可以进行变通的问题。关于这个问题，结论和前面探讨自治条例是一样的。针对自治区一级而言，单行条例是没有对

[①] 张殿军、王静：《我国民族区域自治地方变通立法实证分析》，《创新》2010年第6期。

其同级的地方性法规进行变通的直接法律依据的，但针对自治州、自治县一级而言，从理论上说，单行条例是可以对省、自治区、直辖市的地方性法规规定的内容进行变通的，而且单行条例也是职权性立法，即使法律、行政法规没有特别授权，如果涉及自治权范围的内容，单行条例立法也可以对之予以变通。最后，还涉及如何使单行条例立法内容的内部配置更具合理性的问题。与自治条例的公法性质不同，单行条例更多的是行政法性质的公法，如《楚雄彝族自治州林业管理条例》，其立法内容也应当以国家和民族自治地方公共利益为利益追求目标，而不应该涉及过多的私人利益规范；单行条例更多的是行政行为法范畴，主要应该侧重于行政权力运行方面的内容；单行条例也要兼顾规范实体性与程序性的内容；单行条例立法在总体上也应当在合理配置自主性立法和实施性立法的基础上，进一步充实自主性立法内容、废除呆板的重复性的实施内容。

除了以上三个方面需要完善以外，在立法自治权限上，单行条例和地方性法规的矛盾最为突出，尤其表现在自治区一级。从五大自治区的立法实践来看，普遍存在"重"地方性法规，"轻"单行条例的现象。目前五大自治区还没有一部单行条例出台。单行条例和地方性法规要在自治区的立法中相得益彰，那么，哪些领域应制定单行条例？哪些领域又该制定地方性法规？这个问题，法律也没有明确规定。但是，单行条例的立法依据和前面所论述的自治条例的立法依据完全相同。自治条例立法和单行条例的理论基础都是直接来源于民族区域自治理论，是民族区域自治权的必然产物和组成部分。因此，总的来看，只要是涉及自治权的行使，以及法律和行政法规需要在民族自治地方进行变通或补充规定的时候，也应该由单行条例来进行规范，而不应该由一般地方性法规来规范。

(三) 变通或补充规定内容的完善

变通或补充规定与自治条例、单行条例的制定依据是《宪法》《民族区域自治法》《立法法》不同，变通或补充规定的制定依据除此之外，还有其他单行法律，目前有 13 部法律就是通过法条具体授权民族自治地方进行变通或补充规定。而且，《立法法》第 66 条第 2 款规定了"自治条例和单行条例可以依照当地民族的特点，对法律和行政法规的规定作出变通规定"，使《宪法》《民族区域自治法》对民族自治地方自治立法变通权的范围更加明确，改变了以往民族自治地方立法只能根据单行法律的具体授权制定变通或补充规定的误解和立法状况。从以上条文的规定来看，变通或补充规定的内容是比较好把握的。但是，目前民族自治地方制定变通或补充规定的积极性不高。就已有的 75 个变通或补充规定来看，有 80% 是关于婚姻法的变通。因此，针对民族自治地方现实存在的问题，变通补充权内容的完善必须着力抓好以下三点：一是授权法律法规要明确规定民族自治地方可以变通或补充执行该法；二是统一民族自治地方对法律法规的变通或补充规定的制定主体；三是要根据当地实际需要，在不违背《宪法》和需要变通执行的法律的原则下，对即使法律没有明确规定民族自治地方可以变通或者补充执行的，民族自治地方要敢于创新，勇于实践，积极主动地对法律法规进行变通或者补充执行。

三 完善自治立法的实现形式

目前，有关自治立法的实现形式，人们更多地认为，包括自治条例、单行条例、变通规定、补充规定四种形式。有人认为，由于 2001 年的《立法法》已经明确规定自治条例、单行条例可以根据本民族自治地方的特点变通法律、行政法规，既然《立法法》已经明确规定自治条例、单行条例可以根据本民族自治地方的特点变通法律、行政法规，专门的变通或补充规定立法就不存在。然而，已有的75个变通或补充规定，基本上都是诞生在《立法法》颁布实施之前，都是以专门的变通规定做出的。但在《立法法》颁布实施之后，这些规定能否进入自治条例呢？这主要取决于这些内容时是否属于民族区域自治权的范围。根据我国《宪法》《民族区域自治法》的规定可知，关于婚姻、继承等制度并非属于民族区域自治权的范围，原则上不宜进入自治条例立法内容的范围，只能以单独的变通或补充规定来实现。至于义务教育、土地管理、计划生育以及其他属于自治权范围的各项事务，应可以纳入自治条例立法来调整。因此，即使在《立法法》颁布实施之后，变通规定仍有其独立存在的余地和价值，那种认为《立法法》赋予自治条例、单行条例变通法律、行政法规的具体规定之后，专门的变通规定立法就不存在的观点，不仅在上理论上是错误的，而且在实践上是有害的。

但是，对目前将变通或补充规定与自治条例和单行条例并列为民族自治地方立法形式的习惯做法应尽快加以纠正。因为，一是不同法的形式由不同国家机关或主体产生，立法者不能产生不属于自己权限范围的法的形式。二是法的不同表现形式表现法的不同效力等级，具有不同的位阶。三是不同法的形式调整不同社会关系，不同法的形式具有不同的技术特点。确立法律变通的形式，有助于解决什么样的立法机关有权进行变通立法，明确法律变通的效力，有助于立法机关运用特定立法技术进行立法变通。为进一步完善民族自治立法，建议今后民族自治地方对法律和行政法规变通和补充的名称按照其内容，统一为"×××变通条例"或"×××补充条例"。自治州、自治县对地方性法规变通补充的，不再冠以"变通"或"补充"的名称，建议统一称为

"×××实施办法"。

因此,虽然变通或补充规定也应该是自治立法的实现形式之一,但是,不宜将变通或补充规定与自治条例、单行条例并列,其实,民族自治地方的这四种自治法规应该是有一定的层级区分的,就连自治条例和单行条例都不能并列在一起,虽然两者都是民族自治地方的人大制定的,但这不能成为两者并列的理由,自治条例应该是一个层次,单行条例应该是另外一个层次,变通或补充规定更应该是另外一个层次。而且,就变通或补充规定权的行使而言,其可以以三种立法形式表现出来,即自治条例中的变通条款、以单行条例的形式进行变通、单独的变通或补充规定。这三种形式虽然都是对法律或行政法规的变通或补充,但是,如果是以自治条例中的变通或补充条款,或者是以单行条例来进行变通或补充规定,此时与单独的变通或补充规定的形式进行变通或补充规定的自治立法实现形式相比,其区别是很明显的。

第四节 完善自治立法机制

从立法自治的实践来看,作为立法自治实现形式的自治立法,无论是在制定的数量上,还是在制定的质量上,抑或是在实施上,都还存在很大的问题,影响了立法自治实践的效果。因此,要提高立法自治的实践水平,就要有针对性地解决好这三个问题,建立健全自治立法数量保障机制、自治立法质量保障机制、自治立法实施机制。

一 优化自治立法产出机制

自治立法机关自治立法的产出数量问题,是一个自治立法的立法效率问题。如前所述,自《民族区域自治法》实施28年以来，155个民族自治地方只生产出701件自治法规，平均每年生产25件，平摊下来，每个民族自治地方用6年多的时间生产一个自治法规。要改变自治立法机关如此低的立法效率，除了要强化立法自治观念、扩展自治立法主体外，以下几点是很关键的。

（一）健全自治立法规划制度

立法规划是有立法权的主体在自己的职权范围内，为达到一定的目的，按照一定原则和程序，所编制的准备用以实施的关于立法工作的设想和部署。[①] 立法规划作为关于立法工作的设想和部署，是立法者完成立法工作的施工蓝图，对立法工作具有指导性，立法规划不仅使立法者在立法的方向、目标等方面获得明确的指引，也为立法者在完成立法任务的时限、空间、内容、顺序以及其他方面提供行为准则。重视立法规划，是提高立法效率和效益的重要方面。哪怕是在国外，作为一种专门职业的立法议员，也需要借助较为严格的程序来保证立法规划的科学性，从而保证其立法的效率和效益。

对于我国民族自治地方的自治立法来说，由于没有法律的统一规定，使民族自治地方自治立法的立法规划存在不少的问题；由于对立法规划没有给予足够的重视，在制定自治法规之前缺乏认真填密的调查研究，有很大的随意性，进而导致现有的立法内容简单粗糙，缺乏针对性。然而，立法规划作为民族自治地方自治立法的总体部署，它的完善是自治立法完善的前提和基础，健全这项制度对于形成自治立法目标集束、达到立法目标集约化，防止立法目标散乱和缺少计划性是十分关键的。因此，要提高自治立法的效率和效益，必须要建立健全自治立法的立法规划制度。

---

① 周旺生：《立法学》（第二版），法律出版社，2009，第422页。

1. 明确自治立法规划的主体

要改变目前立法规划的编制和决定由地方人大常务委员会主任会议，甚至由民族自治地方的政府法制机构、办公机构、研究机构编制和公布的规定和做法。将之转变为立法规划的编制主体应为人大常委会法制工作委员会，立法规划的决定主体应为人大常委会会议，以增加立法规划的权威性和科学性。

2. 强化自治立法规划的调研和论证

首先，要改变目前"运动式"造法的立法习惯，对自治立法的制定、修改做好较长期的、持续的立法规划，在规划期间要安排做好一系列的准备工作。其次，要进一步做好自治立法规划和立法中个别问题的调研和论证，立法规划中的调研和论证不仅应当常态化，而且应当吸收法学专家和民族专家来参与，并将其制度化和法律化。

3. 重视立法预测

立法预测是立法规划的前提。因此，做好自治立法预测，是健全立法规划的重要基础。在自治立法准备中，民族自治地方的人大常委会应当立足于民族地区的民族特点及其经济社会发展实际，在认真做好本区政治、经济及文化状况调查研究和《宪法》《民族区域自治法》规定的基础上，预测本地方经济社会发展的未来状况、自治立法的需求以及国家民族政策和法制的变化趋势，从而为自治立法规划打下坚实的基础。

（二）完善自治立法批准制度

批准程序作为一种特殊监督方式，在自治立法监督中确实存在一定的积极意义，但是关于自治立法的批准程序存在的合理性与正当性，在学界也早已存在质疑，如批准程序的存在实质上是对民族自治地方自治立法的限制，批准程序的存在破坏了《宪法》中确立的立法程序的统一性，批准程序使自治方立法的过程过于烦琐、复杂等问题。

目前,批准程序本身的规定很不科学,《立法法》对"批准"的含义、标准、程序都没有明确规定,甚至连基本的批准原则也没有,致使批准的过程缺失明确的法律规范,随意性较大,涉及上级国家机关职能部门利益时,上级国家机关与民族自治地方之间的协调缺乏公开透明的程序,如专门的协调机构、协调制度安排及协调期限等,使民族自治地方无法与上级国家机关进行充分的沟通。也就是说,正是在这最后的批准环节上为上级国家机关与民族自治地方提供了一个利益博弈的"不规范"环境。我国《立法法》规定:"省、自治区的人大常委会对报批的地方性法规应该对其进行合法性审查,同宪法、法律、行政法规和本省、自治区的地方性法规不相抵触的,应该在四个月内予以批准。"然而,在规定自治法规时,却只规定"自治区的自治条例和单行条例,报全国人大常委会批准后生效。自治州、自治县的自治条例和单行条例,报省、自治区、直辖市的人大常委会批准后生效",没有规定审查的内容和时间限制,这极易导致民族自治地方法规被批准机关搁置。这种批准程序方面的缺憾在一定程度上已经影响了民族自治地方立法的积极性。

如何解决自治区自治立法上报批准的问题。目前学界对此有两种思路:一是废除批准制度,代之以备案制度;二是进一步完善批准制度,明确界定批准的标准与程序。[①] 笔者认为,从我国目前的情况来看,为彻底解决自治立法的非独立性问题,应取消批准程序,强化并重新定位备案程序,即民族自治地方制定的自

---

① 陈绍凡:《我国民族区域自治地方立法若干问题新探》,《民族研究》2005年第1期;康亚坤、马洪雨、梁亚民:《中国民族区域自治地方立法研究》,民族出版社,2007,第184页。

治条例由民族自治地方的人民代表大会审议通过后生效，单行条例由其常务委员会审议通过后生效。自治区的自治条例、单行条例报全国人民代表大会常委会备案，自治州、自治县的自治条例、单行条例报省、自治区或直辖市的人民代表大会常委会备案。只有这样，才能提高民族自治地方自治立法机关进行自治立法的积极性，提高自治立法的产出数量。

（三）减少非必经程序的限制

在进行自治立法的过程中，自治立法机关的自治立法行为不但要经历法定的批准程序，还要经历一些非必经的程序，如需要向上级国家机关的有关部门征询意见。从逻辑上讲，非必经的就是非法定的，但在立法自治机关进行自治立法的过程中却是必须要经过的，否则就进入不了法定的程序。然而，"征询意见的实质就是预先审查，甚至是事先审批"[1]。如果有些职能部门过多考虑部门利益，就增加了自治条例获得通过的难度。

其实向上级国家机关有关部门征询意见，并非《宪法》《民族区域自治法》《立法法》设立的自治区自治条例的立法程序，即属一种法外程序。这种非法定的、不成文的惯例，难免有"人治"和"部门利益"因素渗透，即使是向全国人大常委会征询意见也是不应该的。这一做法的缺陷在于：一是在自治区自治条例的制定过程中，使部门"规章"凌驾于自治条例的现象合法化；二是为一些部门用代表本部门利益的部门规章、行业政策来抵制民族自治地方的合法权益开了绿灯；三是从实践看，上级国家机关的"意见"至关重要，实际上拥有了对自治条例的否定权。因为在现实中一些部门的"高压"政策，干涉能力是很

---

[1] 张文山：《通往自治的桥梁：自治条例与单行条例研究》，中央民族大学出版社，2009，第109页。

强大的，而民族自治地方的自治机关对这些部门又相当敬重。总之，这一非法定程序，被视为很多自治立法，尤其是自治区自治条例出台难的重要原因。

在我国的单一制国家结构下，除了法院以外，上级国家机关对民族自治地方机关都有领导和业务指导的权力，但不能理解为可以"领导"民族自治地方制定自治立法。自治条例不能屈从于部门利益，而只应遵从国家利益。从法治的角度看，自治立法缓慢，尤其是自治区自治条例难以出台的一个原因，就是上级职能部门与民族自治地方的权限，尤其是经济权限不清。在一些事权上划分不清，国家应该通过立法的形式，来调整、划分上级国家机关与民族自治地方的经济权限。也就是说，在对民族自治地方的"放权让利"问题上，不能由一些部委以部门规章说了算，而只能由国家立法机关以法律来规范。只有这样，才能减少自治立法中很多非必经程序的干扰，提高自治立法的立法效率和效益。

（四）建立自治立法的权力救济制度

没有救济渠道就没有真实的权利，对自治机关而言，立法权力也需要用法律手段来保障。然而在我国，《宪法》和《民族区域自治法》都没有为民族自治地方自治立法权的救济提供途径，这使得民族自治地方自治立法权受损现象比较严重。《民族区域自治法》为民族自治地方规定了大量的自治权，同时也为民族自治地方的上级政府规定了许多职责，这些内容都应通过民族自治地方法制具体体现。然而，《民族区域自治法》却没有规定上级国家机关不履行职责要承担什么责任。这种职责往往靠政治责任来保证，而没有法律的保障，在实践中民族自治地方的上级政府及其部门履行职责不够、重视民族自治地方自治权不足的现象时有发生，从而使民族自治地方看不到其中的稳定性，不敢在这些方面进行地方立法。在现实中,有关部门在制定某些政策措施时通常将民族自治地方与一般地方同等看待,"一刀切"的现象十分普遍。同时,民族自治地方报批的自治法规因为部门利益作祟而得不到批准的现象时有发生,民族自治地方却无力改变或影响批准程序。救济手段的缺乏使民族自治地方构建地方自治法制体系的积极性大大受挫。

为了防止这种特殊违法行为的发生,或者产生法律责任后有争议解决的途径,必须建立民族自治地方立法权的救济制度,[1]使上级机关与民族自治地方国家机关在发生争议后有公开而透明的解决渠道。世界上大多数国家解决国家机关在法律实施中产生的违法行为时,多数是通过宪法法院或者独立设置的专门机构来解决,如意大利的宪法法院、德国的宪法法院、法国的宪法委员会。而我国目前尚无解决此类争端的专门机构和法规。全国人大是最高国家权力机关,集中代表全体人民的意志,实行民主集中制,以"议行合一"为工作程序,不存在设立宪法法院的基础。由于全国人大民族委员会和法律委员会熟悉民族法制,能够提供较为准确的意见,做出较为合理的判断。因此,可以考虑全国人大以民族委员会和法律委员会为基础,设立专门的组织,设计专门的机制,承担起解决这类纠纷的职能。该组织拥有全国人大的权威支持,其成员又具有处理民族事务和法律事务的专业知识和能力,能够提供解决争端的较为准确的意见,做出较为合理的判断。建立这样的争端解决机制,将有利于协调府际关系,维护民族区域自治制度,保障立法自治权的落实。

---

[1] 宋才发等:《中国民族自治地方政府自治权研究》,人民出版社,2008,第334页;宋才发等:《民族区域自治制度的发展与完善:自治区自治条例研究》,人民出版社,2008,第116页;李俊清:《中国民族自治地方公共管理导论》,北京大学出版社,2008,第353、358页。

二 健全立法质量保障机制

立法质量是立法的内在品质，是凝结于法律法规条文中体现社会生活客观规律及其实质内容的法律的特点与内容。① 追求"质量型立法"已成为世界立法发展的趋势。总体上看，民族自治地方自治立法的质量亟须提高。提高民族自治地方自治立法的质量，需要制度、程序、主体和物质等多方面的保障措施。② 这里主要从自治立法质量的评估、自治立法质量的主体保障和自治立法质量的物质保障三个方面进行探讨。

（一）自治立法质量评估机制

立法评估指以特定的方式方法对立法效果进行分析和评估，全面、系统、客观地掌握法律实施和立法质量的情况，对法律法规的效果和是否符合立法质量标准进行评价的机制。评估作为一种技术性工具，有助于发现立法过程中和法律执行中的问题并促成问题的及时解决，提高立法的实效性；它试图并至少在某种程度上已经成功地作为社会变化的工具，促进立法的科学性和合理性，改善了立法的实质质量。③ 在自治立法中建立立法评估制度，对自治立法进行科学评价，是提高自治立法质量的重要手段。但是，我国的立法评估尚处在起步阶段，尚未建立起完备的立法评估制度，缺乏直接的法律依据，只有个别政策的相关方面有所涉及。而且，法律不同于一般的物质产品，难以确立起为人们共同承认的具有普遍性和客观性的质量评价标准，不可能建立起像物质产品质量评价指标那样精确的量化

---

① 周旺生：《立法研究》（第4卷），法律出版社，2003，第157页。
② 吉雅：《民族区域自治地方自治立法研究》，法律出版社，2010，第156页。
③ 王保民：《立法评估：一种提高立法质量的有效途径》，《中共青岛市委党校青岛行政学院学报》2007年第6期。

标准。[①] 我们只有在参考现有自治立法实践和国外经验的基础上，从主体、对象、标准、方式、程序、种类、效力等方面对我国自治立法评估机制的建立提出建议。

1. 评估的主体

立法评估主体是指在立法评估过程中，组织和承担立法评估工作的单位和个人。评估主体是立法评估机制的重要内容，具体由谁来实施评估职能在学术界尚未形成统一的共识。笔者认为，在我国应建立由立法主体、行政执法主体、社会公众、专业评估机构相互配合、相互协调的多元化的自治立法评估主体体系。在自治立法中实施主体多元化的评估制度，能够充分利用立法、执法部门所掌握的法律资源，并最大限度地发挥社会力量的监督作用，使自治法规得到全面、客观、科学的评估，最终促进自治立法质量的不断提高。

2. 评估的对象

关于评估对象的选择，是对已经通过的法律规范进行评估，还是对处于立法过程中的草案也可进行评估，抑或是对所有的立法规范都有必要进行立法评估，这是需要明确的问题。笔者认为，立法评估贯穿于立法过程的各个环节，因此评估的对象也就不仅包括已经立法机关通过并且实施了一段时间的法律规范，也包括在调研和起草过程中的法律草案和正处于审议和修改过程中的法律草案。就立法评估活动的具体开展来说，并不可能对所有的法律规范都进行评估，而是需要选取立法机关制定的一件或几件具有代表性、典型性法律法规作为评估对象。

[①] 黄文艺：《论立法质量：关于提高我国立法质量的思考》，《河南省政法管理干部学院学报》2002年第3期。

3. 评估的标准

评估标准是指衡量有关法律法规的利弊优劣的指标或准则。科学、合理、客观的立法评估标准，可以保证评估主体有效实施评估行为，引导评估主体准确把握评估对象的实际状况并进行后续处理。当针对涉及具体部门内容的自治法规进行评估时，由于该自治法规具体的目标、任务会有特殊性，也会对评估标准有特殊的要求。但是，对自治立法评估也有一些共性标准，一是合法性标准，在自治立法评估中，必须考量自治法规的制定依据是否合法，制定主体和权限是否合法，制定程序是否合法，内容是否合法；二是实效性标准，对自治立法实效性标准的考量主要包括社会效益和经济效益两方面；三是科学性标准，不但要求自治法规的内容要科学，而且还要求立法程序和技术的科学化，就立法技术是否科学而言，自治法规的体例结构是否合理规范，逻辑关系是否清楚，行为模式和法律责任是否配套，文字语言是否恰当、准确、规范、严谨，是否具有可操作性等，都是立法评估的内容。

4. 评估的种类

评估贯穿于立法过程的各个环节，根据评估对象在自治立法过程中所处的位置不同，自治立法评估可以分为立法前评估、立法过程评估和立法后评估。立法前评估即前瞻性评估，是指在正式自治立法计划实施前进行的评估，主要目的是考察自治立法可能的和潜在的效果，主要着眼于立法的可行性、必要性和立法成本与效益的评价，有助于对立法项目进行合理的选择。立法过程评估是在进行自治立法活动的过程中，对自治立法涉及的事项和可能出现的效果进行评估，此种评估能够在立法过程中使问题得到及时解决，在提高立法效益的同时，使自治立法过程和结果更加客观公正。立法后评估即回溯性评估，着眼于对自治法规在实施中进行的评估，主要目的是为了更好地了解自治法规生效后在调整社会关系中的真实效果，考量是否与实际情况相适应，以及时修正自治法规的缺陷和需要解决的问题，为立法工作积累经验，不断提高立法质量。

5. 评估的方式和程序

立法实践中采取的评估方式多种多样，如自查报告、座谈会、问卷调查、征求意见、专题调研、个案分析、实地视察等。在自治立法评估中，应将多种评估方式配合使用，提高评估的效益。科学、严谨、规范的评估程序是提高评估质量的重要保障。评估程序一般包括三个步骤，一是评估准备。评估准备阶段是评估活动的前提和基础，对评估活动作目标性的指引，主要包括评估主体组织的确定，评估对象的确定，评估标准的明确和特定化，评估方法的选择，信息搜集的确定，评估方案的确定等基础性准备工作。二是评估实施。评估的实施阶段是按照评估准备阶段确定的评估方案进行具体的评估活动。评估主体按照一定的评估方法，收集评估信息和资料，分析自治立法的实施状况和质量优劣，做出相应的评估记录。三是做出评估结论。做出评估结论是评估活动最关键的环节，最具有实质性的意义。评估主体必须秉持客观的评估态度，按照评估标准科学地对评估对象进行评估，根据事实并在科学分析的基础上做出评估结论。

6. 评估结论的效力

自治立法评估的结论是评估活动实施的价值所在，必须重视对评估结果的运用，否则评估活动对自治立法质量的提高毫无意义。虽然按照法理，评估结论不应该具有法律约束力，仅具有参考意义，但评估结论不具有强制约束力并不意味着评估结果不受重视。在自治立法中，应该重视对评估结果的运用，对于立法机关而言应当充分运用自治立法评估的结果,对被评估的相关自治法规进行修改和完善,并为后续的立法规划和立法决策积累经验,不断提高自治立法的质量。对于执法机关和司法机关来讲,及时获取评估结果,有助于提高自治法规在实施过程中的效益。对于社会公众来讲,详细了解立法评估结果,有助于加深公众对立法理念的理解,增强法治意识。

(二) 自治立法主体保障机制

立法过程是立法的客观要素与主观要素相结合的过程,立法权力与立法程序是立法的客观要素,立法人员则构成了立法的主观要素,任何一部立法的形成都离不开这两个要素有机结合。[①] 立法者的素质对立法质量有至关重要的作用。现代民主国家的理论对国家权力的行使提出了制度化和专门化的要求,而这种要求反映在立法方面就是立法主体的专门化和法定化。[②] 行使立法权的过程体现为立法人员的创造性思维活动的过程,因此立法的质量有赖于立法人员个体的素质水平。"如果说立法权是立法之灵,立法主体便是这灵之所附实体;如果说立法理论、意识、意图和目的是立法之精神品格,立法主体便是这精神品格得以物化的物质力量;如果说立法技术是立法之智慧,立法主体便是这智慧转化为成果的工匠。立法主体的这种地位,决定了它与立法质量关系的密切程度。"[③] 立法主体实施立法权会具体映射到具体的人大代表和立法工作者的立法行为上,因此立法人员与立法质量有密切的关系。要克服目前民族自治地方立法人员智识有限的矛盾,以下几点至关重要。

[①] 汪全胜:《立法效益研究——以当代中国立法为视角》,中国法制出版社,2003,第267页。
[②] 周旺生:《立法研究》(第2卷),法律出版社,2001,第118页。
[③] 周旺生:《立法研究》(第1卷),法律出版社,2000,第523页。

1. 实现自治立法工作者的职业化

在一定意义上说，人大代表和立法工作者的素质决定着自治立法的生命力。如果立法人员能够科学、正确地认识和把握社会客观规律和立法规律，能够按照正确的程序进行立法活动，有利于制定出符合特定地区和特定时期的良法，反之亦然。人大代表及立法工作者不仅要熟悉国家的宪法和相关法律，而且要熟悉立法原理，能将相关的法律规定、法律知识与民族的地方的特点和实际有机结合起来，以保障自治立法质量和水平。然而，民族自治地方的自治立法实践中，还存在一些因人大代表和立法工作者的素质而影响自治立法质量的现象，不利于自治立法充分发挥作用。因此，民族自治地方应对人大代表和立法工作者进行培训，提高其法学素养和立法技术。

2. 实施专家参与立法的制度

随着社会分化和复杂性的增大，专业性的法案起草对立法人员的专业知识的要求也越来越高。"在一个高度发达的现代国家，立法机关所面临的任务是如此之多和如此复杂，乃至如果不给这种机关加上极度繁重的负担，那么这些任务中的细节与技术细节就无法完成。再者，在专门的政府管理领域中，有些立法活动要求立法者对存在于该特殊领域中的组织问题和技术问题完全熟悉，因此由一些专家来处理这些问题就比缺乏必要专业知识的立法机关来处理这些问题要适当得多。"[①] 目前，专家参与立法已成为世界各国普遍采用的方式，引入法律专业人才参与立法，能够解决立法中的专业性问题，提高立法人员的专业化水平，有效保障立法的质量。针对民族自治地方自治立法质量不高的实际，可以考虑在自

---

① 〔美〕E. 博登海默：《法理学：法律哲学和法律方法》，邓正来译，中国政法大学出版社，1999，第437页。

治立法中实施专家参与立法的制度,"使立法者通过专家的媒介而与民意发生更为广泛的接触,既避免了立法者立法时的高高在上,也克服了民众对立法的缺乏常识"[①],从而有效提高立法质量。

3. 建立立法助理制度

在现代法治国家,作为一项协助立法机关进行立法工作的立法制度,立法助理制度体现了现代法治国家在民主基础之上追求公正的立法理念。立法助理是协助立法机关及其人民代表履行立法职责完成立法任务的具有立法专门知识的人员。它是随着近代各国立法机关职能不断强大、立法工作专门化、立法工作技术化而发展起来的一项立法制度。这种立法制度最早出现在美国,他们在有关委员会的领导之下,有独立的地位和独立的经费,专门从事立法项目的调研、起草、听证等工作。立法助理制度有助于建立自治地方人大与人民公意之间的沟通,使立法在民主的基础上实现公正。因此,在自治立法中,应尽快建立立法助理制度,并以立法的形式明确规定立法助理的资格、产生、职责、工作方式等具体内容,使立法助理能够为民族自治地方人大代表和立法机关充分行使立法自治权提供服务,实现民主立法,提高自治立法的工作效率和质量。

4. 建立立法听证制度

立法听证也是克服立法主体智慧有限性矛盾的一个有效措施。立法听证制度是立法主体在立法过程中,听取政府官员、专家学者、当事人、利害关系人及其他人的意见,为立法主体制定规范性文件提供依据和参考的一种制度。[②] 听证制度以公开、合

---

① 汤唯、毕可志等:《地方立法的民主化与科学化构想》,北京大学出版社,2006,第458页。
② 汪全胜:《论建立我国立法听证制度》,载周旺生主编《立法研究》(第2卷),法律出版社,2001,第375页。

理的程序将立法权的运用建立在合法适当的基础上,可以在一定程度上避免权力拥有者仅凭少数人的主观臆断给社会成员带来的不良影响。它是现代社会民主立法的主要形式,是社会各界参与立法的重要方式之一。民族自治地方的自治立法涉及本地方、本民族政治、经济、文化及民族事务等各个领域的基本问题和基本社会关系,与当地民众的利益和生活息息相关。并且与一般地方立法相比,凸显其民族性和自治性。因此,需要他们对自治立法草案充分表达意见和建议。更重要的是,自治机关可能会通过自治立法对实行自治民族的利益进行特别保护,这种形式就存在对同一地区非自治民族的不平等对待,就可能会引起当地其他民族的不满。所以,通过立法听证,最大限度地听取当地各方民族代表以及各方利益群体代表对自治立法草案的意见和建议,是保证自治条例的民主性、自治性和可操作性,提高其立法质量的有效措施。

(三) 自治立法物质保障机制

"立法是人类有限的物质资源、人力资源和智力资源的综合,是一种反复追加、持续消耗着的社会资源"[①],因此进行立法活动需要大量的物质和智力。要提高自治立法的质量,还要保证自治立法活动所必需的物质和智力。首先,立法需要国家充足的财力支持和人力资源保障,只有物质基础充足,才能保证法律输出增加,立法质量和实施效果才会有保证。其次,法律的发展是需要法律学术研究开发的,加大投入,才能加深法学理论的研究,深入的法律研究有助于指导立法实践,有助于提高整体社会科学知识水平,立法的质量才会有保障。民族自治地方自治立法

---

① 汪全胜:《立法效益研究——以当代中国立法为视角》,中国法制出版社,2003,第258页。

中的投入，也是保证自治立法质量的重要因素。在民族自治地方，社会经济发展水平还不够高，法学研究与智力资源还很稀缺，国家在财政资源和智力资源方面对民族自治地方自治立法的支持还很不够。因此，民族自治地方在争取国家对自治立法提供物质支持的同时，自身也应加大对自治立法的深入研究，最大化地利用立法资源，为提高自治立法质量提供物质保障。

三 强化自治立法实施机制

法律的生命在于其适用。目前，民族自治地方自治立法的积极性就不高，但与自治立法的积极性相比，自治立法的实施更没有得到重视。在民族地方立法自治领域，如果只是满足于制定出一定数量的自治法规，而不重视自治立法的实施，其带来的后果是十分严重的，它会使自治立法越来越没有权威，人们会越来越不尊重自治立法，没有权威的规范性文件不可能是真正意义上的法律，长此以往可能会导致自治立法的形式主义，最终虚置立法自治制度。因此，强化自治立法的实施与强化自治立法的产出同等重要。强化自治立法的实施，除了要树立正确的立法自治观念、改善自治立法实施的制度环境外，我们可以从以下几个方面进行努力。

（一）构建自治立法的解释制度

"没有法律的解释，就没有法律的遵守和执行。"[1] 构建自治立法的解释制度，就是指要构建起具体在实施有关自治性法律规范的过程中，当人们对法律规范相关条文存在不同理解时，由有权机关依照法定程序对自治立法做出具有法律效力的说明和阐述的制度。目前，自治立法在实施过程中存在的问题很多，有的甚

---

[1] 乔晓阳：《立法法讲话》，中国民主法制出版社，2000，第163页。

至得不到有效执行，究其原因，有的是法律规范本身在立法技术上存在问题，有的是法律规范的内容与客观现实脱节，要解决这些问题，除及时通过法定程序进行修改、补充外，对其中只是因立法技术产生的问题可以通过法律解释的方法来解决。因为法律文本的制定是一件复杂的工作，在特定的立法时段，立法者对社会关系的认知能力有限，不能全面地归纳和反映民族自治地方社会关系的复杂性，立法时出现漏洞是难免的，但在立法程序完成后，通过法律解释的方法可以对其进行有效弥补。

而且，法律解释是维护民族法制统一、确保法律权威和民族地区社会秩序的需要。中国的155个民族自治地方各有特色，自然条件迥异，政治、经济、文化、社会的发展无一相同，各个民族自治地方都有立法自治权，都可以进行自治立法，法律解释是维护民族法制统一、确保法律权威和民族地区社会秩序的需要。同时，法律解释是使民族自治地方自治法律规范既能保持稳定性，又能适应社会发展变化，从而保持其生命力和灵活性的重要手段。"法律是一种不断完善的实践"①，一方面需要保持其稳定性；另一方面也需要随着客观现实的发展变化而发展变化。市场经济的发展、国家有关政策的变动，甚至相关法律的修改，都会对民族自治地方的自治法规带来影响。在这种情况下，对自治立法的解释就是保持法律稳定性和适应相关变化的重要方法之一。

民族自治地方的自治立法，很多内容的规定都很原则，较为抽象，有些甚至是模棱两可、模糊不清、弹性过大，使人难以准确把握，要使其真正得到贯彻和落实，有必要对其含义进行准确说明。如《延边朝鲜族自治州自治条例》第20条规定："自治州自治机关重视各民族干部的培养使用，采取各种措施从朝鲜族

---

① 〔美〕德沃金：《法律帝国》，中国大百科全书出版社，1996，第40页。

和其他少数民族中大量培养各级干部和科学技术、经营管理等各类专业人才，充分发挥他们的作用，并且注意培养和使用少数民族妇女干部和各类专业技术人才。"细读条款，就可以发现，虽然立法意图非常明确，是要积极培养少数民族干部和各类专业人才。然而，这样表述就过于笼统、抽象、原则了，规定的弹性过大，使人难以准确把握。何为"重视"？何为"各种措施"？何为"大量"？何为"充分发挥"？怎样才能达到"注意培养"？凡此种种，在实施时都无法把握"度"，或因人的理解不同而执行的力度不同。因而需要通过法律解释的方式对这些抽象的词语加以界定。否则，就有可能由于规定过于原则化而无法在实际中加以落实，立法意图无法实现，阻滞自治立法的功能发挥。

因此，为提升自治立法的实施效果，需要构建自治立法的解释制度。在目前还没有专门规定自治立法的解释制度的法律法规的情况下，有关自治法规立法解释程序可暂时参照《立法法》规定的立法解释程序进行，即自治法规的立法解释由其人大常委会法制工作机构起草立法解释草案，有关专门委员会协助工作，立法解释草案提交主任会议讨论，主任会议通过后，由主任会议提交常委会会议，常委会分组审议后，由法律委员会根据常委会组成人员的审议意见进行审议，提出草案表决稿。立法解释一般实行一审制，法律委员会审议后，如没有什么大的意见，则由主任会议提请常委会会议表决，表决通过后，由常委会发布公告予以公布。但是，从长远看，自治立法的解释必须要建立相关的法律法规，使自治立法的解释制度化和法定化。

（二）建立自治立法定期清理制度

美国著名法哲学家庞德指出："法律必须是稳定的，但不可一成不变。""社会生活情势的不断变化即要求法律根据其他社会利益的压力和种种危及安全的新情势下不断做出新的调整。因此，法律秩序既稳定又灵活。人们必须根据法律应予调整的实际生活的各种变化，不断对法律进行检查和修正。"① 博登海默也提出："法律还必须服从进步所提出的正当要求……在一个变幻不定的世界中，如果把法律仅仅视为一种永恒的工具，那么它就不可能发挥有效的作用。"② 可以说，稳定的法律和迅速多变的社会生活之间存在矛盾，无论法律制定、修改得有多快，都无法满足迅速多变的社会生活对法律的需求。

自治立法的制定与修改亦如此，一方面自治立法也是法，要求其保持相对的稳定性；另一方面由于自治立法所具有的重要作用，一旦严重滞后，也会导致民族自治地方的政治、经济、文化发展的滞后。以云南省的民族自治地方为例，在 37 个自治条例中，除《红河哈尼族彝族自治州自治条例》和《路南彝族自治县自治条例》外，其他自治条例中无一例外地还在使用"国营经济"来表述"国有经济"。这种相对落后的法律表述方式对当地经济发展的迟滞作用不能不引起我们的关注。③ 由于立法跟不上经济社会的发展需要，又过于原则化，缺乏可操作性，因此常常被束之高阁，对民族自治地方的自治只能起到宣告的作用，而不会促进民族自治地方各项事业的发展。

目前，各民族自治地方绝大多数自治立法颁布后过于稳定，自治立法的修订清理不及时，与国家和民族自治地方的社会和经济日新月异地发展形成了极大的反差。由于不少自治州、自治县还没有制定过自治条例或单行条例，再加上大部分自治州、自治县已有的自治法规制定于非市场经济时期，因此自治州、自治县均面

---

① 〔美〕庞德：《法律史解释》，邓正来译，中国法制出版社，2002，第 1 页。
② 〔美〕E. 博登海默：《法理学：法律哲学和法律方法》，邓正来译，中国政法大学出版，1999，第 340 页。
③ 张文山等：《自治权理论与自治条例研究》，法律出版社，2005，第 171 页。

临制定和修改自治条例和单行条例的严峻形势。此外，由于各民族自治地方的自治立法均未规定自治立法的清理程序，清理程序未受到重视，使自治立法不能及时得到清理，其内容不能及时得到修改和补充，也使其应有的作用无法发挥。正是由于自治立法的修订清理不及时，难以得到有效的实施，导致自治立法往往被束之高阁。

因此，笔者认为，为保证自治立法跟上国家和民族自治地方的社会和经济日新月异发展的步伐，使自治立法真正得以实施，发挥其应有的功能，应建立自治立法的修订清理制度，该制度的目的在于检查现行自治立法的基本情况，确定哪些可以继续适用，哪些需要修改和补充，哪些需要废止，以保证自治立法机关根据时代和现实的变化而不断对自治立法进行修改完善，适应各民族自治地方社会和经济发展的要求。为此，在自治立法的立法程序中，应当明确规定自治立法的修订清理主体、清理周期和程序。

（三）强化自治立法实施的监督机制

建立和完善自治立法实施的监督机制问题是一个与制定自治立法同等重要的问题。人类法治实践的经验表明，法定权利在实现过程中会发生缺损现象，所以监督法律的贯彻实施尤为重要。目前，在民族自治地方自治立法实施的过程中，也存在国家机关的监督、人民政协的监督、其他社会组织的监督和人民群众的监督，但这些多元化法律实施监督机制未形成整体合力，自治立法监督不力，又没有建立起自治立法实施争议的解决机制，自治立法实施很不到位。有效实施自治立法，还有赖于良好的实施监督机制。因此，要提高自治立法的实施成效，必须建立和完善自治立法实施的监督机制，以增强执法主体贯彻执行自治立法的自觉性，保障民族自治地方自治机关依法充分行使立法自治权，推动自治立法的全面贯彻执行，提升立法自治水平。

在当代中国，通过人民政协的监督、其他社会组织的监督和人民群众的监督来督促法律的实施虽然也很重要，但与国家机关的监督相比，这些监督因监督主体掌握的社会资源的有效性不足而难以发挥权威而有力的监督效果。中国法治建设的一个重大困难恰恰就在于，虽有不少的成文性法律规范，但由于缺少有效的权威性监督而使已有的法律得不到有效的实施。从长远看，构建有效的权威的法律实施监督体系是实现中国法治建设的一个重大课题。监督要想具有权威性，监督主体也需要具有足够的权威，国家机关因掌握着社会资源的权威性分配而形成的权威性是人民政协、其他社会组织、人民群众遥不可及的。要构建有效的权威的法律实施监督体系，还得从强化国家机关的监督开始。根据我国目前现行政治体制的架构特点，可以考虑从以下几个方面强化民族区域自治法律实施的监督机制。

1. 权力机关的监督

权力机关处于我国政治体制的核心，同时具有民意代表的基础，从理论上说，权力机关的监督是所有监督手段中最权威的一种。但是，目前，就像全国人大常委会建立执法检查组对民族自治地方实施《民族区域自治法》的情况进行检查一样，各民族自治地方的人大及其常委会主要是通过每年的执法检查，如视察、检查、调查，对本民族自治地方内的各级人民政府贯彻执行自治立法进行一定的监督。然而这一方式也有其自身的不足，即监督的程序规定不很明确，不是经常性地开展，监督的力度还有待加强。因此，应尽快完善人大的监督，健全民族自治地方人大及其常务委员会对自治立法实施进行监督的方式和具体程序，使人大及其常务委员会对自治立法实施的监督制度化，充分发挥这一机制的监督作用。

2. 行政机关的监督

行政机关负有执行自治立法的主要职责。据统计，我国目前约有80%的法律、法规和全部行政法规、规章都是由各级人民政府及其有关部门贯彻实施的。在民族自治地方，自治立法中的单行条例，很多都具有行政行为法的性质，尤其需要得到政府的贯彻执行。由于我国上下级行政机关之间是一种领导与被领导的关系，由上级政府机关监督下级政府机关贯彻执行自治立法，效果会更直接而有效，再加上各级政府本来就负有监督下级政府机关实施自治立法的责任，所以民族自治地方的各级政府对自治立法的实施当然十分重要。因此，民族自治地方各级政府及其民族事务委员会应经常深入民族地区，开展调查研究，协调解决各地方制定和实施自治立法中遇到的实际问题，通过经常性的检查民族自治地方自治立法实施情况，协调解决实际问题，推动自治立法的真正施行。

3. 司法机关的监督

司法监督是所有监督中的最后一道屏障，在保证法律秩序、保障民族自治权益方面，其作用是其他手段所无法替代的。从理论上说，对于违反自治法律规范，侵犯民族自治地方立法自治权、损害少数民族权益的案件，人民法院应依法受理，及时判决，以诉讼形式处理违反自治立法的行为，净化执行自治立法的环境。但是，在现实生活中，由于我国《宪法》还未司法化的大背景下，还没有建立真正的违宪审查制度，诸如自治立法中的自治条例是否可以作为法院审判案件的直接依据，这仍然是一个制度难题。因此，虽然很多单行条例、变通或补充规定是可以通过法院的司法适用而得以监督实施的，可是对违反自治条例的违法行为，其救济的力度是十分有限的。依法保障民族自治地方的立法自治权、维护少数民族成员的合法权益、贯彻实施好自治法，还需要司法的真正独立以及更为具体的法律规定，尤其是具体的程序性规定，从这一点来看，自治立法实施的司法监督任重而道远，制度创新十分迫切。

结　语

在中国自治语境下，民族自治地方立法自治具有特殊的内涵。它是在单一制国家结构中、在国家统一的政治体系之下、在民族区域自治的制度框架下，民族自治地方的自治机关在落实《宪法》和《民族区域自治法》所规定的立法自治权时，通过一定的自主立法行为，创制一定的自治性法规，为民族自治地方的行政管理自治提供具体的法律性规范性文件的一个过程。

民族区域自治制度的核心是自治权，自治权是实行民族区域自治的目的所在，也是衡量是否达到民族区域自治的唯一标志。自治立法是自治机关行使自治权的根本体现和基本保障。说到底，自治权能否得以实现，民族区域自治制度实践价值能否得以践行，关键还要看立法能否自治。因此，坚持和完善民族区域自治制度，就要不断完善和发展民族自治地方立法自治制度。

然而，民族自治地方的立法自治是中国民族区域自治语境下的立法自治，无论是从作为立法自治核心要素的立法自治权对立法自治的自治程度的内在规定性来看，还是从作为立法自治外化实现形式的自治立法的生产、适用及监督机制来看，民族自治地方立法自治的自治程度都是有限的。

限制民族自治地方立法自治实践的因素很多。但现实政治体制下的集权政治理念和行政化的分权体制,导致对民族区域自治制度的地方分权性质认识不清,从而在制度设计上就难以赋予民族自治地方太多的自治权力,更不可能让民族自治地方立法真正"自治"起来,作为自治权力之一的立法自治权也不可能多么广泛,立法自治也就不可能达到多高的自治程度。这是制约自治立法制定和实施的实质因素,也是立法自治实践水平不高的根源所在。

要坚持和完善民族区域自治制度,我们就不用再避讳"立法自治"的字眼,而应该在准确界定"立法自治"的法定的"自治限度"的前提下,寻找制约立法自治实践的重大因素,通过正确的立法自治观念、法治化的中央和地方的关系、合理配置的自治立法权、完善的自治立法机制来促进立法自治水平的提升,以真正贯彻和落实民族区域自治制度,推动各民族的共同繁荣与发展。

当然,提升立法自治水平的目的是为了更好地贯彻落实中国的民族区域自治制度。作为民族区域自治范畴之一的立法自治,绝对不能以牺牲国家法制的统一为代价,更不能在立法自治上走得太远,从立法自治滑向民族自决的迷途。

参考文献

一 中文著作

蔡定剑:《中国人民代表大会制度》,法律出版社,2003。

蔡定剑、杜建刚:《国外议会及其立法活动》,中国检察出版社,2002。

曹海晶:《中外立法制度比较》,商务印书馆,2004。

戴小明:《中国民族区域自治的宪政分析》,北京大学出版社,2008。

戴小明等:《民族法制问题探索》,民族出版社,2002。

董辅礽等:《集权与分权——中央与地方关系的构建》,经济科学出版社,1996。

费孝通:《江村经济》,江苏人民出版社,1986。

高其才:《中国少数民族习惯法研究》,清华大学出版社,2003。

郭道晖:《当代中国立法》,中国民主法制出版社,1998。

韩大元、林来梵、郑贤君:《宪法学专题研究》,中国人民大学出版社,2004。

黄逢贵:《民族区域自治机关制定单行条例常识》,民族出版社,2001。

黄文艺、杨亚非:《立法学》,吉林大学出版社,2002。

黄元姗:《民族地区宪政研究》,民族出版社,2006。

吉雅:《民族自治地方自治立法研究》,法律出版社,2010。

季卫东:《宪政新论》(第二版),北京大学出版社,2005。

金炳镐:《民族关系理论通论》,中央民族大学出版社,2007。

康耀坤、马洪雨、梁亚民:《中国民族自治地方立法研究》,民族出版社,2007。

李俊清:《中国民族自治地方公共管理导论》,北京大学出版社,2008。

李林:《立法理论与制度》,中国法制出版社,2005。

李小娟、刘勉义:《地方立法程序研究》,中国人民公安大学出版社,2003。

林尚立:《国内政府间关系》,浙江人民出版社,1998。

林文清:《地方自治权与自治立法权》,台北,扬智文化事业股份有限公司,2004。

刘莘:《行政立法研究》,法律出版社,2003。

罗豪才:《软法与公共治理》,北京大学出版社,2006。

马怀德:《中国立法体制、程序与监督》,中国法制出版社,1999。

苗连营:《立法程序论》,中国检察出版社,2001。

莫纪宏:《现代宪法的逻辑基础》,法律出版社,2001。

彭谦:《中国民族立法制度研究》,中央民族大学出版社,2008。

乔晓阳:《立法法讲话》,中国民主法制出版社,2000。

任进:《比较地方政府与制度》,北京大学出版社,2008。

宋才发:《民族区域自治法通论》,民族出版社,2003。

宋才发：《民族区域自治制度的发展与完善：自治区自治条例研究》，人民出版社，2008。

宋才发：《中国民族自治地方政府自治权研究》，人民出版社，2008。

苏力：《法治及其本土资源》，中国政法大学出版社，1996。

孙柏瑛：《当代地方治理：面向 21 世纪的挑战》，中国人民大学出版社，2004。

覃乃昌：《广西民族自治地方立法研究》，广西民族出版社，2002。

汤唯、毕可志等：《地方立法的民主化与科学化构想》，北京大学出版社，2006。

田芳：《地方自治法律制度研究》，法律出版社，2008。

汪全胜：《立法效益研究：以当代中国立法为视角》，中国法制出版社，2003。

汪全胜：《制度设计与立法公正》，山东人民出版社，2005。

王建学：《作为基本权利的地方自治》，厦门大学出版社，2010。

王铁志、沙伯力：《国际视野中的民族区域自治》，民族出版社，2002。

王希恩：《当代中国民族问题解析》，民族出版社，2002。

王允武：《中国自治制度研究》，四川人民出版社，2006。

王允武、田钒平：《中国少数民族地方自治立法研究》，四川人民出版社，2005。

吴大华：《民族法律文化散论》，民族出版社，2004。

吴大英、任允正、李林：《比较立法制度》，群众出版社，1992。

吴高盛：《立法法条文释义》，人民法院出版社，2000。

吴宗金、张晓辉：《中国民族法学》，法律出版社，2004。

吴宗金：《民族法制的理论与实践》，中国民主法制出版社，1998。

吴宗金：《中国民族区域自治法学》（第二版），法律出版社，2004。

谢瑞智：《宪法辞典》，台北文笙书局，1979。

熊文钊：《大国地方：中国民族区域自治制度的新发展》，法律出版社，2008。

杨道波：《自治条例立法研究》，人民出版社，2008。

俞可平：《治理与善治》，社会科学文献出版社，2000。

俞可平等：《中国公民社会的兴起与治理的变迁》，社会科学出版社，2002。

张冠梓：《论法的成长：来自中国南方山地法律民族志的诠释》，社会科学文献出版社，2000。

张文山：《通往自治的桥梁：自治条例与单行条例研究》，中央民族大学出版社，2009。

张文山：《突破传统思维的瓶颈：民族区域自治法配套立法问题研究》，法律出版社，2007。

张文山：《自治权理论与自治条例研究》，法律出版社，2005。

郑永流主编《法哲学与法社会学论丛》（3），中国政法大学出版社，2000。

周平：《民族政治学》（第二版），高等教育出版社，2007。

周平：《中国少数民族政治分析》（第二版），云南大学出版社，2007。

周平、方盛举、夏维勇：《中国民族自治地方政府》，人民出版社，2007。

周旺生：《立法学》（第二版），法律出版社，2009。

周旺生：《立法研究》（第1、2、4卷），法律出版社，2000。

朱力宇、张曙光主编：《立法学》（第二版），中国人民大学出版社，2006。

邹敏：《论民族区域自治权的源与流》，中央民族大学出版社，2009。

二　中文译著

〔美〕伯尔曼：《法律与革命》，贺卫方等译，中国大百科出版社，1993。

〔美〕伯尔曼：《法律与宗教》，梁治平译，生活·读书·新知三联出版社，1991。

〔美〕E. 博登海默：《法理学：法律哲学和法律方法》，邓正来译，中国政法大学出版，1999。

〔美〕布坎南：《自由、市场和国家》，吴良健等译，北京经济学院出版社，1988。

〔英〕戴维·米勒、韦农·波格丹若：《布莱克维尔政治学百科全书》（修订版），邓正来译，中国政法大学出版社，2002。

〔美〕德沃金：《法律帝国》，李常青译，中国大百科全书出版社，1996。

〔美〕汉密尔顿、杰伊：《联邦党人文集》，程逢如、在汗、舒逊译，商务印书馆，1989。

〔美〕E. A. 霍贝尔：《初民的法律》，周勇译，中国社会科学出版社，1993。

〔德〕卡尔·冯·萨维尼：《论立法与法学的当代使命》，许章润译，中国法制出版社，2001。

〔奥〕凯尔森：《法与国家的一般理论》，沈宗灵译，中国大百科全书出版社，1996。

〔英〕洛克：《政府论》（下篇），叶启芳等译，商务印书馆，1996。

〔美〕迈克尔·麦金尼斯：《多中心治道与发展》，毛寿龙译，生活·读书·新知三联书店，2000。

〔法〕孟德斯鸠：《论法的精神》，彭盛译，当代世界出版社，2008。

〔美〕庞德：《法律史解释》，邓正来译，中国法制出版社，2002。

〔美〕赛缪尔·亨廷顿：《变革社会中的政治秩序》，华夏出版社，1988。

〔日〕杉原泰雄：《宪法的历史》，吕昶译，社会科学文献出版社，2000。

亚里士多德：《政治学》，吴寿彭译，商务印书馆，1983。

三　中文论文

敖俊德：《论民族区域自治是国家的一项基本政治制度》，《中央民族大学学报》（哲学社会科学版）2003年第1期。

敖俊德：《论民族自治地方立法在我国立法体制中的地位》，《西南民族学院学报》（哲学社会科学版）2003年第6期。

敖俊德：《民族区域自治法中两种变通权之间的联系和区别》，《中央民族大学学报》（哲学社会科学版）2005年第1期。

常士䦧：《异中求和：当代族际和谐治理的新理念》，《学术论坛》2009年第7期。

陈国裕：《正确认识和处理当代中国的民族问题》，《学习时报》2006年7月4日。

陈建樾：《多民族国家和谐社会的构建与民族问题的解决：

评民族问题的"去政治化"与"文化化"》,《世界民族》2005年第2期。

陈绍凡:《我国民族自治地方立法若干问题新探》,《民族研究》2005年第1期。

陈正华:《自治区自治条例出台阻滞的法律经济学分析》,《广西民族研究》2008年第1期。

戴小明、黄木:《论民族自治地方立法》,《西南民族学院学报》(哲学社会科学版)2002年第7期。

胡启忠:《论民族地区的法律变通》,《西南民族学院学报》(哲学社会科学版)2002年第2期。

黄文艺:《论立法质量:关于提高我国立法质量的思考》,《河南省政法管理干部学院学报》2002年第3期。

黄元姗、张文山:《民族区域自治权的宪政解读》,《广西民族研究》2007年第1期。

吉雅:《民族区域自治法配套立法略论》,《中央民族大学学报》(哲学社会科学版)2007年第6期。

金炳镐:《中国民族区域自治理论要点概说》,《中国民族教育》2007年第10期。

李冬玫:《试论当前民族区域自治制度中自治权的落实问题》,《中南民族大学学报》(人文社会科学版)2004年第4期。

潘弘祥:《自治立法的宪政困境及路径选择》,《中南民族大学学报》(人文社会科学版)2008年第3期。

秦前红、姜琦:《论我国民族区域自治的立法监督》,《浙江学刊》2003年第6期。

尚晓玲:《当前我国民族自治地方立法权限问题探析》,《行政与法》2004年第6期。

孙柏瑛:《当代发达国家地方治理的兴起》,《中国行政管理》2003年第4期。

孙潮、徐向华：《论我国立法程序的完善》，《中外法学》2003年第5期。

孙季萍、汤唯：《我国立法监督制度当议》，《法学论坛》2001年第3期。

谭洁：《完善我国立法监督制度的思考》，《广西民族学院学报》（哲学社会科学版）2003年第5期。

唐凯：《民族区域自治制度的新制度主义理论视角分析》，《中央民族大学学报》（哲学社会科学版）2007年第6期。

田孟清：《试论民族关系的调节方式及其选择》，《新疆社会经济》2000年第5期。

汪全胜：《关于自治条例若干问题的探讨》，《青海民族学院学报》（社会科学版）2001年第1期。

王保民：《立法评估：一种提高立法质量的有效途径》，《中共青岛市委党校青岛行政学院学报》2007年第6期。

王国剑：《论政治学视域下的民族区域自治》，《黑龙江民族丛刊》2006年第3期。

王建娥：《现代民族国家中的族际政治》，《世界民族》2004年第4期。

王培英：《论自治条例和单行条例的法律地位问题》，《民族研究》2000年第6期。

王仁定：《关于制定自治区自治条例问题的思考》，《内蒙古师大学报》（哲学社会科学版）2001年第4期。

王允武、田钒平：《关于完善我国民族自治地方立法体制的思考》，《中南民族大学学报》（人文社会科学版）2004年第5期。

韦以明：《对民族自治权与上级国家机关领导帮助的关系的

再认识》,《广西法学》1996年第4期。

吴斌:《宪政视野中的民族自治地方立法监督》,《民族研究》2007年第3期。

徐合平:《浅析民族自治地方的立法权限》,《中南民族大学学报》(人文社会科学版)2004年第6期。

俞可平:《社会公平和善治:建设和谐社会的基石》,《光明日报》2005年3月22日。

曾宪义:《论自治条例的立法基础》,《中南民族大学学报》(人文社会科学版)2004年第4期。

张殿军:《我国民族自治地方变通立法实证分析》,《创新》2010年第6期。

张文山:《论自治权的法律保障机制》,《中南民族大学学报》(人文社会科学版)2004年第4期。

郑建华:《对自治条例单行条例法律地位的再认识》,《前沿》2001年第8期。

周平:《多民族国家的政党与族际政治整合》,《西南民族大学学报》(人文社会科学版)2011年第5期。

周平:《论中华民族建设》,《思想战线》2011年第5期。

周平:《论族际政治及族际政治研究》,《民族研究》2010年第2期。

周平:《民族区域自治制度在中国的形成和演进》,《云南行政学院学报》2005年第4期。

周平:《中国族际政治整合模式研究》,《政治学研究》2005年第2期。

周平、贺琳凯:《论多民族国家的族际政治整合》,《思想战线》2010年第4期。

周勇:《自治与少数民族权利保护的国际新观察》,《中国民族》2001 年第 4 期。

朱伦:《自治和共治:民族政治理论的新思考》,《民族研究》2003 年第 2 期。

四 英文原著

David Kairys, *Editor*, *Politics of Law*(N Member of the Perseus Books Group, 1998).

Edward Page and Michael J. goldsmith, *Central and Local Government Relations*: *AComparative Analysis of Western European Unitary States*(Oxford University Press, 1995).

George W. Carey, *The Federalists*: *Design for a Constitutional Republic*(University of Illinois Press, 1989).

Hayek, F. A. , *The Constitution of Liberty*(The University of Chicago Press, 1960).

Joseph Raz, *fhe Authority of Law*: *Essays on Law and Morality*(Oxford University Press, 2002).

J. D. Skrentny, *The Minority Rights Revolution*(Belknap Press of Harvard University, 1998).

Musgrave, Thomas, *Self Determination and National Minorities*(Calarenden Press, 1999).

Patrick. Thornbery, *International Law and the Rights minorities*(Calarenden Press, 1993).

W. Kymlicka, *Multicultural citizenship*: *A Liberal Theroy of Minority Rights*(Oxford University Press, 1995).

后 记

我不是很自信的人。两年前我刚刚拿到博士学位,当时就有一个志向,将博士论文交付出版,以壮声威。但或许与其他许多同仁的感觉不一样,到了论文就要真正出版面世的现在,我更多的是惶惑与不安,总担心它的质量不够。

我想将此书献给恩师周平教授。当初,因为仰慕周平先生,抱着试试看的心情报考了他的博士,仅通过面试时的一面之交,周先生毅然决定把我招了进来。为了不让老师觉得他的决定是错误的,我一直不敢偷懒;但不是出于自觉,而是害怕周老师的目光。他的目光很慈善,并不严厉,但目光中透露出的对学生们的期望,让人感觉甚于严厉的目光。与周老师的长者风范不同,师母叶老师脸上总是一抹温柔的笑容,让人觉得亲近无比。

本文稿从题目选定、思路形成到基本框架的确定以及成稿,都凝聚了老师的心血。作为民族政治学的创始人和当之无愧的泰斗,老师以其犀利的视角指点我把原先的"民族自治地方自治立法研究"选题改为现在的"民族自治地方立法自治研究"的选题,把一个法学味道很浓的选题谈笑间改变为一个民族政治学味道很浓的选题,我喜欢这个选题。

感谢我的硕士生导师张树义教授一如既往地给了我无私的关

怀；感谢段尔煜研究员长期以来对我的关爱和帮助；感谢崔运武教授热心的鼓励与支持；感谢方盛举教授的关心和帮助；感谢在博士论文开题和写作过程中，王文光教授、何明教授、方铁教授、和少英教授、杨临宏教授、王彦斌教授的鼓励和指教，我从中得到相当有益的启发。

感谢敖俊德、常士闇、陈建樾、戴小明、高其才、吉雅、金炳镐、康耀坤、李俊清、莫纪宏、彭谦、任进、宋才发、苏力、田芳、王建学、王允武、汪全胜、熊文钊、杨道波、周旺生、张文山、朱伦等老师，虽然与你们素昧平生，但我感觉与你们神交已久，你们的著作在一定程度上帮助我成就了本书。

感谢云南省哲学社会科学学术著作出版资助专项经费资助。感谢云南省行政学院陈一之教授和张昕教授对本书出版的帮助。社科文献出版社皮书分社的任文武总编辑亲自关照过问本书的出版，此情殷殷，我要对他致以敬谢。感谢出版社责任编辑高启老师，他的严谨和敬业令我深深感动。

我还要特别感谢我的父母，是他们殷切的目光，一直伴随着我，从少不更事的无知孩童长大成人。感谢我的妻子张远荣，她是一位十分热爱生活、乐观豁达的人，令我充分感受到生活的温馨与美好。

付明喜
2014 年 5 月

图书在版编目(CIP)数据

中国民族自治地方立法自治研究/付明喜著.
—北京：社会科学文献出版社，2014.6
 ISBN 978-7-5097-6021-5

Ⅰ.①中… Ⅱ.①付… Ⅲ.①民族区域自治法-立法-研究-中国 Ⅳ.①D921.84

中国版本图书馆 CIP 数据核字（2014）第 098612 号

中国民族自治地方立法自治研究

著　　者 / 付明喜
出 版 人 / 谢寿光
出 版 者 / 社会科学文献出版社
地　　址 / 北京市西城区北三环中路甲 29 号院 3 号楼华龙大厦
邮政编码 / 100029

责任部门 / 皮书出版分社 (010) 59367127	责任编辑 / 高　启　王　颉
电子信箱 / pishubu@ssap.cn	责任校对 / 王迎姣
项目统筹 / 任文武	责任印制 / 岳　阳
经　　销 / 社会科学文献出版社市场营销中心　(010) 59367081　59367089	
读者服务 / 读者服务中心 (010) 59367028	

印　装 / 三河市东方印刷有限公司
开　本 / 889mm×1194mm　1/32 　　印　张 / 11.625
版　次 / 2014 年 6 月第 1 版　　　　　字　数 / 291 千字
印　次 / 2014 年 6 月第 1 次印刷
书　号 / ISBN 978-7-5097-6021-5
定　价 / 48.00 元

本书如有破损、缺页、装订错误，请与本社读者服务中心联系更换

▲ 版权所有 翻印必究